Ronald Gleich/Andreas Klein (Hrsg.)
Der Controlling-Berater
Band 46

Moderne Controllinginstrumente für den Einkauf

Ronald Gleich/Andreas Klein

Der Controlling-Berater

Band 46

Band-Herausgeber:
Andreas Klein, Peter Schentler

Moderne Controllinginstrumente für den Einkauf

Haufe Gruppe
Freiburg • München

Bibliografische Information der Deutschen Nationalbibliothek
Die Deutsche Nationalbibliothek verzeichnet diese Publikation in der Deutschen Nationalbibliografie; detaillierte bibliografische Daten sind im Internet über http://dnb.dnb.de abrufbar.

ISBN 978-3-648-08821-0   ISSN 0723-3221   Bestell-Nr. 01401-0127

© 2016 Haufe-Lexware GmbH & Co. KG

„DER CONTROLLING-BERATER" (CB)
Herausgeber: Prof. Dr. Ronald Gleich, Geisenheim, Prof. Dr. Andreas Klein, Worms.
Fachbeirat: Dr. Michael Kieninger, Gemmrigheim, Dr. Walter Schmidt, Berlin, Klaus Spitzley, Weikersheim, Prof. Dr. Karl Zehetner, Wien.

Haufe-Lexware GmbH & Co. KG, Munzinger Straße 9, 79111 Freiburg, Telefon: 0761 898-0, Fax: 0761 898-3990, E-Mail: info@haufe.de, Internet: http://www.haufe.de
Geschäftsführung: Isabel Blank, Markus Dränert, Jörg Frey, Birte Hackenjos, Randolf Jessl, Markus Reithwiesner, Joachim Rotzinger, Dr. Carsten Thies.
Beiratsvorsitzende: Andrea Haufe
Kommanditgesellschaft, Sitz Freiburg
Registergericht Freiburg, HRA 4408
Komplementäre: Haufe-Lexware Verwaltungs GmbH, Sitz Freiburg, Registergericht Freiburg, HRB 5557
Martin Laqua
USt-IdNr. DE812398835
Redaktionsteam: Günther Lehmann (verantwortlich i.S.d.P.), Julia Grass (Assistenz), Jessica Janke (Assistenz).
Erscheint 5-mal pro Jahr (inkl. Arbeitshilfen Rechnungswesen, Steuern, Controlling Online und Kundendienstleistungen). Preis für das Abonnement („Der Controlling-Berater") je Band 68,48 EUR zuzüglich Versandspesen.

Druckvorstufe: Reemers Publishing Services GmbH, Luisenstraße 62, 47799 Krefeld.
Druck: Schätzl Druck & Medien, 86609 Donauwörth.

Alle Angaben/Daten nach bestem Wissen, jedoch ohne Gewähr für Vollständigkeit und Richtigkeit. Alle Rechte, auch die des auszugsweisen Nachdrucks, der fotomechanischen Wiedergabe (einschließlich Mikrokopie) sowie der Auswertung durch Datenbanken oder ähnliche Einrichtungen, vorbehalten.

Zur Herstellung dieses Buches wurde alterungsbeständiges Papier verwendet.

Vorwort

Der Einkauf wird häufig daran gemessen, ob und in welchem Ausmaß es gelingt, Einkaufspreise gegenüber den Vorperioden zu reduzieren oder zumindest stabil zu halten. Dabei ist der Einfluss der Einkaufsaktivitäten auf das Unternehmensergebnis viel größer und vielschichtiger.

Durch sich ändernde Umweltbedingungen wie die fortschreitende Globalisierung, den zunehmenden Preisdruck und kürzere Produktlebenszyklen konzentrieren sich Unternehmen immer stärker auf die eigenen Kernkompetenzen und kaufen verstärkt Tätigkeiten zu, die nicht spezifisch in ihrem Kompetenzbereich liegen. In der Folge nimmt die Fertigungstiefe ab und auch das Zusammenspiel mit den Zulieferern verändert sich. Es wird zunehmend wichtiger, Zulieferer bereits in der Produktentwicklung zu integrieren, gesamte Module bzw. Problemlösungen zuzukaufen und langfristige Kooperationen einzugehen. Dadurch haben sich auch die Tätigkeiten im Einkauf verändert. Aus der reaktiven, administrativen Funktion des Bestellschreibens wurde eine strategisch relevante Gewinnbeschaffungs- und Know-how-Transferfunktion, die einen großen Teil der im Unternehmen entstehenden Kosten und die den Endkunden angebotenen Leistungen maßgeblich beeinflusst und sich damit wesentlich auf das Unternehmensergebnis auswirkt.

Und die nächste wesentliche Änderung ist bereits im Gange. Unter Trends wie „Digitalisierung" oder „Industrie 4.0" subsummierte Ansätze und Technologien ermöglichen eine vereinfachte Erfassung und Aufbereitung von großen Datenmengen, darauf basierende Datenanalysen und die Erstellung von Prognosen sowie die Automatisierung von Prozessen. Big Data & Prediction, digitales Reporting, Cloud-basierte IT-Lösungen, Self-Service-Portale und mobile Technologien sind nur einige der Schlagwörter, die in diesem Zusammenhang genannt werden. Die zielgerichtete Anwendung dieser Technologien bietet insbesondere dem Einkauf die Chance, seinen Beitrag zur Wertschöpfung von Unternehmen weiter zu verbessern.

Die in den letzten Jahren bereits gestiegene Bedeutung des Einkaufs wird deshalb in den nächsten Jahren weiter zunehmen. Die Digitalisierung wird zusätzlich auch neue Rollen und andere geforderte Kompetenzen im Einkauf mit sich bringen.

Mit dem steigenden Aufgabenportfolio des Einkaufs steigt aber auch das Erfordernis, dessen Tätigkeiten zu planen, zu steuern, zu kontrollieren und eine Koordination mit anderen Unternehmensbereichen sicher zu stellen. Hier ist Unterstützung durch ein Einkaufscontrolling gefragt. Das

Einkaufscontrolling unterstützt die Verantwortlichen im Einkauf dabei, ihren Beitrag zum Unternehmenserfolg zu leisten. Durch die institutionalisierte Planung, Kontrolle und Informationsversorgung werden Effektivität und Effizienz in der Beschaffung erhöht, indem sowohl Kosten- und Nutzenpotenziale als auch Chancen und Risiken frühzeitig erkannt und in weiterer Folge aktiv gesteuert werden können.

Der vorliegende Band behandelt diese und weitere Aspekte eines modernen Einkaufscontrollings und vermittelt sowohl grundlegend als auch praxisrelevant, welche Trends sich aktuell abzeichnen und wie den gestiegenen Anforderungen mit modernen Controllingansätzen begegnet werden kann.

Wir wünschen Ihnen eine interessante, aufschlussreiche und anregende Lektüre und bedanken wir uns sehr herzlich bei allen Autorinnen und Autoren, die an diesem Buch mitgewirkt haben!

Heidelberg und Wien, im September 2016

Andreas Klein, Peter Schentler

Inhalt

Kapitel 1: Standpunkt
Experten-Interview zum Thema Einkaufscontrolling 13

Kapitel 2: Grundlagen & Konzepte
Beschaffungscontrolling: Den Einkauf zielorientiert steuern
Martin Tschandl, Peter Schentler 25

Strategische Einkaufssteuerung: Ziele, Kennzahlen, Erfolgsmessung
und Reporting
Tobias Steinhauser, Thomas Nadilo 45

Einkaufscontrollinginstrumente für KMU
Peter Schentler, Michael Henke 63

Kapitel 3: Umsetzung & Praxis
Digitalisierung im Einkauf: Chancen, Anwendungsbeispiele
und Erfahrungen bei der Umsetzung
Hendrik Schlünsen, Peter Schentler 83

Kennzahlen zur Messung und Optimierung des Wertbeitrags
des Einkaufs
Anja Schäfer 99

Einkaufserfolgsmessung: Einkaufsinitiativen systematisch
planen, messen und nachverfolgen
Bernhard Höveler, Gereon Küpper 125

Qualitätscontrolling: Mit Internet of Things-Technologie
die Lieferantenqualität besser steuern und damit Kosten senken
Markus Grottke, Robert Obermaier, Stefan Walter 137

Kapitel 4: Organisation & IT
Einkaufscontrolling: Strukturen und Prozesse für realistische
Ergebnisse von Planung und Forecasting im Einkauf gestalten
Anja Schäfer 155

Wirtschaftlichkeitsberechungen bei IT-Projekten im Einkauf
Peter Schentler, Jörg Schweiger 171

Risikomanagement und Risikocontrolling: Grundlagen für
den Beschaffungsbereich
Helmut Wannenwetsch 193

Kapitel 5: Literaturanalyse
Literaturanalyse zum Thema Einkaufscontrolling 216

Stichwortverzeichnis 221

Als Abonnent des „Controlling-Beraters" steht Ihnen das Online-Informationssystem „Arbeitshilfen Rechnungswesen, Steuern, Controlling" mit nützlichen Rechnern, Checklisten, Formularen und Mustertexten sowie den wichtigsten Wirtschaftsgesetzen zur Verfügung. Darunter finden Sie auch die in den Beiträgen dieses Bands vorgestellten Controlling-Tools.

Melden Sie sich dazu einfach auf www.haufe.de mit E-Mail-Adresse und Passwort an und Sie sehen direkt den Zugangslink zum Online-Informationssystem.

Liegen Ihnen die Zugangsdaten nicht mehr vor oder wollen Sie sich erstmalig für die Online-Inhalte registrieren, so rufen Sie einfach die kostenlose Rufnummer 0800/50 50 445 an. Wir schalten Sie umgehend frei und teilen Ihnen Ihre Zugangsdaten mit.

Die Autoren

Dr. Christoph Feldmann
Hauptgeschäftsführer des Bundesverbands Materialwirtschaft, Einkauf und Logistik e.V. (BME).

Dr. Markus Grottke
Habilitand und wissenschaftlicher Mitarbeiter am Lehrstuhl für Accounting & Controlling, Prof. Dr. Robert Obermaier, Universität Passau und ab Oktober 2016 Professor für Controlling an der SRH Calw. Schwerpunkt u.a.: Wirtschaftlichkeitsbeurteilung von IoT und Industrie 4.0-Investitionen.

Prof. Dr. Michael Henke
Institutsleiter am Fraunhofer IML und Inhaber des Lehrstuhls für Unternehmenslogistik der Fakultät Maschinenbau der TU Dortmund. Seine Forschungsschwerpunkte liegen in den Bereichen Einkauf und Supply Management, Logistik und Supply Chain Management, Supply Chain Risk Management und Financial Supply Chain Management sowie dem Management der Industrie 4.0.

Dr. Bernhard Höveler
Geschäftsführender Gesellschafter der HÖVELER HOLZMANN CONSULTING GmbH, Düsseldorf.

Gereon Küpper
Senior Project Manager bei HÖVELER HOLZMANN CONSULTING in Düsseldorf.

Thomas Nadilo
Principal im Competence Center Organization & Operations (Manufacturing Industries) bei Horváth & Partners Management Consultants in Düsseldorf.

Prof. Dr. Robert Obermaier
Inhaber des Lehrstuhls für Accounting & Controlling an der Universität Passau. Schwerpunkt u.a.: Industrie 4.0.

Anja Schäfer
Bereichsleiterin Controlling International bei der Lidl Stfitung in Neckarsulm. Zuvor war sie 15 Jahre bei der Unternehmensgruppe fischer im Waldachtal tätig, wo sie zuletzt Leiterin des zentralen Controllings war.

Dr. Peter Schentler
Principal im Competence Center Controlling & Finanzen bei Horváth & Partners Management Consultants in Wien.

Hendrik Schlünsen
Managing Consultant im Competence Center Organization & Operations (Manufacturing Industries) bei Horváth & Partners Management Consultants in Düsseldorf.

Dr. Jörg Schweiger
Managing Director Operations LOGICDATA, Hochschuldozent für Einkauf und Lieferantenmanagement.

Tobias Steinhauser
Managing Consultant im Competence Center Organization & Operations (Manufacturing Industries) bei Horváth & Partners Management Consultants in München.

Prof. Dr. Martin Tschandl
Leiter des Wirtschaftsingenieur-Instituts Industrial Management und Professor für Betriebswirtschaftslehre und Controlling an der FH Joanneum in Kapfenberg/Österreich.

Stefan Walter
Stellvertretender Geschäftsbereichsleiter Custom Development bei der msg systems AG, Passau. Schwerpunkte: Industrie 4.0 und IoT-Lösungen.

Prof. Dr. Helmut Wannenwetsch
Seit 1996 Professor an der Dualen Hochschule Baden-Württemberg Mannheim für die Fachgebiete Einkauf, Logistik, Materialwirtschaft, Produktion und Supply-Chain-Management. Außerdem ist er Herausgeber und Autor zahlreicher Fachbücher und weiterer Publikationen zu den Themen Einkauf, Logistik, Materialwirtschaft, Verhandlungsführung und Supply-Chain-Management sowie als Berater und Referent aktiv.

Kapitel 1: Standpunkt

Interview zum Thema „Einkaufscontrolling"

■ Interviewpartner:

Prof. Dr. Michael Henke, Inhaber des Lehrstuhls für Unternehmenslogistik an der Technischen Universität Dortmund und Institutsleiter für diesen Themenbereich am Fraunhofer-Institut für Materialfluss und Logistik IML, ebenfalls in Dortmund.

Dr. Christoph Feldmann, Hauptgeschäftsführer des Bundesverbands Materialwirtschaft, Einkauf und Logistik e.V. (BME).

Das Interview führten Prof. Dr. Andreas Klein und Dr. Peter Schentler.

■ Status quo im Einkaufscontrolling

Was sind derzeit die wichtigsten Aufgaben des Einkaufscontrollings? Welche Instrumente werden dabei eingesetzt?

Dr. Feldmann: Angesichts fortschreitender Globalisierung und herausfordernder Megatrends wie Ressourcenknappheit und volatiler werdender Märkte gewinnt das Einkaufscontrolling enorm an Bedeutung. Es soll die Unternehmen in erster Linie wettbewerbsfähiger machen. Es geht dabei im Einzelnen um das Messen der Performance, das Identifizieren relevanter Handlungsfelder sowie das Beteiligen am Problemlösungsprozess. Die mit Abstand wichtigste Aufgabe des Einkaufscontrollings ist allerdings die lückenlose Überwachung der Wertschöpfungsprozesse in den Unternehmen. Dabei geht es insbesondere um die Erhöhung der Ressourceneffizienz. Gelingt dies, leistet das Procurement einen wichtigen Beitrag zur Umsatz- und Gewinnsteigerung.

Prof. Dr. Henke: Und diesen Beitrag zur top-line, den der Einkauf zweifelsohne hat, muss er auch gegenüber seinen Stakeholdern transparent machen. Wir beschäftigen uns seit vielen Jahren mit der Fragestellung, wie die richtige Erfolgsmessung im Einkauf erfolgen sollte. Die statische Savingsmessung reicht schon lange nicht mehr aus. Nur wenn die Einkaufserfolge auch tatsächlich in den Budgets adressiert werden, können die Bottom-Line-Wirksamkeit und der tatsächliche Wertbeitrag des Einkaufs gemessen werden. Das Einkaufscontrolling steht heute vor der Herausforderung, mit einem dynamischen Supply Performance Measurement Ansatz darüber hinaus die Top-Line-Wirksamkeit von Einkauf und Supply Management messbar zu machen.

Und wer führt diese Aufgaben aus? Der Einkaufsbereich selbst oder die Controlling-Abteilung? Gibt es hauptberufliche Einkaufscontroller?

Dr. Feldmann: Die genannten Aufgaben sind Sache des Einkaufscontrollers. Er beobachtet und steuert die aktuellen Einkäufe in seinem Unternehmen. Auf Basis seiner Ergebnis-, Abweichungs- und Sortimentsanalysen legt er konkrete Ziele beim Einkauf fest und begleitet den Budget- und Forecast-Prozess. Dabei arbeitet er eng mit dem Einkauf und anderen Schnittstellenpartnern zusammen. Häufig berät er den Einkauf und die Geschäftsführung bei betriebswirtschaftlichen Fragestellungen aller Art und unterstützt sie bei den Lieferantenbewertungen und -kalkulationen. Der Einkaufscontroller ist am Besten in der Lage, mögliche Ergebnispotenziale zu identifizieren und zu heben. Deshalb sind insbesondere hauptberuflich arbeitende Einkaufscontroller am Markt sehr gefragt.

Prof. Dr. Henke: Im modernen Einkauf und Supply Management braucht es einen Einkaufscontroller! Nur im Zusammenspiel zwischen der Einkaufs- und Unternehmens- bzw. Konzernsicht können Transparenz geschaffen und die Potenziale zur Effizienz- und Effektivitätssteigerung entlang des Einkaufsprozesses und für dessen Stakeholder genutzt werden. Die aktuellen Entwicklungen der Digitalisierung schaffen neue Möglichkeiten für das Controlling, Stichwort „Echtzeitverfügbarkeit" von Daten. Sie stellen aber auch neue Anforderungen – auch an den Einkaufscontroller.

Aktuelle Trends und Perspektiven

Zurzeit ist ja das Thema Digitalisierung und Industrie 4.0 in aller Munde: Was sind Ihrer Meinung nach die wichtigsten Trends?

Dr. Feldmann: Der digitale Strukturwandel der Industrie wird ohne den Einkauf nicht erfolgreich sein. Deshalb sprechen wir auch nicht von „Industrie 4.0", sondern von „Einkauf 4.0". Dieser bietet dem Einkauf die einmalige Chance, der Forderung nach seiner strategischen Rolle gerecht zu werden. Allerdings gehen die Meinungen über dessen Möglichkeiten weit auseinander. Sie reichen von „aktiver Treiber" bis „lediglich Unterstützer". Deshalb muss sich der Einkauf stärker in die Diskussion um Industrie 4.0 einschalten. Als Innovationsscout und Experte für Technologie und Management findet er dann auch Gehör. Industrie 4.0 richtet sich vor allem an den Einkauf und die Lieferkette. Wenn von Digital Revolution die Rede ist, kreist die Debatte aber fast nur um Fragen der Produktion. Das ist jedoch ein klarer Trugschluss. Der Einkauf verweigert sich nicht der Digitalisierung der Wirtschaft, sondern treibt sie voran.

Prof. Dr. Henke: Das Neue an Industrie 4.0 ist die digitale Vernetzung zwischen mehreren Unternehmen. Und genau hier wird der Einkauf zum Key Enabler. Er ist Schrittmacher dieses Prozesses. Seine Erfahrung hilft ihm, die neue Qualität in der Zusammenarbeit zwischen verschiedenen Firmen erfolgreich durchzusetzen. Ziel ist es, Innovationen im Sinne eines Wertschöpfungsnetzwerkes gemeinsam voranzutreiben. Dieser Ansatz geht weit über bisher schon realisierbare innerbetriebliche Optimierungsmaßnahmen hinaus.

Darüber hinaus fordert Industrie 4.0 noch stärker die strategische Beschaffung: Neue Allianzen und Partnerschaften werden zur Realisierung kundenspezifischer Lösungen nötig sein. Herkömmliche Erzeugnisse und Produkte werden „intelligent" und damit zu Kernkomponenten von Industrie 4.0. Die Prozesskompetenz und Marktexpertise des Einkaufs ist damit unverzichtbar zur Umsetzung des „Internets der Dinge und Dienste". Wenn bspw. Maschinen ihre Ersatzteile und Services nicht automatisiert bestellen könnten, weil das IT-System das verhindert, lässt sich dieses Problem durch ein gesamthaftes Versorgungskonzept inklusive entsprechend parametrisierter IT-Systeme umgehend lösen. Industrie 4.0 bedeutet aber nicht nur, dass ein Roboter Ersatzteile ordert. Das gibt es heute schon. Die Integration von IT in den Produktionsprozess will etwas ganz anderes erreichen. Ziel ist die vollintegrierte und autonome Supply-Chain-Steuerung über viele Unternehmen hinweg – je nachdem, in welche Richtung sich der Markt entwickelt, wo beste Gewinnaussichten oder günstigste Kosten zu erreichen sind. Sie erfordert allerdings ein vertrauensvolles und durch Verträge abgesichertes Partnernetzwerk. Dies alles sind Einkaufsthemen, die weit über den klassischen Beschaffungsprozess hinausgehen und die wir in unserer gemeinsamen Vorstudie mit dem BME zu „Einkauf 4.0: Digitalisierung im Einkauf untersucht haben.

Und wie wirken sich diese Trends auf Strukturen, Prozesse und IT-Systeme in Einkauf/Beschaffung aus?

Dr. Feldmann: Die von der Digitalisierung der Wirtschaft ausgehenden Veränderungen für den Einkauf in Deutschland sind überhaupt noch nicht absehbar. Denn: Die Digitalisierung bringt Technologien mit sich, die bestehende Produkte und Geschäftsmodelle alt aussehen lassen. So wie die digitale Fotografie mit einem Schlag klassische Kameras und Filme vom Markt wischte. Dabei geht es aber nicht nur um Technologie, sondern auch um Verfahren, Denkweisen, Prozesse und Systeme. Mit Blick auf Industrie 4.0 muss sich der Einkauf neu positionieren. Tut er das nicht, wird er den Anschluss verlieren und anderen Unternehmensfunktionen das Feld überlassen müssen. Einig sind sich die Einkaufsexperten darüber, dass der operative Einkauf weitgehend digitalisiert und automatisiert wird. Das hat auch unsere gemeinsam von Fraunhofer IML und BME veröffentlichte Vorstudie zu diesem Thema ergeben. Der strategische Einkauf hingegen steuert und überwacht diese Prozesse dann nur noch.

Standpunkt

Prof. Dr. Henke: Vor diesem Hintergrund stellt sich dann natürlich schon die Frage, wie ein Einkäufer der Zukunft aussieht. Die operativen Einkaufsprozesse könnten in Zukunft tatsächlich automatisch bzw. autonom abgewickelt werden – entsprechende E-Procurement-Lösungsansätze gab es ja schon lange vor Aufkommen der Diskussion um Industrie 4.0, sie sind im Einkauf seit vielen Jahren verankert. Die für Menschen verbleibenden Aufgaben im strategischen Einkauf werden unserer Einschätzung nach daher ganz stark mit den IT-gestützten Fähigkeiten, Daten zu analysieren, daraus Informationen bereitzustellen und Entscheidungen zu unterstützen, verbunden sein. Das Einkäuferprofil der Zukunft kommt daher an einem Data Analyst nicht mehr vorbei. Gleichzeitig wird das Innovation-Scouting für den Einkauf und das Supply Management in der Zukunft zu einer immer wichtigeren Aufgabe – die im Übrigen theoretisch kein anderer Bereich so gut wahrnehmen kann wie Einkauf und Supply Management, mit ihren vielen Schnittstellen innerhalb und außerhalb des Unternehmens.

Welche Unterstützungsmöglichkeiten bietet die Digitalisierung im Rahmen der unternehmensübergreifenden Zusammenarbeit bei der Beschaffung?

Dr. Feldmann: Das Internet der Dinge und Dienste bietet eine Vielzahl technischer Möglichkeiten zur Optimierung der Beschaffungsprozesse über die eigenen Unternehmensgrenzen hinaus. Seien es digitale Workflows, bessere Prognosemöglichkeiten bei Bedarfsmengen und Preisentwicklungen, lieferantengemanagte Lager oder digitale Lieferantenbewertung – die IT-Palette ist reichhaltig. Genau darin liegt aber der gedankliche Fehler. Die zentrale Rolle des Einkaufs sollte nicht auf neue IT-Strukturen reduziert werden. Das wird seinem Anspruch und seinen Möglichkeiten, einen wichtigen Beitrag zu einer höheren Wertschöpfung zu leisten, nicht gerecht.

Prof. Dr. Henke: Der Einkauf kann durch Einsatz von neuen Analytics-Methoden und -Technologien erheblich an Bedeutung für die zukünftige Wertschöpfung in Unternehmen gewinnen. Flexible Bedarfsprognosen und dynamisches Preis-Benchmarking sind zwei vielversprechende Einsatzmöglichkeiten, an denen wir am Fraunhofer IML gerade intensiv arbeiten. Daten stehen schneller und flexibler zur Verfügung. Durch die Digitalisierung wird insbesondere auch die Vernetzung mit Partnern entlang der Wertschöpfungskette ermöglicht. Hierdurch wird die unternehmensübergreifende Zusammenarbeit erleichtert und es sollte in Zukunft noch schneller möglich sein, Innovationen von Lieferanten für den eigenen Wertbeitrag des Unternehmens nutzbar zu machen. Eine zentrale Voraussetzung dafür sind natürlich echte kollaborative Partnerschaften entlang den Supply Chains.

Welche Rolle spielen Beschaffungsplattformen wie Alibaba etc.?

Dr. Feldmann: Beschaffungsplattformen wie Alibaba oder Mercateo spielen im modernen Procurement eine wachsende Rolle. Allerdings gibt es immer noch eine Vielzahl von Unternehmen, insbesondere im Mittelstand, die in der operativen Beschaffung nur die herkömmlichen Kommunikationsmittel Post, Fax und E-Mail verwenden. Konzerne dagegen unterstützen alle operativen Beschaffungsprozesse mit Hilfe einer Internet-Plattform.

Prof. Dr. Henke: Die angesprochene, z. T. fehlende Automatisierung und Digitalisierung insbesondere in mittelständischen Unternehmen sollte man nicht nur als Problem sehen. Wir sehen hier auch eine große Chance, zukünftig – durch Überspringen von Evolutionsstufen in den IT-Systemen – direkt auf schlanke und flexible digitale Systeme zu setzen. Konzerne zeichnen sich im Hinblick auf ihre bestehende Infrastruktur, insbesondere in der IT, auch häufig durch mangelnde Flexibilität aus. Dies ist ein gutes Beispiel für zunehmende Wandlungsfähigkeit durch das Internet der Dinge und Dienste – den kleinen und mittleren Unternehmen bieten sich ganz neue Chancen, die aber genutzt werden müssen.

Das Themenbündel Big Data/Predictive Analytics/Predictive Forecasting wird ja im Zusammenhang mit Digitalisierung häufig erwähnt. Vertriebs- bzw. marketingseitig sind hier ja bereits viele Lösungen im Einsatz. Welche Anwendungspotenziale sehen Sie im Einkauf?

Dr. Feldmann: Big Data ist ebenso im Einkauf eine der entscheidenden Herausforderungen. Strategisch aufgestellte Einkaufsabteilungen verstärken sich bereits mit Datenanalysten, um über definierte Prozesse und automatisierte Tools das Mehr an Informationen für sämtliche Sourcingaktivitäten zu nutzen. Das Unternehmen – und hier insbesondere der Einkauf –, dem es gelingt, die Menge an Daten qualifiziert aufzuarbeiten und zu kanalisieren, wird sich Vorteile bei den Themen Risikomanagement, Lieferantenbasis, externe Einflüsse auf die Supply Chain etc. erarbeiten können.

Prof. Dr. Henke: Im Zusammenhang mit Analytics kann ich nur noch einmal auf die zunehmende Bedeutung „smarter" Daten-Analysen (Smart Analytics) verweisen. Die Bedeutung für den Einkauf liegt insbesondere in flexiblen Bedarfsprognosen und dynamischem Preis-Benchmarking. Beim Thema Big Data muss man differenzieren. Hier geht es zukünftig auch um die Verbindung von Big und Small Data. Für dezentral agierende, agile Einheiten gewinnt dieses Thema an Bedeutung. Im Sinne der zuvor erwähnten Smart Analytics sprechen wir zunehmend auch von Smart Data, die für dezentrale Planungen und Entscheidungen nutzbar gemacht werden müssen.

Standpunkt

■ Anwendung

Kennen Sie deutsche Unternehmen, die Vorreiter in den genannten Themenfeldern sind? Worin sind diese aktiv und welche Erfahrungen haben sie damit gemacht?

Prof. Dr. Henke: Es gibt Unternehmen, die sich intensiv mit diesen Fragestellungen beschäftigen – dies betrifft Konzerne und Großunternehmen, aber auch ausgewählte, sehr innovative Mittelständler. In unseren sog. Enterprise Labs am Fraunhofer IML arbeiten wir mit einigen namhaften Unternehmen an Fragestellungen der Digitalisierung und Industrie 4.0 intensiv und über einen längeren Zeitraum zusammen. Es gibt aber auch beeindruckende Beispiele für mittelständische Unternehmen, die mit uns an diesen Fragestellungen im Kompetenzzentrum Mittelstand 4.0 arbeiten. Die Ergebnisse unserer Zusammenarbeit mit der Unternehmenspraxis lassen sich bei uns in Dortmund live erleben.

Relativierend muss aber an dieser Stelle festgehalten werden, dass es sich dabei vor allem um Lösungen für die Logistik 4.0 handelt. Ich hoffe, dass sich das für den Einkauf 4.0 in den nächsten Wochen und Monaten ändert, nicht zuletzt aufgrund unserer gemeinsamen strategischen Kooperation mit dem BME, im Rahmen derer wir mit ausgewählten Unternehmen in einem Think Tank an dem Einkauf der Industrie 4.0 arbeiten.

Und wie kann die Effizienz im Einkauf verbessert werden? Reduzierung von Bearbeitungszeiten je Bestellung, Reduzierung der Prozessdauer von Anforderung bis Wareneingang etc.)?

Prof. Dr. Henke: Effizienzsteigerungen wurden in der Vergangenheit ja bereits intensiv adressiert. Zusätzliche Effizienzsteigerungen werden zukünftig insbesondere dadurch erreicht, dass operative Prozesse zunehmend autonom und digitalisiert ablaufen werden. Unsere Vorstudie kommt z. B. zu dem Ergebnis, dass operative Prozesse zukünftig weitgehend eliminiert werden – mit den zu erwartenden Konsequenzen für den operativen Einkauf. Diese Entwicklung ist nicht ganz neu. Durch die Möglichkeiten der Digitalisierung gewinnt dieser Aspekt allerdings eine ganz neue Bedeutung. Noch einmal: Im Ergebnis wird der operative Einkauf in der heutigen Form verschwinden.

■ Organisation

Digitalisierung, Industrie 4.0 und die resultierenden Aktivitäten bringen also zahlreiche Verschiebungen bei den Aktivitäten bzw. neue Aktivitäten für den Einkauf mit sich...

Prof. Dr. Henke: Die Digitalisierung ermöglicht eine vereinfachte Vernetzung mit externen Partnern (Lieferanten) und internen Bedarfsträgern. Die Vernetzung ist ein zentrales Element von Industrie 4.0. Sie stellt aber auch neue Anforderungen an den Einkauf und an die Einkäufer. Um die Potenziale der Vernetzung zu nutzen, ist ein Wandel von einer funktionalen zu einer prozessualen Sichtweise erforderlich. Die Forderung an den Einkauf, cross-funktional zu agieren, ist alt. Digitalisierung und Industrie 4.0 schaffen hierfür aber ganz neue und bessere Voraussetzungen.

Wer führt diese Aufgaben aus? Der Einkauf, oder spezialisierte Abteilungen zur Unterstützung?

Dr. Feldmann: Hier gilt es sich vom traditionellen Denken und der heute existierenden Funktionstrennung zu lösen. Die häufig gestellte Frage mit allen ihren Reibungsverlusten „Wer hat ein Lead?" wird es in Zukunft nicht mehr geben. Sämtliche Funktionen werden sich in ganzheitliche Prozesse einbinden, womit wir eher von in einem Projekt- oder Prozessteam eingesetzten Experten sprechen sollten, als von der abgegrenzten Abteilung. Denn dies führt auch weiterhin zu Silodenken und verhindert die nötige Integration und den beschleunigten Informationsfluss.

Prof. Dr. Henke: Der Einkauf sollte bei der Umsetzung von Industrie 4.0 eine zentrale Rolle, zwischen Vorreiter und Wegbereiter, einnehmen. Hier sind sich alle im Rahmen unserer Vorstudie befragten Experten einig. Wir sprechen zur Realisierung dieser Vision lieber vom Einkaufen als Prozess und nicht als Funktion. Einkauf und Supply Management sitzen an der Schnittstelle zwischen Unternehmen, Lieferanten und internen Bedarfsträgern. Die horizontale Vernetzung dieser „Player" entlang der Wertschöpfungskette in einem Einkaufsprozess ist eine zentrale Voraussetzung für die Umsetzung von Industrie 4.0. Der Einkauf hat somit eine Schlüsselfunktion.

Welche neuen Anforderungs- und Kompetenzprofile bringt das mit sich?

Dr. Feldmann: Da das Kompetenzprofil in Zukunft nicht geringer wird, brauche ich zunehmend die Offenheit, unterschiedlichste Experten einzusetzen, da einzelne Personen allen Anforderungen zunehmend nicht mehr gerecht werden. Bereits heute sind gute Einkäufer und Supply Chain Manager Mangelwahre.

Prof. Dr. Henke: Das Profil ändert sich in jedem Fall. Es braucht einerseits neues fachliches Know-how, um die neuen Technologien, die in neue Produkte, aber auch in die eigene Fertigung einfließen, zu beschaffen. Um die horizontale Vernetzung und das Aufgeben des Silo-Denkens und -Handelns zu erreichen, braucht es aber vor allem Strategen, die bereit sind, diesen lange geforderten Wandel zu vollziehen. Der Einkäufer ist der zentrale Schnittstellen-Manager in Supply Chains. Durch diese Schlüsselposition ist er in der Lage, der Forderung,

Innovationen in das Unternehmen zu tragen und neue Geschäftsmodelle der Digitalisierung zu ermöglichen, gerecht zu werden.

Damit ändert sich für den Einkauf wohl auch die Zusammenarbeit mit der Produktion, mit dem Controlling oder anderen Abteilungen?

Dr. Feldmann: Für alle Abteilungen wird sich die Zusammenarbeit nach der Umstellung ändern: weg von der Funktions- und hin zur Prozesssicht.

Prof. Dr. Henke: Die Forderung an den Einkauf, die internen Bedarfsträger zusammen zu bringen, ist alt. An der Umsetzung mangelt es in vielen Unternehmen noch. Dies liegt einerseits an der organisatorischen Verankerung des Einkaufs, die ihm z.T. nicht die nötige Durchschlagskraft gibt. Häufig liegt es aber am Einkauf selbst, dass er nicht die nötige Akzeptanz erhält, um als gleichberechtigter Partner frühzeitig in den Prozess einbezogen zu sein. Deshalb sagen wir, dass der Einkauf im Zuge von Digitalisierung und Industrie 4.0 eine einmalige Chance bekommt, seinen Stellenwert und seine Akzeptanz zu erhöhen. Voraussetzung dafür: er muss die neuen Möglichkeiten und Technologien nutzbar machen und die Vernetzung vorantreiben, mit der Produktion, mit dem Controlling und mit vielen anderen Abteilungen – intern wie extern.

Auch im Rahmen des Compliance Managements wachsen die Anforderungen insbesondere an das Lieferantenmanagement, z.B. bezüglich der Einhaltung von sozialen und ökologischen Standards oder der Reduzierung eines Bestechungsrisikos. Welche Rolle kann das Controlling dabei spielen?

Dr. Feldmann: Die Bedeutung von Compliance, das Befolgen von Gesetzen und Richtlinien hat angesichts der fortschreitenden Globalisierung in den vergangenen Jahren enorm an Bedeutung gewonnen. Dabei bedeutet Regelkonformität heute mehr als das bloße Einhalten rechtlicher Pflichten. Zwar umfasst Compliance auf der ersten Ebene auch die Einhaltung der für das jeweilige Unternehmen relevanten Gesetze, zum Beispiel aus dem Kartell-, Arbeits-, Datenschutz- oder Produktsicherheitsrecht. Neben stark regulierten Themenfeldern wie Wirtschaftskriminalität oder Kartellrecht geraten aber auch soziale und umweltbezogene Anliegen immer mehr ins Blickfeld der Firmen. Als größter Einkäuferverband in Europa haben wir auf den steigenden Informationsbedarf reagiert und mit der BME-Compliance-Initiative einen internationalen und branchenübergreifenden Mindeststandard geschaffen. Unser Ansinnen ist es, die Mitglieder bei Aufbau und Weiterentwicklung einer entsprechenden Unternehmenskultur branchenübergreifend und international zu unterstützen.

Prof. Dr. Henke: Die Anforderungen wachsen, das ist richtig. Gleichzeitig bekommt das Einkaufscontrolling aber auch neue Instrumente an die Hand. Mit neuen und smarten Analytics-Methoden können Daten zukünftig viel zielgerichteter und schneller verwertet werden. Stellen Sie sich vor, der Einkauf ist zukünftig in der Lage, Vertragsverhandlungen auf Grundlage genauer und dynamischer Preis- und Bedarfsprognosen zu führen. Datensicherheit ist in Zeiten der Digitalisierung natürlich ein relevantes Thema, das bei der Frage nach Compliance und deren Management noch ergänzt werden muss. Am Fraunhofer IML führen wir die nationale, vom Bundesministerium für Bildung und Forschung geförderte Initiative zum Industrial Data Space (IDS) – dem Network of Trusted Data zwischen allen Partnern innerhalb globaler Wertschöpfungsketten. Der IDS hat zum Ziel, einen sicheren Datenraum zu schaffen, der gleichzeitig einen Verbleib des Data Ownership bei den Geschäftspartnern ermöglicht.

IT-Instrumente

Was sind aus Ihrer Sicht die wesentlichen Neuerungen im IT-Bereich, die in den nächsten fünf Jahren zum Standard im Einkauf werden?

Dr. Feldmann: Die große Herausforderung liegt in der Implementierung von Industrie 4.0. Hier muss und wird der Einkäufer eine zentrale Rolle spielen. Die digitale Vernetzung mit allen Gliedern der Wertschöpfungskette birgt aber auch Risiken. Sie zeigen sich bspw. in der Datensicherheit. Hier dürften viele neue Anwendungen in den nächsten Jahren den Einkäufern den Geschäftsalltag deutlich erleichtern. Daneben werden die bereits heute im Einsatz befindlichen E-Lösungen im Einkauf mit Sicherheit optimiert. So kann der Einkäufer ungenutzte Potenziale noch besser zum Wohle des Unternehmens heben.

Prof. Dr. Henke: Neben weiter entwickelten eProcurement-Lösungen und intelligenter Analytics Software sehen wir vor allem eine Entwicklung, die das Potenzial hat, viele, wenn nicht alle Prozesse im Unternehmen zu verändern. Die Blockchain-Technologie. Blockchains sind dezentral verteilte Datenbanken, in denen einzelne Transaktionen in Blöcken dokumentiert sind. Eine Blockchain entspricht somit einem Register (eine Art Logbuch). Dieses Register liegt auf den Rechnern aller an den einzelnen Transaktionen beteiligten Partner (dezentral) und ist somit nicht manipulierbar. Alle Transaktionen erfolgen direkt zwischen den Partnern und sind nachvollziehbar. Am Fraunhofer IML forschen wir derzeit an den Einsatzmöglichkeiten der Blockchain-Technologie für den Einkauf. Eine dieser Lösungen sind Smart Contracts, in denen sämtliche Informationen von Service Level Agreements mit Lieferanten dokumentiert sind und autonom gemanagt werden können. Wir untersuchen die Einsatzmöglichkeiten von Blockchains und Smart Contracts im Einkauf und im Controlling aktuell in diversen Projekten.

Standpunkt

■ Ausblick

Wohin gehen Digitalisierung und Industrie 4.0 in Zukunft? Wie können wir uns den Einkauf im Jahr 2025 vorstellen?

Dr. Feldmann: Angesichts der Schnelllebigkeit wirtschaftlicher und technologischer Prozesse fällt eine Prognose ohne den Blick in die berühmte Glaskugel schwer. Bei aller Technikgläubigkeit dürfte allerdings schon heute feststehen: Auch wenn immer mehr Maschinen und Roboter die Arbeit des Einkäufers erleichtern, komplett ersetzen können sie ihn nicht.

Prof. Dr. Henke: Dem kann ich nur uneingeschränkt zustimmen. Darüber hinaus bleibt abzuwarten, wie der Einkauf und die Einkäufer die sich bietenden Chancen der Digitalisierung nutzen werden. Wir sind überzeugt, dass er eine einmalige Chance hat. Abwarten hilft dabei allerdings nicht – Handeln ist gefragt.

Vielen Dank für das sehr anregende Gespräch!

Kapitel 2: Grundlagen & Konzepte

Beschaffungscontrolling: Den Einkauf zielorientiert steuern

- Die Etablierung eines Beschaffungscontrollings ist zur Sicherstellung eines effektiven und effizienten Einkaufs eines Unternehmens sinnvoll.
- Beschaffungscontrolling unterstützt die Beschaffungsverantwortlichen dabei, ihren Beitrag zum Unternehmenserfolg zu leisten.
- Beschaffungscontrolling umfasst nicht nur die Messung des Beschaffungserfolgs, sondern vielmehr verschiedene Handlungsfelder: Material- und Güterflüsse, Lieferanten, Beschaffungsprogramm, Zahlungsströme und den Beschaffungsbereich selbst.
- Dieser Beitrag umfasst eine grundlegende Darstellung des Beschaffungscontrollings, insbesondere dessen Ziele, Aufgaben, Instrumente und Organisation.

Inhalt		Seite
1	Kosten und Nutzen des Einkaufs steuern	27
2	Bedeutung und Wirkung des Beschaffungscontrollings	27
2.1	Große Hebelwirkung auf Gewinn und Rentabilität	28
2.2	Ansatzpunkte des Beschaffungscontrollings	29
2.2.1	Einzelkosten, Strukturkosten und Prozesse	29
2.2.2	Messung und Bewertung der Beschaffungsleistung	31
3	Beschaffungscontrolling im Überblick	32
4	Ziele des Beschaffungscontrollings	33
5	Aufgaben des Beschaffungscontrollings	34
5.1	Optimierung der Preise und Bestände	35
5.2	Koordination der Zusammenarbeit mit Lieferanten	36
5.3	Optimierung des Beschaffungssortiments	36
5.4	Optimierung der Zahlungsströme	37
5.5	Messung des Beschaffungserfolgs	37
6	Instrumente des Beschaffungscontrollings	38
7	Organisation des Beschaffungscontrollings	41
8	Zusammenfassung	42
9	Literaturhinweise	43

■ **Die Autoren**

Dr. Peter Schentler, Principal im Competence Center Controlling & Finanzen bei Horváth & Partners Management Consultants in Wien.

Prof. Dr. Martin Tschandl, Leiter des Wirtschaftsingenieur-Instituts Industrial Management und Professor für Betriebswirtschaftslehre und Controlling an der FH Joanneum in Kapfenberg/Österreich.

Ziele, Aufgaben, Instrumente des Beschaffungscontrollings

1 Kosten und Nutzen des Einkaufs steuern

In der Praxis werden Einkauf und Beschaffung häufig daran gemessen, ob und in welchem Ausmaß es gelingt, die Einkaufspreise gegenüber den Vorperioden zu reduzieren oder zumindest stabil zu halten. Dabei ist der Einfluss der Beschaffungsaktivitäten auf das Unternehmensergebnis weitaus größer und vielschichtiger. Durch sich ändernde Umweltbedingungen wie die fortschreitende Globalisierung, den zunehmenden Preisdruck und kürzere Produktlebenszyklen konzentrieren sich Unternehmen immer stärker auf die eigenen Kernkompetenzen und kaufen verstärkt Tätigkeiten zu, die nicht spezifisch in ihrem Kompetenzbereich liegen. In der Folge nimmt die Fertigungstiefe ab und auch das Zusammenspiel mit den Zulieferern verändert sich. Es wird zunehmend wichtiger, die Zulieferer bereits in der Produktentwicklung zu integrieren, gesamte Module bzw. Problemlösungen zuzukaufen und langfristige Kooperationen einzugehen. Dadurch haben sich auch die Tätigkeiten im Einkauf verändert. Aus der traditionellen reaktiven, administrativen Funktion des Bestellschreibens wurde eine strategisch relevante **Gewinnbeschaffungs-** und **Know-how-Transferfunktion**, die einen großen Teil der im Unternehmen entstehenden Kosten und die den Endkunden angebotenen Leistungen maßgeblich beeinflusst und sich damit wesentlich auf das Unternehmensergebnis auswirkt.

Der Einkauf wird zunehmend wichtiger

Das Controlling ermöglicht durch die zeitliche Unterteilung von strategischen und operativen Zielen (Planung), der systematischen Kontrolle und Analyse von Abweichungen sowie deren Weitergabe (Reporting), eine zukunfts-, engpass-, informations- und zielorientierte Steuerung und Koordination eines Unternehmens[1] (allgemein, Finanzcontrolling) oder einzelner Teile und Funktionen („Bindestrich"-Controlling[2]). **Beschaffungscontrolling** soll als **eine** Art der Bindestrich-Controlling-Arten die Beschaffungsverantwortlichen unterstützen, ihren Beitrag zum Unternehmenserfolg zu leisten. Durch die institutionalisierte Planung, Kontrolle und Informationsversorgung werden Effektivität und Effizienz in der Beschaffung erhöht, indem sowohl Kosten- und Nutzenpotenziale als auch Chancen und Risiken frühzeitig erkannt und in weiterer Folge aktiv gesteuert werden können.

Controlling unterstützt bei Managementaufgaben

2 Bedeutung und Wirkung des Beschaffungscontrollings

Im Zusammenhang mit der Versorgung eines Unternehmens mit den benötigten Produktionsfaktoren werden Begriffe wie beispielsweise Einkauf,

---

[1] Vgl. Tschandl, 2012, S. 14f.
[2] Vgl. Deyhle/Steigmeier, 1993, S. 205; Schierenbeck/Wöhle, 2012, S. 156.

Beschaffung, Materialwirtschaft, Beschaffungslogistik oder Supply Management verwendet. Die Definitionen überschneiden bzw. widersprechen sich teilweise, die Aufgaben und Ziele sind unterschiedlich definiert und abgegrenzt.[3] Im vorliegenden Beitrag wird der Begriff Beschaffung verwendet; darunter werden alle strategischen wie auch operativen Tätigkeiten subsumiert, die auf die Bereitstellung der zur Erfüllung der unternehmerischen Aufgaben notwendigen (Beschaffungs-)Objekte – Sachgüter, Materialien, Dienstleistungen, Rechte, Information und Energie – abzielen, über die ein Unternehmen nicht selbst verfügt.[4]

2.1 Große Hebelwirkung auf Gewinn und Rentabilität

Hebelwirkung auf das Ergebnis

Als Verantwortung übernehmende Unterstützungsfunktion der Beschaffungsverantwortlichen korreliert die Bedeutung des Beschaffungscontrollings mit der Bedeutung der Beschaffung und diese wiederum mit ihrem Beitrag zum Unternehmenserfolg. In vielen Branchen – vor allem in Handel und Industrie – ist der Beschaffung ein bedeutender Einfluss auf die gesamte Wertschöpfungskette zuzuschreiben, bewirken doch Kostenoptimierungen in diesem Bereich eine enorme Hebelwirkung auf das Unternehmensergebnis. Die Kosten- und teilweise auch Nutzenaspekte können anhand des ROI-(Return-on-Investment-)Schemas dargestellt werden (s. Abb. 1).

10 % Materialkostensenkung statt 31 % Umsatzsteigerung

In der Grafik zeigen die Zahlen in den dunklen Ellipsen ein Beispiel. 1.000 Geldeinheiten Umsatz führen bei 70 % variablen Kosten (am Umsatz, davon 60 % Materialzukauf) und 25 % Fixkosten zu 50 Einheiten Gewinn und somit zu 5 % Umsatzrentabilität (10 % ROI). Eine **Senkung der Materialkosten** ist in den hellen Ellipsen angeführt: Bei einer Reduktion um 10 % erhöht sich der Gewinn bei gleichbleibenden sonstigen Kosten um 60 Einheiten auf 110 Einheiten. Die Umsatzrentabilität steigt auf 11 % (ROI 22 %).

Um eine ähnliche Ergebnis- und Rentabilitätsverbesserung umsatzseitig zu erreichen, wären bei gleichbleibender Kostenstruktur (und ohne Fixkostensprünge) für 60 zusätzliche Gewinneinheiten 200 zusätzliche Umsatzeinheiten notwendig, also in diesem Beispiel eine 20 %ige Umsatzsteigerung gegenüber 10 % Materialkostensenkung. Möchte man allerdings dieselbe **Rentabilität** erreichen, so ist in diesem Beispiel eine Umsatzsteigerung von über 31 % notwendig. Das bedeutet: Für gleiche Rentabilitäten sind entsprechend höhere Umsatzsteigerungen erforderlich, die aber

---

[3] Vgl. ausführlich Tschandl/Schentler, 2008, S. 7–9.
[4] Dabei handelt es sich um die Beschaffung „im engeren Sinn". Im weiteren Sinn umfasst die Beschaffung die Versorgung des Unternehmens mit allen Produktionsfaktoren, also auch Personal und Finanzmittel.

tendenziell höhere Produktionsmengen und damit Investitionen (Fixkostensprünge) erfordern.

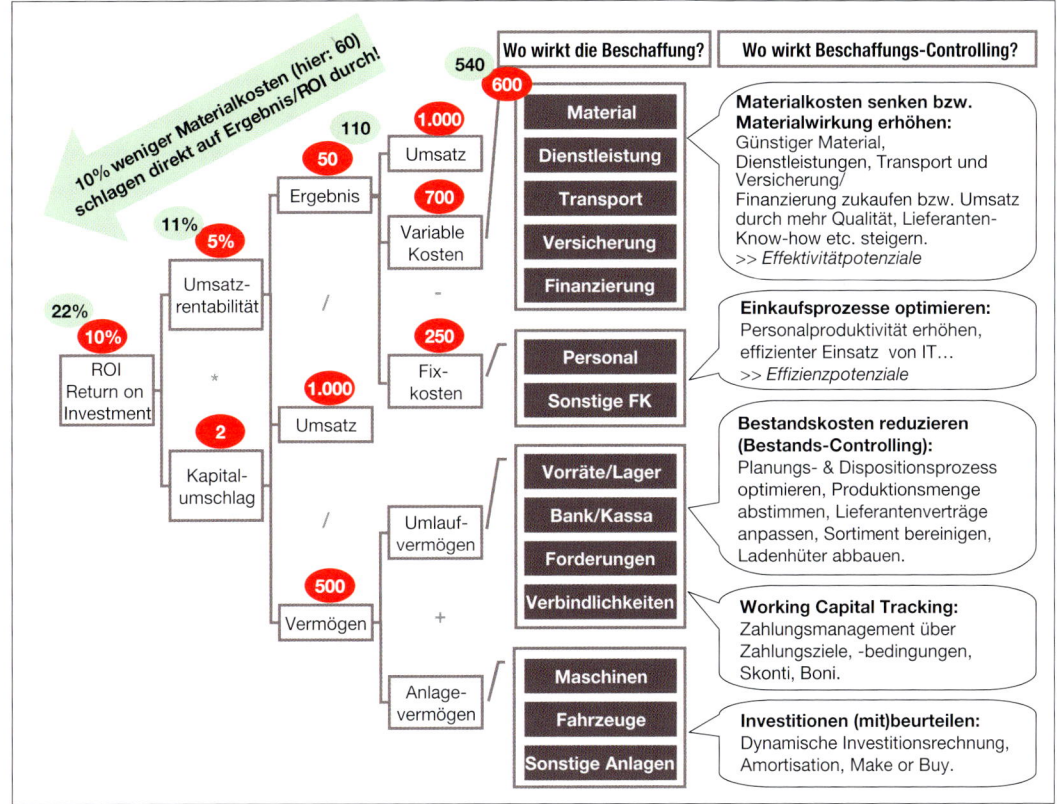

Abb. 1: Einfluss der Beschaffung auf das Unternehmensergebnis[5]

2.2 Ansatzpunkte des Beschaffungscontrollings

Wo sollte nun das Beschaffungscontrolling im Unternehmen wirken, um die Realisierung der dargestellten Gewinn- und Rentabilitätspotenziale zu unterstützen und zu ermöglichen?

2.2.1 Einzelkosten, Strukturkosten und Prozesse

Grundsätzlich haben die **Materialkosten** (oder umfassender: die Beschaffungsobjektkosten) einen wesentlichen Einfluss auf das Unternehmensergebnis. Sie umfassen die Einkaufspreise, Rabatte und Zuschüsse, öffent-

Mehr Effektivität durch geringere Materialkosten

---

[5] Entnommen aus Bäck et al., 2007, S. 2. Ähnlich auch Schentler, 2008, S. 18.

liche Abgaben (beispielsweise Zölle), Subventionen, Vermittlungsentgelte, Transport-, Verpackungs- und Versicherungskosten. Die **Effektivitätspotenziale** der Beschaffung zu nutzen bedeutet aber nicht nur, eine Kostenreduzierung im Vergleich zu Vorperioden oder dem (Beschaffungs-)Budget zu realisieren. Auch Kostenvermeidungen wie beispielsweise die Abwehr einer vom Lieferanten beabsichtigten Preiserhöhung oder die Verringerung von Produkt(ions)kosten durch die Integration der Beschaffung in die Entwicklung können drohende (Opportunitäts-)Kosten verhindern. Über den Einstandspreis hinaus beeinflussen die Beschaffungsobjekte zusätzlich zu beachtende Folgekosten im Unternehmen (beispielsweise höhere Rüstkosten in der Produktion oder Mehraufwand für die Entsorgung). Es ist daher wichtig, eine Kostenbetrachtung über den gesamten Lebenszyklus durchzuführen.

Kompetenzen der Lieferanten verstärkt einbinden

Zudem werden durch die Beschaffungsaktivitäten auch Nutzenaspekte möglich. So kann die **Materialwirkung** erhöht werden, indem beispielsweise die Kompetenzen der Lieferanten in die eigene Leistungserstellung eingebunden und so Differenzierungsvorteile – beispielsweise Marken, Produktqualität oder Know-how-Potenziale – realisierbar werden.[6]

Effizienz durch bessere Prozesse erhöhen

Die **Effizienzpotenziale** der Beschaffung lassen sich durch eine Optimierung der **Beschaffungsprozesse** und der damit verbundenen Transaktionskosten, also Anbahnungs-, Vereinbarungs-, Abwicklungs- und Kontrollkosten, erschließen. Dabei sind auch die Kosten des Lieferantenmanagements (inklusive Lieferantenanalyse, -bewertung und -förderung), der Lieferantenwahl sowie auch die Kosten der Pflege und der Auflösung von Geschäftsbeziehungen zu berücksichtigen.[7]

Bestände reduzieren

Die **Bestandskosten** resultieren aus

- der Kapitalbindung in Vorräten (Rohstoffe, Komponenten sowie halbfertige und fertige Erzeugnisse),
- den Kosten der Lagerhaltung (beispielsweise Miete, Energie, Personal),
- Schwund, Diebstahl sowie
- nicht mehr verkaufbaren Gütern (Sonderabschreibungen bzw. Abwertungen).

Neben der Produktion und dem Vertrieb können Läger auch beschaffungsseitig durch die Disposition – also die Bedarfsermittlung und Bestellmengenplanung – und die Festlegung der Sicherheitsbestände beeinflusst werden.

---

[6] Vgl. Benkenstein, 1995, S. 181–184.
[7] Vgl. Pampel, 1993, S. 197.

Auch das **Working Capital Tracking** (bzw. Cash Management) wird durch die Beschaffung beeinflusst, indem die Möglichkeiten der Zahlungszielgestaltung sowie der Zahlung optimiert werden. Während die Ausführung der Zahlungen der Finanzabteilung obliegt, beeinflusst die Beschaffung **davor** die (Einkaufs-)Zahlungsbedingungen im Cash-to-Cash-Zyklus (beispielsweise im Rahmen von Vertragsverhandlungen).[8]

Zahlungsbedingungen verbessern

Das Anlagevermögen – und damit ein wesentlicher Hebel auf Kapitalumschlag und ROI – kann von der Beschaffung in zweifacher Hinsicht beeinflusst werden: Einerseits sollte die Beschaffung bei **Investitionen** in Sachanlagen frühzeitig und nicht nur zu den Verhandlungen eingebunden werden, um Synergiepotenziale zu berücksichtigen. Andererseits kann im Rahmen von Make-or-Buy-Entscheidungen durch das Outsourcing von Fertigungsprozessen auf Investitionen verzichtet werden.

Frühzeitige Einbindung in Investitionen

2.2.2 Messung und Bewertung der Beschaffungsleistung

Während die Beschaffungskosten – zumindest als Gesamtbetrag – tendenziell leicht zu messen sind, ist die Messung des aus der Beschaffung resultierenden Beitrags zum Unternehmensergebnis mit zahlreichen Problemen behaftet. So muss der Rückgang der Materialkosten einer Materialgruppe nicht auf die gute Arbeit der Beschaffung zurückzuführen sein, wenn beispielsweise die Rohstoffpreise gesunken sind oder Degressionseffekte durch den Einkauf höherer Mengen erzielt werden.

Beschaffungsleistung ist schwer messbar

Es ist daher – abhängig von der Wettbewerbs- und Beschaffungsstrategie eines Unternehmens – festzulegen, wie Beschaffungserfolg (Wagner/Weber unterscheiden hier zwischen Beschaffungsergebnis, respektive Kostenreduzierung, und Beschaffungsleistung, respektive Kostenvermeidung)[9] definiert und mit welchen Kenngrößen er gemessen wird:

- Neben den Kosten gilt es, operativ vor allem die Faktoren wie Qualität und Versorgungssicherheit abzubilden (s. dazu auch die Beschaffungsziele in Kapitel 4).
- Auch strategische Themen müssen berücksichtigt werden, wenngleich diese schwieriger mittels Kennzahlen zu operationalisieren sind. Beispiele für Kennzahlen zur Umsetzung der Beschaffungs- und Lieferantenstrategien sind der Aufbau und die Pflege von Geschäftsbeziehungen mit technologisch führenden Lieferanten oder deren Mitwirkung bei Neuproduktentwicklungen. Daraus resultierende Effekte sind bessere Lieferperformance, schnellere Wiederbeschaffungs- und niedrigere Produktentwicklungszeiten, kundenspezifische Problemlösungen oder der

---

[8] Vgl. Schoberegger/Tschandl, 2016, S. 4-9, Espich, 2004, S. 91.
[9] Vgl. Wagner/Weber, 2007, zu einem umfassenden Beispiel eines produzierenden Unternehmens s. Schentler et al., 2014.

Aufbau von Markteintrittsbarrieren. Bei all diesen Effekten sind langfristige Nutzeneffekte plausibel argumentierbar, monetär lassen sich allerdings nur ihre kurzfristigen Kosten eindeutig spezifizieren.

Eine Gegenüberstellung des Beschaffungserfolgs und der dafür erforderlichen Kosten für die Durchführung der Beschaffungsaktivitäten ist anzustreben.

3 Beschaffungscontrolling im Überblick

Koordination der Beschaffungshandlungen ist notwendig

Die Vielzahl unterschiedlicher Tätigkeiten in der Beschaffung und die teilweise gegensätzlichen Ziele (beispielsweise geringe Kapitalbindung durch Lagerstandsreduzierung vs. Prozesssicherheit in der Produktion durch höhere Sicherheitsbestände im Beschaffungsbereich) machen eine Koordination der Beschaffungshandlungen notwendig. Sie müssen geplant und gesteuert sowie mit den Zielen des Gesamtunternehmens und anderer Unternehmensbereiche abgestimmt werden, was die Einführung eines Controllingsystems für die Beschaffung sinnvoll macht.[10] Ein solches **Beschaffungscontrolling** ist ein Subsystem des Beschaffungsmanagements, das über einen Controllingkreislauf (Planung, Kontrolle, Information) eine zukunfts-, engpass-, informations- und zielorientierte Steuerung und Koordination der Beschaffung ermöglicht (s. Abb. 2). Zusätzliche beratende Unterstützung der Beschaffungsführung soll rationale Entscheidungen sicherstellen und so die Reaktions- und Adaptionsfähigkeit erhöhen.

Unterstützung der Beschaffungsführung

Eine **Controllingkonzeption** für die Beschaffung richtet sich an den Bedürfnissen des Beschaffungsmanagements aus, indem sie (betriebswirtschaftlichen) Service und Entscheidungsunterstützung bietet und so die effiziente und effektive Gestaltung der Versorgung eines Unternehmens sichert.[11] Durch die institutionalisierte Planung, Kontrolle und Informationsversorgung können Kosten- und Nutzenpotenziale wie auch Chancen und Risiken frühzeitig erkannt und damit eine aktive Steuerung ermöglicht werden. Bisherige Konzeptionen zielten größtenteils auf die Planung, Steuerung und Kontrolle der **Material- und Güterflüsse** sowie des **Beschaffungsbereiches** ab. Stand in den 1980er- bzw. 1990er-Jahren noch die Optimierung der Beschaffungsobjekt-, Prozess- und Transportkosten im Vordergrund, machen aktuelle Entwicklungen die Erweiterung der bisherigen Handlungsfelder um die **Lieferanten**, das **Beschaffungsprogramm** und die **Zahlungsströme** notwendig.[12]

---

[10] Vgl. Schentler, 2008, S. 11 und 23 f.
[11] Vgl. Baumgarten/Darkow, 2003, S. 368; Espich, 2004, S. 89.
[12] Vgl. zu dieser Entwicklung sowie zu einer umfassenden Übersicht über Beschaffungscontrolling-Konzeptionen Schentler, 2008, S. 23–28.

Die einzelnen Bestandteile der Konzeption werden in den Kapiteln 4 bis 7 betrachtet.

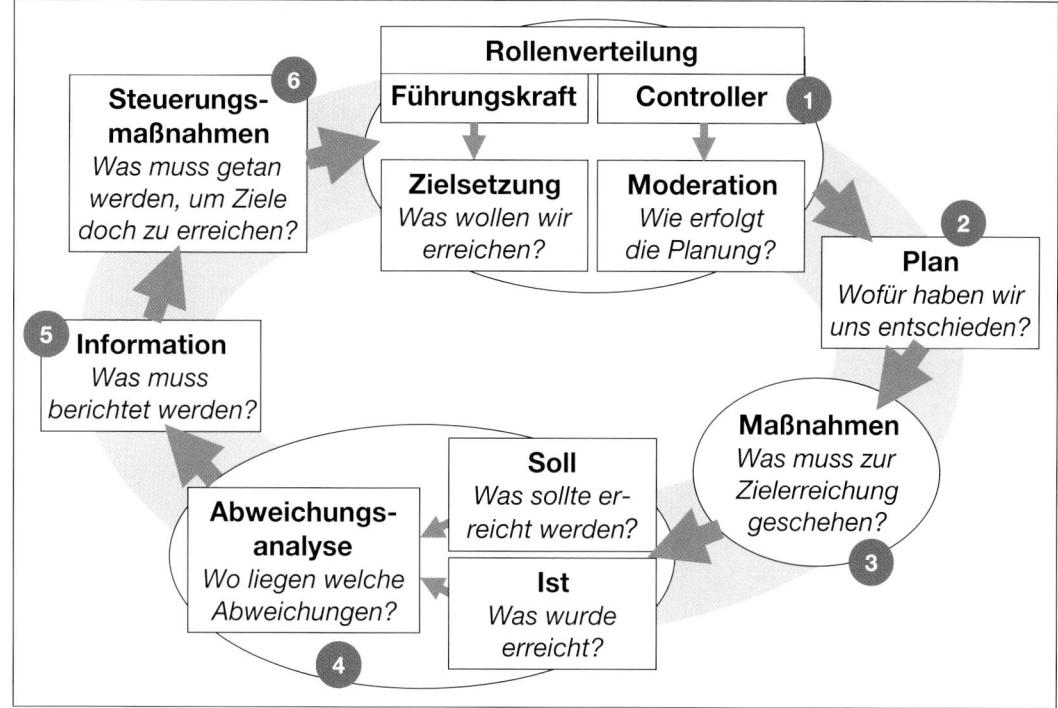

Abb. 2: Der Controllingkreislauf[13]

4 Ziele des Beschaffungscontrollings

Die **direkten Ziele** des Beschaffungscontrollings umfassen die Sicherung und Erhaltung der Koordinations-, Reaktions- und Adaptionsfähigkeit der Beschaffungsführung, damit diese in der Lage ist, die Unternehmensziele zu realisieren.[14] Die **indirekten Ziele** stellen den erwünschten Zustand – in diesem Fall die Beschaffungsziele – dar, dessen Erreichung das Controlling herbeiführen soll:[15]

Direkte und indirekte Ziele

- **Beschaffungskosten senken:** Die Beschaffungskosten umfassen Beschaffungsobjekt-, Beschaffungsprozess- und sonstige beschaffungsbezogene Kosten.

---

[13] Tschandl, 2012, S. 16.
[14] Vgl. Friedl, 1990, S. 285; Reinschmidt, 1989, S. 91.
[15] Aufbauend auf Meyer, 1990.

- **Beschaffungsqualität erhöhen:** Die Beschaffungsqualität stellt die Deckungsgleichheit zwischen geforderten und erhaltenen Anforderungen dar und umfasst Aspekte wie das Produkt selbst, Lieferort und Lieferservice. Die Qualität umfasst Leistungskonstanz (weniger Schwankungen) und/oder Leistungssteigerungen (bessere Leistungen).
- **Beschaffungszeit senken:** Die Beschaffungszeit stellt den Zeitraum dar, der für die Wiederbeschaffung benötigt wird.
- **Beschaffungsrisiko senken:** Beschaffungsrisiken entstehen durch die Abweichung der tatsächlichen von den geplanten Ereignissen in den Beschaffungsmärkten und im Beschaffungsbereich, beispielsweise die Insolvenz eines Lieferanten. Bei diesem Ziel geht es um die Reduktion von Risiken durch Risikostreuung und Störungsvermeidung.
- **Beschaffungsflexibilität erhöhen:** Die Beschaffungsflexibilität drückt den Handlungsspielraum eines Unternehmens im Hinblick auf ungeplante bzw. unplanbare Abweichungen aus, umfasst also Leistungs-, Mengen-, Zeit- und Ortsflexibilität.
- **Beschaffungsautonomie optimieren:** Die Autonomie bezieht sich auf die Abhängigkeit eines Unternehmens von seinen Zulieferern. Vorteile durch eine intensive Zusammenarbeit und Nachteile durch die daraus meist resultierende Abhängigkeit sind auszubalancieren.
- **Gemeinwohlorientierte Beschaffungsziele verfolgen:** Bei diesen Zielen stehen nicht die eigenen Interessen im Vordergrund, sondern das übergeordnete Wohl. Beispiele sind die Vermeidung von Kinderarbeit oder ökologische Missstände in Zulieferbetrieben.

Nicht nur Kosten in den Vordergrund

Eine ausschließliche Fokussierung auf monetäre Ziele würde zu einer Teiloptimierung führen, da für den (zukünftigen) Unternehmenserfolg wesentliche nichtmonetäre Werte wie beispielsweise die Beziehungsqualität zu Lieferanten oder deren Innovationsfähigkeit kaum Berücksichtigung finden würden.[16]

5 Aufgaben des Beschaffungscontrollings

Nachfolgend werden die Aufgaben des Beschaffungscontrollings den Handlungsfeldern zugeordnet (s. Abb. 3):

---

[16] Vgl. Küpper et al., 2013, S. 21 f.

Ziele, Aufgaben, Instrumente des Beschaffungscontrollings

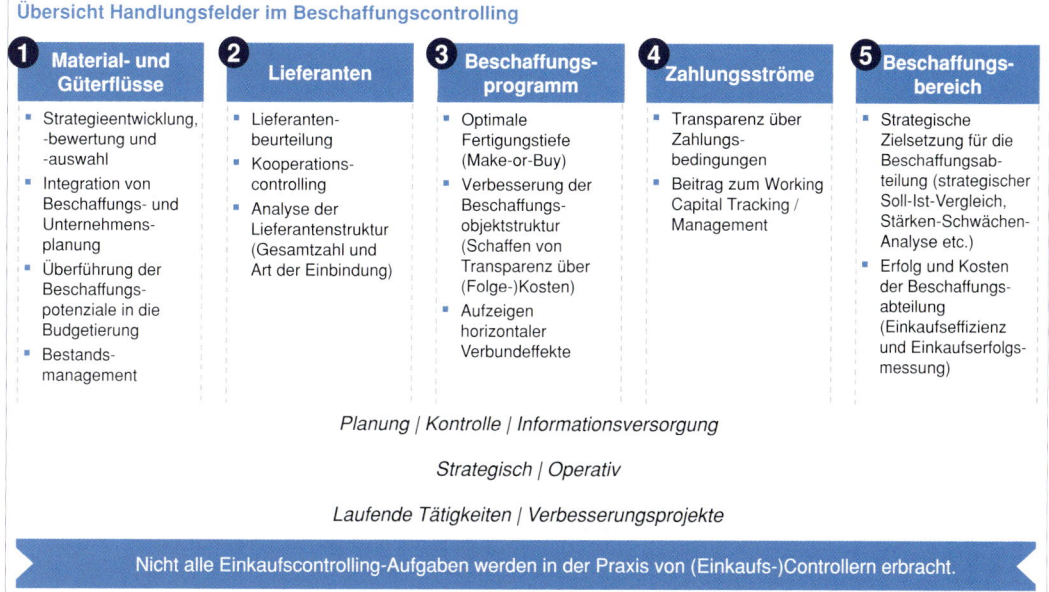

Abb. 3: Übersicht Handlungsfelder im Beschaffungscontrolling

Unabhängig von der analytisch deduzierten Reihenfolge in diesem Beitrag wird in der Unternehmenspraxis speziell die Performance-Messung des Beschaffungsbereichs (Einkaufserfolgsmessung), die dem Handlungsfeld Beschaffungsbereich zugeordnet ist, mit Beschaffungscontrolling verbunden.

5.1 Optimierung der Preise und Bestände

Im **Handlungsfeld Material- und Güterflüsse** liegt das Hauptaugenmerk des Beschaffungscontrollings auf der Unterstützung des Managements in der Optimierung der Preise und Bestände bei gleichzeitiger Sicherstellung der Lieferbereitschaft, Lieferflexibilität, Materialqualität und Preisstabilität.

- Das Beschaffungscontrolling muss die Beschaffungsleitung bei der **Entwicklung der Beschaffungsstrategie**, insbesondere bei der Bewertung und Auswahl von Strategiealternativen, unterstützen.
- Im Rahmen der operativen Beschaffungsplanung muss das Beschaffungscontrolling sicherstellen, dass die **Beschaffungsplanung und die Unternehmensplanung abgestimmt** sind und insbesondere sicherstellen, dass sich **Beschaffungspotenziale in der Unternehmensplanung** wiederfinden.

- Mit der **Steuerung der Bestände im Beschaffungsbereich** muss das Beschaffungscontrolling, insbesondere durch Kosteninformationen und entsprechende Kennzahlen, zur Optimierung der Lagerkosten beitragen.

5.2 Koordination der Zusammenarbeit mit Lieferanten

Effiziente Zusammenarbeit

Das zweite **Handlungsfeld** umfasst die **Lieferanten**. Das Controlling muss das Management dabei unterstützen, „Konzepte und Instrumente für eine effektive Koordination der Zusammenarbeit zwischen dem Unternehmen und seinen Lieferanten ein- und um[zu]setzen"[17] Transparenz über die Auswirkungen von Entscheidungen auf finanzielle und nicht finanzielle Kennzahlen ist insbesondere bei folgenden Themen zu schaffen:

- die Lieferantenauswahl und -beurteilung, inklusive der Messung der Performance der Lieferanten, und
- die Steuerung der Geschäftsbeziehung (Kooperationscontrolling),
- die Steuerung der Lieferantenstruktur, also der Gesamtzahl der Lieferanten und der Arten von deren Einbindung.

Es sei erwähnt, dass Methoden zur Auswahl der Strategien sowie Kennzahlen für Lieferanten und Typen von Kooperationen in Abhängigkeit von den Anforderungen der verschiedenen Beschaffungsobjekte festzulegen sind.

5.3 Optimierung des Beschaffungssortiments

Im **Handlungsfeld Beschaffungsprogramm** steht nicht die zeitliche und mengenmäßige Terminierung der Mengen- und Werteflüsse im Vordergrund, sondern eine gesamtheitliche Betrachtung der zugekauften Waren(gruppen):

- Entscheidungen hinsichtlich der **Festlegung der optimalen Fertigungstiefe** (Make or Buy) müssen – beispielsweise durch entsprechende Deckungsbeitragsrechnungen – unterstützt werden.[18]
- Das Beschaffungscontrolling muss eine **Steuerung der Beschaffungsobjektstruktur** (Verteilung der Beschaffungsobjekte) ermöglichen, indem direkte und indirekte (Folge-)Kosten und der Nutzen der Beschaffungsobjekte transparent gemacht werden. So können beispielsweise Vorteile durch die Mehrfachverwendung von Teilen und Materialien aufgezeigt werden.

---

[17] Wagner/Weber, 2007, S. 9.
[18] S. z. B. Scheffner, 2010.

- Ein weiteres Aufgabenfeld liegt im **Aufzeigen potenzieller horizontaler Verbundeffekte** und deren Auswirkung auf die Beschaffungsziele. Durch die Bündelung von Bedarfen innerhalb des Unternehmens und/oder über die Unternehmensgrenzen hinweg kann es zu Verbesserungen, beispielsweise durch bessere Preise oder Lieferbedingungen aufgrund der höheren Mengen, kommen.

5.4 Optimierung der Zahlungsströme

Das Management der Zahlungen zwischen dem Unternehmen und dessen Lieferanten trägt oft maßgeblich zum Unternehmensgewinn bei. Das dabei betroffene **Handlungsfeld Zahlungsströme**[19] liegt an der Schnittstelle verschiedener Bereiche. Für die Vereinbarung der Zahlungsziele und die Vertragsgestaltung ist die Beschaffung verantwortlich, für die Bezahlung (und damit das Nutzen der Skonti) die Kreditorenbuchhaltung.

Optimierung des Working Capital

Direkte Einflussfaktoren auf das Working Capital sind die Kernprozesse der Beschaffung, also Order to Cash (vom Auftrags- bis zum Zahlungseingang, korrespondierende Kennzahl: Days Sales Outstanding), Forecast tu Fulfil (von Bedarfsermittlung bis Verkauf/Warenausgang, korrespondierende Kennzahl: Days Inventories Held) und Purchase to Pay (von der Bestellung bis zur Zahlung an Lieferanten, korrespondierende Kennzahl: Days Payables Outstanding).

Indirekte Einflussfaktoren sind beispielsweise die Aktualität und Qualität der Stammdaten oder die funktionsübergreifende Koordination und Kommunikation bzw. die Prozess und Datentransparenz.[20]

Das Beschaffungscontrolling muss diese Koordination und Transparenz schaffen, inwieweit sich vereinbarte Zahlungsbedingungen auswirken bzw. wo ggf. Potenziale (u.a. durch die Nichtausutzung von Skonti oder zu frühe Zahlungen) nicht genützt werden.

5.5 Messung des Beschaffungserfolgs

Während die bisher vorgestellten Handlungsfelder die Optimierung der von der Beschaffung ausgeführten Aufgaben zum Zweck haben, fokussiert das **Handlungsfeld Beschaffungsbereich** auf die Steuerung der Beschaffung als Organisationseinheit. Die erste Aufgabe umfasst die **Steuerung der Beschaffungsaktivitäten**.

Effektivität und Effizienz des Beschaffungsbereichs steigern

---

[19] S. z.B. Henke/Jahns/Reuter, 2010.
[20] Vgl. Schoberegger/Tschandl, 2016, S. 5f.

Grundlagen & Konzepte

- Aus strategischer Sicht geht es um die Mitwirkung bei der Frage, welche (zukünftigen) Entwicklungen und Aktivitäten für das Unternehmen Chancen beinhalten, dauerhaft den Beitrag der Beschaffung zum Ergebnis zu steigern (strategische Beschaffungszielsetzung, strategischer Soll-Ist-Vergleich, Stärken-Schwächen-Analyse etc.).
- Operativ steht die Steuerung des Inputfaktoreneinsatzes im Vordergrund. Es soll aufgezeigt werden, welche Kosten und welchen Wertbeitrag Beschaffungsaktivitäten und -prozesse aufweisen.

Beurteilung der Leistung des Beschaffungsbereichs

Bei der **Performance-Messung des Beschaffungsbereichs** ist zu beurteilen, welches Ergebnis bzw. welche Leistung von der Beschaffungsabteilung erbracht und welche Kosten verursacht werden.[21] Bereichseffizienz (Kosten der Beschaffungsaktivitäten) und Beschaffungserfolg (Nutzen der Beschaffung) sind gegenüberzustellen. Die Leistungsindikatoren können kosten-, qualitäts- und zeitbezogen ausgerichtet sein.

6 Instrumente des Beschaffungscontrollings

Die Instrumente des Beschaffungscontrollings umfassen sowohl ideelle (Methoden, Modelle, Verfahren, Techniken) als auch reale Hilfsmittel (beispielsweise Informationstechnologien), die durch ihre Anwendung die Erfüllung der Aufgaben des Controllings unterstützen.[22] Basierend auf den genannten Handlungsfeldern ergibt sich eine Vielzahl an möglichen bzw. einsetzbaren Instrumenten. Einen Überblick über den Praxiseinsatz ausgesuchter Instrumente gibt eine Studie von Wagner/Weber (s. Abb. 4).

Die richtigen Beschaffungscontrollinginstrumente anwenden

Es ist nicht immer sinnvoll und möglich, den gesamten Umfang an Instrumenten einzusetzen. Welche geeignet sind, hängt von unterschiedlichen internen und externen Einflussgrößen wie den situativen Anforderungen der Verwendung, dem Entwicklungsstand des Controllings und dem im Unternehmen angewendeten Führungsverhalten ab.[23] Es geht also um eine inhaltlich und unternehmenskulturell fundierte Auswahl (und gegebenenfalls Anpassung) der Controllinginstrumente. Sie müssen[24]

- den Anforderungen des Unternehmens (Qualität der Lieferungen, hohe Lieferbereitschaft, pünktliche Anlieferung, optimale Materialnutzung etc.) entsprechen,
- die Aufgaben des Beschaffungscontrollings wirkungsvoll unterstützen,

---

[21] Kaufmann et al., 2005, S. 3, sehen das als zentrale Aufgabe des Beschaffungscontrollings.
[22] Allgemein Horváth/Gleich/Seiter, 2015, S. 56 ff.
[23] Vgl. Baier, 2002, S. 70; Friedl, 1990, S. 27.
[24] Vgl. Flatten, 1986, S. 82 und 91 f.; Hug, 2001, S. 286; Wagner/Weber, 2007, S. 52.

Ziele, Aufgaben, Instrumente des Beschaffungscontrollings

- sich gegenseitig ergänzen, sodass für sämtliche Phasen Instrumente bereitstehen und weder Lücken noch Überschneidungen auftreten,
- aufeinander abgestimmt und zueinander kompatibel sein,
- im Hinblick auf Kosten-Nutzen-Überlegungen sinnvoll erscheinen sowie
- zur Unternehmenskultur und Führung passen („cultural fit").

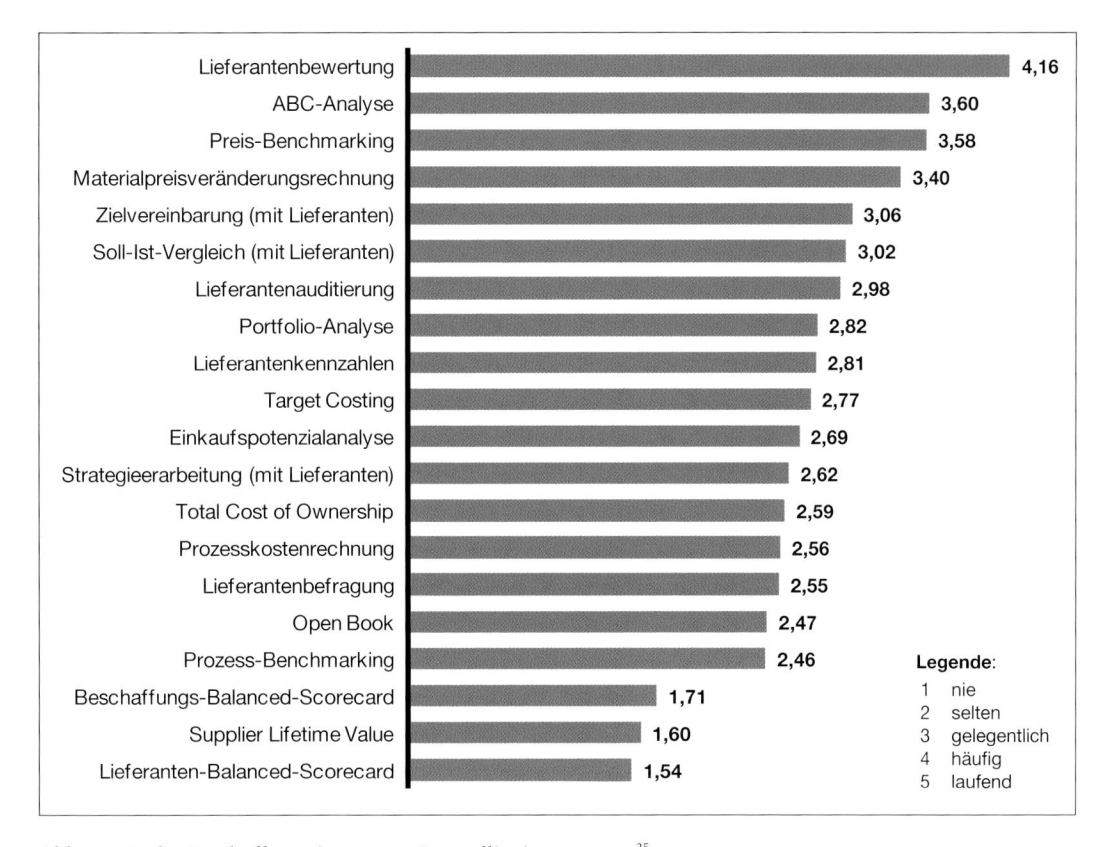

Instrument	Wert
Lieferantenbewertung	4,16
ABC-Analyse	3,60
Preis-Benchmarking	3,58
Materialpreisveränderungsrechnung	3,40
Zielvereinbarung (mit Lieferanten)	3,06
Soll-Ist-Vergleich (mit Lieferanten)	3,02
Lieferantenauditierung	2,98
Portfolio-Analyse	2,82
Lieferantenkennzahlen	2,81
Target Costing	2,77
Einkaufspotenzialanalyse	2,69
Strategieerarbeitung (mit Lieferanten)	2,62
Total Cost of Ownership	2,59
Prozesskostenrechnung	2,56
Lieferantenbefragung	2,55
Open Book	2,47
Prozess-Benchmarking	2,46
Beschaffungs-Balanced-Scorecard	1,71
Supplier Lifetime Value	1,60
Lieferanten-Balanced-Scorecard	1,54

Legende:
1 nie
2 selten
3 gelegentlich
4 häufig
5 laufend

Abb. 4: In der Beschaffung eingesetzte Controllinginstrumente[25]

In der Literatur ist noch keine Methodik vorhanden, die eine systematische Auswahl von (Beschaffungs-)Controllinginstrumenten auf Basis von Anforderungen und Rahmenbedingungen zulässt. Welche Instrumente geeignet sind, bleibt damit der Einschätzung des Forschers oder Praktikers überlassen. In Tab. 1 sind 50 wesentliche Instrumente aufgelistet.

Situative Instrumentenauswahl notwendig

---

[25] In Anlehnung an Wagner/Weber, 2007, S. 33–36.

Grundlagen & Konzepte

ABC-Analyse	Make-or-Buy-Rechnung (auch Eigenfertigung versus Fremdbezug)
Abweichungsanalyse (inklusive Forecast)	Materialkostensenkungspotenzialanalyse
Berichtswesen	Materialkostensenkungsrechnung
Beschaffungs-Balanced-Scorecard (auch Procurement/Supply/Purchasing Balanced Scorecard)	Materialpreisveränderungsrechnung
Beschaffungsbenchmarking	Nutzwertanalyse und Expertensysteme zur Lieferantenselektion
Beschaffungsbudget	Obligobericht (Zahlungsterminplanung)
Beschaffungsmarktsegmentrechnung	Open Book
Beschaffungsvision und -leitbild	Portfolioanalyse
Bestellmengenoptimierung (auch Bezugsmengenoptimierung)	Preisstrukturanalyse (auch Kostenstrukturanalyse)
Betriebsunterbrechungsrechnung	Prozesskostenrechnung (ähnlich auch Activity-based Costing)
Beziehungsfragebogen	Reverse Engineering
Einkaufskapazitätsrechnung	Risikoanalyse
Erfahrungskurvenanalyse	Simultaneous Costing
Fehlermöglichkeits- und Einflussanalyse (FMEA)	Strategische Bilanz
Früherkennungssysteme, Frühwarnsysteme	Supplier Lifetime Value
Funktionsanalyse	Supply Chain Mapping
Gap-Analyse	Supply Strategiewürfel
Gemeinkostenwertanalyse	SWOT-Analyse (Strengths, Weaknesses, Opportunities, Threats)
Investitionsrechnung (u.a. Kapitalwertmethode, Interner Zinsfuß)	Target Costing

Kennzahlen[26]	Total Cost of Ownership (TCO) (auch Total Cost of Acquisition)
Kennzahlensysteme	Value Balance Card
Kosten- und Leistungsrechnung	Wertanalyse (auch Value Analysis oder Value Engineering)
Lieferantenauditierung	XYZ-Analyse (auch RSU-Analyse)
Lieferantenbefragung	Zero Base Budgeting
Lieferantenbeurteilung, -bewertung, -analyse	Zuliefererprofil

Tab. 1: 50 wichtige Instrumente im Beschaffungscontrolling

7 Organisation des Beschaffungscontrollings

Wie auch das Unternehmenscontrolling ergibt sich das Beschaffungscontrolling aus dem Zusammenspiel mehrerer Personen, die nicht unbedingt Controller-Rollen innehaben müssen. Die Inhaber der Beschaffungscontrollingfunktion sind für die Existenz der Planungs-, Kontroll- und Informationsinstrumente und für die Durchführung von Planung, Abweichungsanalysen und Managementinformation verantwortlich, die Inhalte der Planung werden hingegen von den Führungskräften der Beschaffungsabteilung beigesteuert. Beschaffungscontrolling setzt aber nicht die Existenz einer eigenen Beschaffungscontrollingstelle im Unternehmen voraus. Die Controlling-Tätigkeiten werden häufig von Mitarbeitern der Beschaffung, vom Beschaffungsmanagement oder vom Unternehmenscontrolling ausgeführt.

Zusammenspiel Controller und Manager

Ob eine eigene Beschaffungscontrollingstelle sinnvoll ist, kann deshalb nur unternehmensspezifisch festgelegt werden, da es insbesondere von folgenden Faktoren abhängt:[27]

- Höhe des Beschaffungsvolumens,
- Bedeutung der Beschaffung für den Unternehmenserfolg,
- organisatorische Einordnung der Beschaffung in die Unternehmensorganisation,
- Anzahl der Mitarbeiter in der Beschaffung und
- Abgrenzung, welche beschaffungsrelevanten Tätigkeiten von der Beschaffung und welche von der Unternehmensführung wahrgenommen werden.

Kontextfaktoren für eine Beschaffungscontrollingstelle

---

[26] Zu einer Übersicht über Kennzahlen s. Tschandl/Schentler 2015.
[27] Vgl. Friedl, 1990, S. 104–116 und 120–129; Reinschmidt, 1989, S. 81 ff. und 152–168; Flatten, 1986, S. 177–196; Jahns, 2005, S. 340 f.

Grundlagen & Konzepte

Die zunehmende Bedeutung der Beschaffung führt verstärkt zur Forderung, analog zu anderen Bereichs- bzw. Bindestrich-Controllingfunktionen auch eine eigene Beschaffungscontrollingstelle einzurichten. Die Forderung nach Unterstützung – als betriebswirtschaftlicher Berater oder kritischer Gegenpart – und Entlastung des Beschaffungsmanagements setzt eine Beschaffungscontrollingstelle voraus. Es ist aber auch möglich, dass der potenzielle Aufgabenumfang nicht ausreicht, um unter Berücksichtigung von Wirtschaftlichkeitsaspekten die Einrichtung einer entsprechenden Stelle zu rechtfertigen. Vor- und Nachteile unterschiedlicher organisatorischer Ausprägungen finden sich in Abb. 5.

Organisationsalternativen des Beschaffungscontrollings

Beschaffung ← Die Aufgaben des Beschaffungscontrollings werden wahrgenommen durch… → Controlling

	…die Beschaffung	…interdisziplinäre Arbeitsgruppen	…eine eigene organisatorische Einheit	…das Controlling
+	▪ Hohes fachliches Einkaufswissen ▪ Zentralisierung aller Einkaufstätigkeiten	▪ Integration verschiedener Perspektiven ▪ Unternehmensweite Steigerung der Bedeutung der Beschaffung und des erbrachten Wertbeitrags	▪ Etablierung des Beschaffungscontrollings als eigene Stelle liefert Spezialisierungs- und Effizienzvorteile	▪ Unabhängigkeit des Beschaffungscontrollings von der Beschaffung ▪ Wissen über Controlling Tools & Methoden vorhanden ▪ Entlastung der Beschaffung
−	▪ Erhöhter Ressourcenaufwand in der Beschaffung ▪ Know-how über Tools und Methoden muss aufgebaut werden ▪ Unabhängigkeit der Beschaffung gefährdet	▪ Häufig geringe Effizienz im operativen Alltag	▪ Erhöhter Ressourcenbedarf ▪ Fachliche und disziplinarische Zuordnung muss eindeutig geklärt werden	▪ Geringes fachliches Know-how über Einkaufsspezifika vorhanden

Abb. 5: Organisationsalternativen des Beschaffungscontrolling

8 Zusammenfassung

Beschaffungscontrolling umsetzen

Der Materialkostenanteil am Umsatz liegt in vielen Branchen bei über 50 %, in der Fahrzeugindustrie oder in der chemischen Industrie sogar über 60 %. Die Leistungen (und auch Preise), die Unternehmen ihren Kunden anbieten können, resultieren dadurch zu großen Teilen aus den Beschaffungsaktivitäten und insbesondere aus der Einbindung der Lieferanten.

Um die Potenziale der Beschaffung nutzen zu können, ist der Einsatz eines institutionalisierten Beschaffungscontrollings sinnvoll. Im vorliegenden

Beitrag wurde eine Controllingkonzeption für die Beschaffung dargestellt, die sowohl Ziele und Aufgaben (gegliedert nach den Handlungsfeldern Material- und Güterflüsse, Lieferanten, Beschaffungsprogramm, Zahlungsströme und Beschaffungsbereich) als auch Instrumente und Organisation umfasst. Eine solche Konzeption, die sich an den Bedürfnissen des Beschaffungsmanagements orientiert und die Grundlage für beschaffungsrelevante Entscheidungen bildet, ist zur Sicherstellung einer effizienten und effektiven Gestaltung der Versorgung eines Unternehmens sinnvoll. Durch die institutionalisierte Planung, Kontrolle und Informationsversorgung können Kosten- und Nutzenpotenziale sowie Chancen und Risiken in der Beschaffung frühzeitig erkannt werden.

Die vorgestellte Konzeption ist auf Basis unternehmensinterner und -externer Rahmenbedingungen sowie der Wichtigkeit und Priorisierung der Beschaffungsziele für situative Unternehmensanforderungen anzupassen. Nach dem spezifischen Leistungsprogramm und den damit einhergehenden branchen- und unternehmensbezogenen Spezifika kann sie auch für einzelne Branchen oder Wirtschaftszweige adaptiert werden, um charakteristische Controllingschwerpunkte, -aufgaben und -instrumente festzulegen.

9   Literaturhinweise

Bäck/Tschandl/Schentler/Schweiger, Einkauf optimieren. Praxishandbuch. Einkauf für die Praxis: Teil B. Anwendungsinstrumente und Instrumente für die Optimierung, 2007.

Baier, Führen mit Controlling, 2. Aufl. 2002.

Baumgarten/Darkow, Controlling für die Versorgung, in Boutellier/Wagner/Wehrli (Hrsg.), Handbuch Beschaffung, 2003, S. 365–388.

Benkenstein, Die Verkürzung der Fertigungstiefe als absatzwirtschaftliches Entscheidungsproblem, WiSt, 24. Jg., 4/1995, S. 180–185.

Deyhle/Steigmeier, Controller und Controlling, 1993.

Espich, Best Practice in Purchasing Performance Measurement, in Bundesverband Materialwirtschaft, Einkauf und Logistik (Hrsg.), Best Practice in Einkauf und Logistik. Erfolgsstrategien der Top-Entscheider Deutschlands, 2004, S. 89–101.

Flatten, Controlling in der Materialwirtschaft. Eine explorative Studie in der deutschen Automobilindustrie, 1986.

Friedl, Grundlagen des Beschaffungs-Controlling, 1990.

Henke/Jahns/Reuter, Financial Supply (Chain) Management – die neue, finanzorientierte Sicht auf Einkauf und Supply Management, in Gleich/Henke/Rast/Schentler (Hrsg.), Beschaffungs-Controlling, 2010, S. 47–60.

Horváth/Gleich/Seiter, Controlling, 13. Aufl. 2015.

Hug, Controlling der Lieferantenbeziehung – Plädoyer für ein potenzialorientiertes Controlling unternehmensübergreifender Geschäftsprozesse, krp Kostenrechnungspraxis, 45. Jg., 5/2001, S. 283–291.

Jahns, Supply Management. Neue Perspektiven eines Managementansatzes für Einkauf und Supply, 2005.

Kaufmann/Thiel/Becker, Überblick über das Beschaffungs-Controlling, in Schäffer/Weber (Hrsg.), Bereichscontrolling. Funktionsspezifische Anwendungsfelder, Methoden und Instrumente, 2005, S. 3–21.

Küpper/Friedl/Hofmann/Hofmann/Pedell, Controlling. Konzeption, Aufgaben, Instrumente, 6. Aufl. 2013.

Little (Hrsg.), Merkmale eines innovativen Procurement Performance Managements. Wesentliche Studienergebnisse, Juni 2009.

Meyer, Beschaffungsziele, 2. Aufl. 1990.

Pampel, Grundaufbau moderner Kalkulationen von Beschaffungskosten, krp Kostenrechnungspraxis, 37. Jg., 3/1993, S. 196–199.

Reinschmidt, Beschaffungs-Controlling mit Kennzahlensystemen, 1989.

Scheffner, Make or Buy: Shared Service Center und Outsourcing von Finanz- und Controlling-Prozessen, in Gleich/Henke/Rast/Schentler (Hrsg.), Beschaffungs-Controlling, 2010, S. 227–244.

Schentler, Beschaffungs-Controlling in der kundenindividuellen Massenproduktion, 2008.

Schentler/Weick/Heisel/Nadilo, Steuerung des Einkaufs direkter und indirekter Materialien bei der Krones AG, in Keuper/Sauter (Hrsg.), Unternehmenssteuerung in der produzierenden Industrie, 2014, S. 301–319.

Schierenbeck/Wöhle, Grundzüge der Betriebswirtschaftslehre, 18. Aufl. 2012.

Schoberegger/Tschandl, Wechselwirkungen im Working Capital Management, in Controller Magazin, 41. Jg., 1/2016, S. 4–9.

Tschandl, Perspektiven der Integration im Umweltcontrolling, in Tschandl/Posch (Hrsg.), Integriertes Umweltcontrolling, 2. Aufl. 2012, S. 11–39.

Tschandl/Schentler, Beschaffungscontrolling – State of the Art, in Tschandl/Bäck (Hrsg.), Supply Chain Performance, 2008, S. 3–32.

Tschandl/Schentler, Kennzahlen in der Beschaffung, in Losbichler/Eisl/Engelbrechtsmüller (Hrsg.), Handbuch der betriebswirtschaftlichen Kennzahlen, 2015, S. 256–274.

Wagner/Weber, Beschaffungs-Controlling. Den Wertbeitrag der Beschaffung messen und optimieren, 2007.

Strategische Einkaufssteuerung: Ziele, Kennzahlen, Erfolgsmessung und Reporting

- Die Einkaufsperformance kann signifikant erhöht werden, wenn statt manueller Datenaufbereitung mehr Zeit für die strategische Einkaufssteuerung aufgewendet wird.
- Einkaufs-Performance-Management ist als ganzheitlicher Ansatz und mehrstufiger Prozess zu verstehen.
- Transparente und verständliche Ziele im Einkauf lassen sich mit den richtigen Kennzahlen messen und nachverfolgen.
- Die Schaffung einer sauberen Datenbasis ermöglicht den Aufbau eines zuverlässigen Reportings und dient der Erfolgsmessung.
- In diesem Artikel werden Vorgehensweisen und Methoden zur Optimierung der strategischen Einkaufssteuerung erläutert und anhand eines konkreten Projektbeispiels beschrieben.

Inhalt		Seite
1	Wunsch und Wirklichkeit der strategischen Einkaufssteuerung	46
2	Ganzheitliche Einkaufssteuerung im Überblick	47
3	Bestandteile der ganzheitlichen Unternehmenssteuerung	49
3.1	Ziele	49
3.2	Kennzahlen	50
3.3	Erfolgsmessung	54
3.3.1	Schaffen der Datenbasis	54
3.3.2	Erfolgsmessung definieren	56
3.3.3	Berechnungsmethode hängt vom Bedarf ab	58
3.4	Reporting	60
4	Fazit und Lessons Learned	62

- Die Autoren

Tobias Steinhauser, Managing Consultant im Competence Center Organization & Operations (Manufacturing Industries) bei Horváth & Partners Management Consultants in München.

Thomas Nadilo, Principal im Competence Center Organization & Operations (Manufacturing Industries) bei Horváth & Partners Management Consultants in Düsseldorf.

1 Wunsch und Wirklichkeit der strategischen Einkaufssteuerung

Manuelle Datensammlung dominiert im Alltag

Häufig nehmen operative Aktivitäten einen Großteil der Kapazitäten im Einkaufscontrolling ein; i. d. R. auf Kosten von strategischen Überlegungen. So wird ein Großteil der Arbeitszeit für die manuelle Datensammlung und -aufarbeitung verwendet, anstatt die strategische Steuerung und Organisation der Einkaufsabteilung voranzutreiben. Gründe hierfür sind vor allem steigende Komplexität durch die Menge an systemseitig verfügbaren Daten und ein immer größerer Informationsbedarf bei internen Kunden wie z. B. Einkäufern (um bspw. eine gute Vorbereitung auf Lieferantengespräche gewährleisten zu können) oder Führungskräften (um ihren Verantwortungsbereich besser steuern zu können). Erschwerend kommt hinzu, dass oftmals Daten aus unterschiedlichen Systemen manuell konsolidiert werden müssen.

Im Idealfall standardisierte Datenaufbereitung

Im Idealfall sollte jedoch genau das Gegenteil der Fall sein: Die Datenaufbereitung ist standardisiert und automatisiert und dementsprechend wenig zeitaufwändig. Im Gegenzug können die dadurch freigesetzten Kapazitäten für die strategische Steuerung der Einkaufsorganisation und der Schnittstellen genutzt werden. Diese Kombination aus mehr strategischer Steuerung und weniger Datenaufbereitung führt zu einer signifikanten Erhöhung der Einkaufsperformance (s. Abb. 1).

Im Verlauf dieses Artikels sollen Vorgehensweisen und Methoden zur Realisierung des genannten Zielzustandes erläutert und anhand eines konkreten Projektbeispiels beschrieben werden.

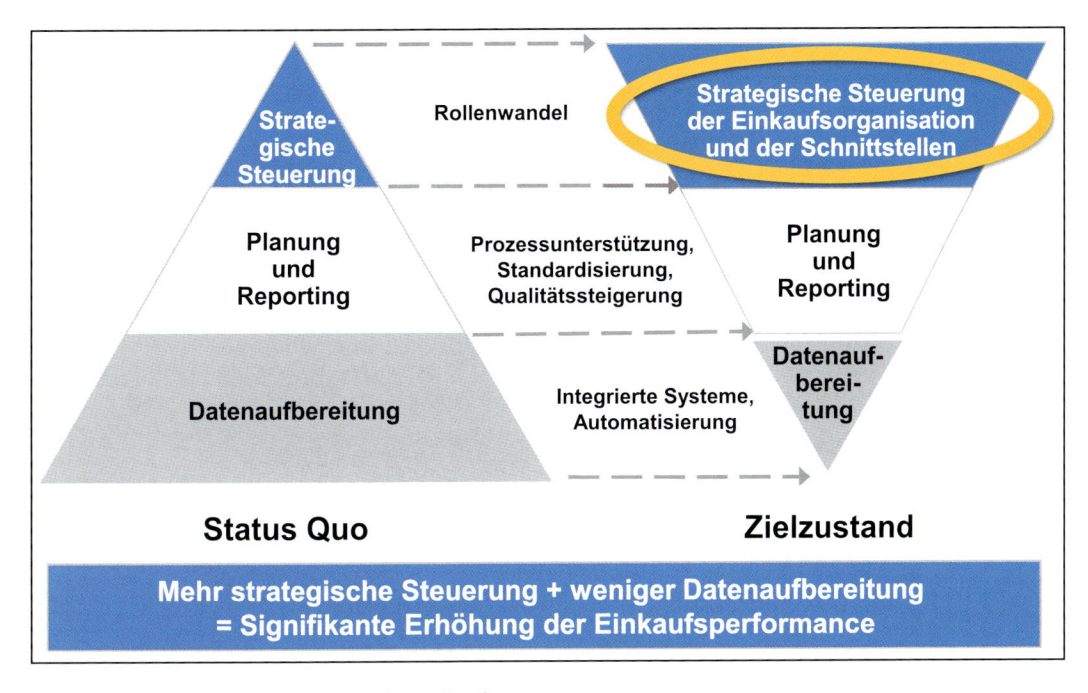

Abb. 1: Zielzustand für die strategische Einkaufssteuerung

2 Ganzheitliche Einkaufssteuerung im Überblick

Performance Management im Einkauf bedeutet Steuerung, Controlling und Reporting ganzheitlich betrachten. Hinzu kommt der Einsatz unterschiedlicher Methoden zur Steigerung der Leistung im Einkauf. Der nachfolgend beschriebene Steuerungsansatz (s. Abb. 2) ist fünfstufig gegliedert.

Ganzheitliches Management der Einkaufsperformance

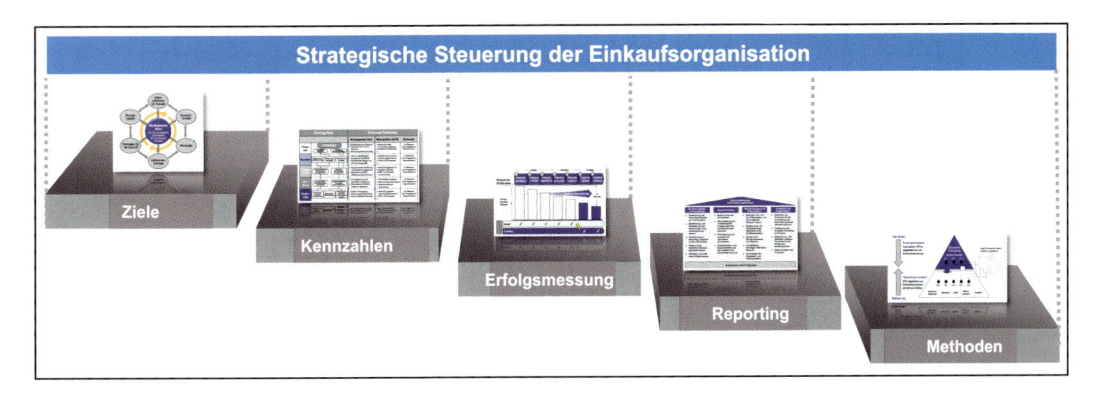

Abb. 2: Strategische Steuerung der Einkaufsorganisation

1. Der erste Schritt ist die Festlegung von **Zielen**, abgeleitet aus Einkaufs- und Unternehmensstrategie:
   - die Harmonisierung der Einkaufsstrategie mit der Unternehmensstrategie und
   - die Formulierung konkreter Zielsetzungen mit Fokus auf 3 bis 5 Jahre.
2. Anschließend (Schritt 2) erfolgt die Festlegung von **Kennzahlen**, um die Ziele messbar zu machen:
   - die Ableitung einer gesamthaften Steuerungssystematik und
   - die Definition der Kennzahlen zur Überwachung der Zielerreichung.
3. Der dritte Schritt befasst sich mit der **Erfolgsmessung im Einkauf** und beinhaltet:
   - die konsistente Messung von Einkaufserfolgen,
   - die Definition von Messmetriken und Schnittstellen zwischen Einkauf und Controlling und
   - die Überleitung der Effekte in die GuV und Unternehmensplanung.
4. Darauf aufbauend folgt in Schritt 4 **Reporting** die Aufgabe, die richtigen Inhalte zu berichten:
   - die Definition von Berichtsinhalten und Empfängern,
   - die Visualisierung der Reportinginhalte,
   - die Konzeption des Reportingprozesses und
   - die Definition der IT-gestützten Kennzahlenerhebung.
5. Zusätzlich beinhaltet die strategische Steuerung der Einkaufsorganisation diverse **Methoden** zur Steigerung der Leistung im Einkauf, u.a.:
   - die Kostenanalyse von Zukaufteilen,
   - die Optimierung der Wertschöpfungstiefe „Make, Cooperate or Buy",
   - die Analyse und Prognose von Rohstoffpreisen,
   - die Unterstützung des Materialgruppenmanagements und
   - die Total Cost of Ownership-Betrachtung.

Im weiteren Verlauf wird detailliert auf die ersten vier Bereiche der strategischen Steuerung der Einkaufsorganisation eingegangen sowie ausgewählte Aspekte anhand des Beispielunternehmens beschrieben. Für den fünften Bereich, die Methoden, wird auf den Beitrag von Schentler/Henke: „Einkaufscontrollinginstrumente für KMU" in diesem Band verwiesen.

> **Beispiel: Ausgangssituation im Beispielunternehmen**
> Bei dem Beispielunternehmen handelt es sich um einen international tätigen Automobilzulieferer. Der Gesamtkonzern ist weltweit mit Produktionswerken und Vertriebsniederlassungen vertreten.

Das Unternehmen hatte insbesondere das Problem, eine verlässliche Datenbasis für die Planung und das Reporting und damit verbunden auch die strategische Steuerung zu schaffen. Eine Vielzahl unterschiedlicher Daten- und Informationsquellen ohne Möglichkeit zur automatisierten Aufbereitung führte zu einem hohen manuellen Aufwand in der Datensammlung und einer geringe Nachvollziehbarkeit. Monatliche Standardreports konnten nicht alle relevanten Fragen beantworten und waren gleichzeitig sehr zeitintensiv in der Erstellung. Dies führte zu einer großen Anzahl an Ad-hoc-Anfragen für weitere individuelle Reports, die ebenfalls nur mit großen manuellen Aufwand erstellt werden konnten. Neben der Datenkonsolidierung war speziell die Validierung der Ergebnisse sehr zeitraubend. Fehlende Transparenz und auf der manuellen Erstellung basierende Fehler führten darüber hinaus zu mangelnder Akzeptanz der Ergebnisse bei den Empfängern.

3 Bestandteile der ganzheitlichen Unternehmenssteuerung

3.1 Ziele

▪ **Ein standardisierter Prozess zur Erarbeitung der Einkaufsstrategie macht Ziele im Einkauf transparent und verständlich**

Eine Analyse der Ausgangssituation ist die Grundlage um Ziele und Strategien im Einkauf festzulegen. Dazu hat es sich bewährt individuelle auf das Unternehmen abgestimmte Fragebögen zu entwickeln, welche von einer repräsentativen Anzahl an Mitarbeitern aus dem Einkauf und angrenzenden Bereichen beantwortet werden. Im Fokus der Fragen steht die Einkaufsstrategie in Bezug auf externe Faktoren und die interne Ausrichtung. Die Ergebnisse geben die Beurteilung der Leistungsfähigkeit der Organisation aus Sicht der Mitarbeiter in einzelnen Bereichen wieder.
Erhebung der Ausgangslage anhand von Befragungen

Die Resultate dieser Analyse werden in einem nächsten Schritt mit externen Benchmarkings abgeglichen. Dies dient als Realitäts-Check und soll Einschätzungen der Mitarbeiter verifizieren oder falsifizieren, um ein umfassendes Verständnis der Ausgangssituation zu erlangen. Als Benchmark sind Unternehmen mit vergleichbarer Größe und aus derselben oder einer ähnlichen Branche heranzuziehen.
Vergleich mit anderen Unternehmen

Mit dieser internen und externen Sichtweise erfolgt eine Standortbestimmung der Organisation und eine valide Einschätzung des aktuellen Reifegrades und etwaiger Lücken.

Grundlagen & Konzepte

▪ **Strategieentwicklung ist kein Hexenwerk; dennoch verhindern vermeidbare Probleme die Entwicklung guter Strategien**

Mission und Vision sind richtungsweisend

Mission und Vision erfüllen eine wichtige Funktion, indem sie dem Unternehmen eine klare Zielrichtung vorgeben. Die Mission klärt, welche Rolle das Unternehmen in der Gesellschaft einnehmen möchte und welche Aufgaben es in diesem Zusammenhang erfüllt. Die Vision hingegen ist ein Zukunftsbild, das beschreibt was eine Organisation langfristig erreichen möchte. Die Einkaufsstrategie lässt sich auf Basis der Vision ableiten. Hierbei ist darauf zu achten, dass die Einkaufsstrategie mit der Unternehmensstrategie im Einklang steht und keine Spannungsfelder geschaffen werden.

Strategiebasierte Zielsysteme in Strategy Maps

Zielsysteme, die sich aus der Strategie ergeben, können in Strategy Maps dargestellt werden. Diese lassen sich bspw. in die folgenden fünf Bereiche unterteilen, zu denen jeweils Zielbeispiele angeführt werden:

- **Potenziale:** Erstklassige Basis für nachhaltiges Wachstum schaffen – bspw. durch die Definition der optimalen Wertschöpfungstiefe und die Qualifikation von Mitarbeitern.
- **Prozesse/Technologie:** Operational Excellence ausbauen – bspw. durch Prozesstreue oder automatisierte Zahlungsprozesse.
- **Lieferanten/Markt:** Erstklassige Lieferanten bei minimiertem Risiko zu besten Preisen – bspw. durch den Aufbau umfassender Marktkenntnisse und Best-Cost-Country-Sourcing.
- **Interne Kunden:** Positionierung als erstklassiger interner Dienstleister – bspw. durch die Schaffung einer positiven Wahrnehmung und die Einbindung der internen Kunden.
- **Finanzen:** Hohen Wertbeitrag für das Unternehmen generieren – bspw. durch die Minimierung von finanziellen Risiken und die Absenkung des gebundenen Kapitals.

Häufige Probleme in der Praxis

Die häufigsten Probleme im Bereich der Einkaufsstrategieentwicklung in der Praxis sind fehlende Kreativität, mangelnde Verzahnung mit der Unternehmensstrategie, keine Überleitung der Strategie in konkrete Ziele und Aktionen und ungeklärte Verantwortlichkeiten sowie mangelnde Ressourcen.

3.2 Kennzahlen

Messung der Zielerreichung mit KPIs

Um die Zielerreichung einer Strategie beurteilen zu können, bedarf es messbarer und quantifizierbarer Kennzahlen, sog. Key Performance Indicators (KPI). Für eine korrekte Evaluierung des Erfolges einer Strategie ist es wichtig, dass die KPIs genau definiert sind (auch wenn dieser Prozess oft sehr zeitintensiv sein kann).

Strategische Einkaufssteuerung

Im Wesentlichen gilt es bei der Auswahl und Definition von Kennzahlen darauf zu achten, dass die folgenden vier Dimensionen abgedeckt werden: Steuerungsrelevanz, Berechnung basierend auf zugänglichen und glaubhaften Daten, transparente und einheitliche Berechnung sowie die einheitliche Interpretation (s. Abb. 3).

Auswahl der KPIs

```
┌─────────────────┬─────────────────┐
│ Steuerungs-     │ Zugängliche,    │
│ relevant        │ glaubhafte Daten│
│        ╱────────────────╲         │
│       │   Best-          │        │
│       │   Practice       │        │
│       │   KPIs           │        │
│        ╲────────────────╱         │
│ Transparent,    │                 │
│ einheitliche    │ Einheitliche    │
│ Berechnung      │ Interpretation  │
└─────────────────┴─────────────────┘
```

Abb. 3: Anforderungen an steuerungsrelevante Kennzahlen

Um steuerungsrelevant zu sein, muss eine Kennzahl **in direktem Zusammenhang mit der Strategie stehen**, für welche sie definiert wird. Konkret bedeutet das, dass die KPI Ziele aus der Einkaufsstrategie verfolgbar und messbar machen muss. So würde es bspw. keinen Sinn machen, die unternehmensweite Mitarbeiterfluktuation für den Einkauf zu nutzen, da der Einfluss einer Einkaufsstrategie auf diese Messgröße sehr begrenzt ist und der Erfolg der Strategie an diesem Zielwert nicht abgelesen werden kann. Die Materialkostenveränderung hingegen kann die Frage beantworten, ob bspw. das Ziel der Einkaufskostenreduktion erreicht wird; sie weist daher eine hohe Steuerungsrelevanz im Einkauf auf.

Zusammenhang zwischen Kennzahl und Strategie

Um Akzeptanz für Kennzahlen zu schaffen, ist es zwingend erforderlich, dass die zur Berechnung herangezogene **Datenbasis zugänglich und glaubhaft** ist. Die Aussagen einer Kennzahl können nur so gut sein wie die Ausgangsdaten, die zur Berechnung verwendet werden. Ein typischer Fallstrick in der Praxis ist unter anderem, dass idente KPIs je nach Report

Glaubhafte zugrundeliegende Datenbasis

Grundlagen & Konzepte

aus unterschiedlichen Datenquellen berichtet werden und eine mangelnde Dokumentation der erfassten Daten erfolgt.

Transparente Berechnungslogik fördert Akzeptanz

Selbiges gilt für die Berechnung von Kennzahlen. Damit die KPIs verlässliche Erfolgsindikatoren für Mitarbeiter bleiben und nicht ihre Glaubwürdigkeit durch Intransparenz in ihrer Berechnung verlieren, muss sichergestellt sein, dass eine **transparente und einheitliche Berechnungslogik** definiert ist. Hierbei sollte bspw. vermieden werden, dass Kennzahlen manuell in Schattenlisten berechnet werden.

Einheitliche Kennzahleninterpretation ist essentiell

Schlussendlich ist es von höchster Bedeutung, dass die definierten KPIs **einheitlich interpretiert** werden. Deshalb sollte im Vorhinein von sämtlichen Empfängern eine übergreifende Bedeutung für alle Messgrößen festgelegt werden. Es gilt zu vermeiden, dass die Definitionen von KPIs und deren Bestandteilen uneinheitlich sind und kein eindeutiges KPI-Glossar besteht.

Festlegung der Verantwortung für Zielerfüllung

Neben einer eindeutigen Definition und Interpretation der Kennzahlen ist die klare Zuweisung von Verantwortung elementar für das Erreichen von Zielgrößen, da ansonsten bestimmte KPIs vernachlässigt werden könnten. Hierzu ist es von großem Vorteil klare Governance-Strukturen zu implementieren.

> **Beispiel: Evaluierung bestehender Kennzahlen**
> Im Projektbeispiel waren ca. 30 Kennzahlen im Einsatz. Obwohl die einzelnen Kennzahlen an sich sinnvoll waren, war nicht eindeutig klar, inwieweit sie zur Messung der Strategie nutzbar sind. Hierzu war eine Evaluierung notwendig.
>
> Zu Beginn wurden Steuerungsziele definiert. Daraus ergab sich ein Zielbild, welches sich in zwei wesentlich Blöcke unterteilen lässt: „Preise und Kosten" und „Lieferantenmanagement".
>
> Der Bereich Preise und Kosten beinhaltet unter anderem die Messbarkeit von Materialkostenveränderungen.
>
> Lieferantenmanagement orientiert sich in diesem Beispiel stark am Purchase-to-Pay-Prozess und umfasst unter anderem die Messbarkeit von Zahlungsterminabweichungen und Verlusten aus nicht gezogenem Skonto.
>
> Anhand dieses Vorgehens kann durch die Eliminierung von Redundanzen und von KPIs mit fehlendem Steuerungsnutzen das Kennzahlenportfolio bereits deutlich reduziert werden. Darauf aufbauend wurde im Projektbeispiel in mehreren Workshops gemeinsam mit Vertretern aus Einkauf, Controlling und Stammdatenmanagement erarbeitet, welche der Kennzahlen für ein ausgewogenes Steuerungskonzept tatsächlich relevant sind.
>
> Diesen Zielen wurden die Kennzahlen gegenübergestellt und geprüft, inwieweit sie fachlich passend sind.

Darüber hinaus wurde für jede Kennzahl der Steuerungsnutzen beurteilt: gering, mittel, hoch.

In weiteren Workshops im selben Teilnehmerkreis wurden anschließend die Berechnungsweisen der jeweiligen KPIs abgestimmt und Dimensionen pro Kennzahl festgelegt. So wurde bspw. definiert ob eine Kennzahl nur für direkte oder indirekte Bedarfe dargestellt werden sollte und welche vertikale (Warengruppe, Lieferant, Teil), horizontale (Business Unit, Werk, Projekt) und zeitliche (Vorjahr, Budget, Forecast) Dimensionen relevant sind. Hierzu wurden KPI-Steckbriefe herangezogen und einheitliche Übersichtsblätter erstellt, die die wichtigsten Informationen zu jeder Kennzahl enthalten (s. Abb. 4).

KPI	Materialkostenveränderung (MKV) [%]	Ziel	Steigerung des Wertbeitrags für das Gesamtunternehmen		
Formel	((Preis neu/Preis alt) - 1) * 100	Quelle	SAP MM aktuell gültiger Preis SAP MM Preis Vorjahr		
KPI Def.	Entwicklung des Durchschnittspreises je Teil und Jahr	Dimensionen	Horizontal BU, Werk, Projekt	Vertikal Materialgruppe, Lieferant	Zeitlich Vorjahr, aktuelles Jahr
Perspektive	Preise und Kosten	KPI Typ Top KPI	Verantwortl.	Inhaltlich Frau Mustermann	Technisch Herr Mustermann

Abb. 4: Auszug aus einem Kennzahlensteckbrief

Beispiel: Kennzahlenportfolio enthält Top-KPIs und ergänzende KPIs
Für das finale Kennzahlen-Portfolio wurde nach dem Ursache-Wirkungsprinzip eine Unterscheidung zwischen Top-KPI und ergänzender KPI getroffen. So wurde die Materialkostenveränderung bspw. als Top-KPI definiert, während hingegen die Rohmaterialpreisveränderung und die Währungskursveränderung ergänzende Kennzahlen sind, welche Ursachen für die Materialkostenveränderung sein können. Die daraus entstandene 2x2-Matrix stellt sicher, dass alle Bereiche des Steuerungskonzepts mit aussagekräftigen Kennzahlen zur Messung der Zielerreichung abgedeckt sind. Abb. 5 zeigt einen Auszug aus der 2x2-Matrix und dem Kennzahlen-Portfolio mit der Unterscheidung zwischen Top-KPIs und ergänzenden KPIs.

Grundlagen & Konzepte

	Top KPI	**Ergänzende KPI**

Preise und Kosten

Top KPI:
- 1 Einkaufsvolumen
- 2 Materialkostenveränderung
  - 2a Mengeneffekt
  - 2b Preiseffekt
  - 2c Währungseffekt
  - 2d Rohmaterialeffekt

Ergänzende KPI:
- 3 Rohmaterial-Einkaufsvolumen
- 4 Ausgaben in Fremdwährung
- 5 Währungskursveränderung
- 6 Rohstoffpreisveränderung

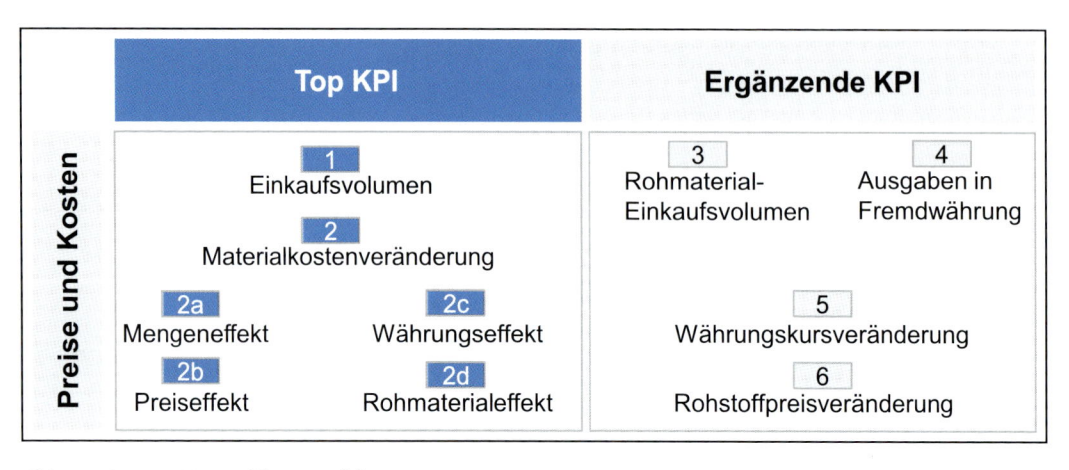

Abb. 5: Auszug Kennzahlen-Portfolio

3.3 Erfolgsmessung

3.3.1 Schaffen der Datenbasis

Spend-Cube als aufbereitete Datenbasis

Für die Beurteilung des Erreichens einer Zielgröße ist eine fundierte Datenbasis eine unabdingbare Voraussetzung. Speziell die Zugänglichkeit und der Zugriff auf steuerungsrelevante Kennzahlen und Daten stellt für viele Unternehmen eine große Herausforderung dar. Deswegen ist der Aufbau eines unternehmensweiten Spend-Cubes (s. Abb. 6) zur Ergänzung der operativen Auswertung ratsam. Der Spend-Cube dient als Konsolidierungsplattform aller relevanten Einkaufsdaten, die zur Berechnung der Kennzahlen erforderlich sind. Je nach Unternehmensstruktur und vor allem auch abhängig von der IT-Infrastruktur werden in einem Spend-Cube Daten aus verschiedenen Geschäftseinheiten, Werken, Abteilungen sowie aus unterschiedlichen Modulen des ERP-Systems und weiterer Datenbanken und Systeme zusammengeführt. Auf Basis dieser Datensammlung lassen sich anschließend Kennzahlen ermitteln und Auswertungen erstellen.

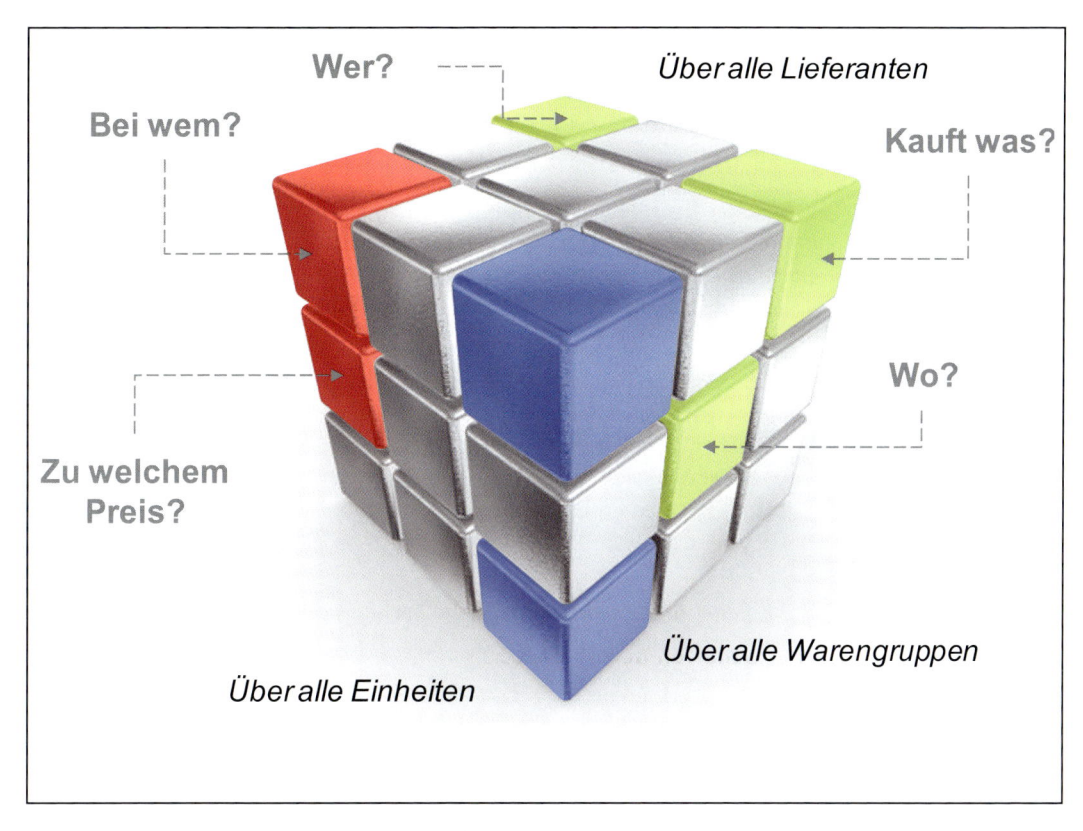

Abb. 6: Schematische Darstellung eines Spend-Cubes

Beispiel: Daten aus Systemen müssen vorhanden und harmonisiert sein
Im Projektbeispiel stellte der Aufbau eines konsolidierten Spend-Cubes die größte Herausforderung des Projekts dar. Das Unternehmen verfügt über eine IT-Landschaft bestehend aus mehreren nicht harmonisierten ERP-Systemen und zahlreichen Datenbanken. So befinden sich bspw. die Einkaufsstammdaten nicht direkt im ERP-System, sondern in einer separaten Datenbank. Um alle definierten Kennzahlen berechnen zu können, war es notwendig neben den Transaktionsdaten aus unterschiedlichen SAP-Modulen und weiteren ERP-Systemen die Einkaufsstammdaten in einem Spend-Cube zu konsolidieren. Dies konnte durch den Aufbaue eines Spend-Cubes in SAP BW erreicht werden.

Um sicherzustellen, dass die richtigen Informationen in der korrekten Form vorhanden sind, musste für jede Kennzahl im Detail definiert werden, welche Informationen aus welchem System für die Berechnung der Kennzahl herangezogen werden soll. Hierzu war eine Vielzahl an Terminen mit Experten und Key-Usern der einzelnen Systeme notwendig. In diesen Terminen stellte sich immer wieder heraus, dass einzelne für die Berechnung von Kennzahlen notwendige Informationen systemseitig nicht vorhanden sind oder es Sonder-

Grundlagen & Konzepte

fälle gibt, die dazu führen, dass ein vollständig korrektes Ergebnis der Kennzahl nicht garantiert werden kann. Um diese Schwierigkeiten zu beheben, war es notwendig diverse Korrekturoperationen direkt im Spend-Cube auszuführen.

Aufgrund der Komplexität des Spend-Cubes und der Vielzahl an Daten aus unterschiedlichen Systemen sowie der umfangreichen Nebenrechnungen war es von großer Bedeutung für den Projekterfolg ein umfangreiches Testkonzept zu entwickeln. Ziel war es bereits in einem möglichst frühen Entwicklungsstadium erste Plausibilisierungstests durchzuführen. Es wurde ein vierstufiges Testkonzept bestehend aus Modultest, Integrationstest, Funktionstest und Akzeptanztest erarbeitet.

- Beim **Modultest** wurden einzelne Berechnungen und Funktionen des Spend-Cubes entwicklungsbegleitend direkt von dem zuständigen Entwickler mit einfachen Beispielwerten getestet. So wurde bspw. bei der Berechnung von A+B direkt überprüft, ob das Ergebnis aus technischer Sicht valide ist. Die Module werden i.d.R. unabhängig von anderen Funktionen getestet. Es wird lediglich aus technischer Sicht überprüft, ob die Berechnung die Vorgaben erfüllt.
- Im **Funktionstest** wurde hingegen, ebenfalls mit einfachen Beispielwerten, getestet ob die erzielten Ergebnisse auch aus inhaltlicher Controlling- bzw. Einkaufssicht plausibel sind.
- Der **Integrationstest** diente dazu zu überprüfen ob die einzelnen Module des Spend-Cubes sowohl technisch als auch inhaltlich korrekt ineinandergriffen. Hierbei konnten erstmals Schwierigkeiten in den Schnittstellen identifiziert und anschließend korrigiert werden. Für Funktions- und Integrationstest wurden Experten aus dem Projektteam aus den Bereichen Controlling und Einkauf hinzugezogen.
- Der **Akzeptanztest** stellte die letzte große Testphase dar. Hierbei wurde ein kompletter End-to-End-Test des gesamten Systems von mehreren Benutzern aus Endusersicht durchgeführt.

3.3.2 Erfolgsmessung definieren

Abstimmung von Controlling- und Einkaufssicht

Neben dem Aufbau einer korrekten Datenbasis ist die Schaffung eines einheitlichen Verständnisses über die Erfolgsmessung die zweite große Herausforderung. Oftmals besteht in der Praxis keine einheitliche Controlling- und Einkaufsicht auf die Erfolgsmessung. Die häufigsten Ursachen hierfür sind:

- unterschiedliche Definition des Einsparungsbegriffes (Zurechnung, Wirksamkeit, Periodenbezug etc.),
- keine Berücksichtigung von Kostensteigerungen in der Einkaufserfolgsmessung,

- Überlagerung von Ergebnissen des Einkaufs mit einkaufsexternen Effekten wie der Umsatzentwicklung,
- fehlendes Rechenwerk zur Messung und Aggregation der Einsparungen,
- kein durchgängiges Reporting und
- keine Gegenüberstellung zu Planwerten.

Eine Unterscheidung zwischen Einkaufsleistung und Einkaufsergebnis hilft ein gemeinsames Verständnis für das vom Einkaufscontrolling ausgewiesene Ergebnis zu bekommen.

Einkaufsleistung und -ergebnis unterscheiden

Als **Einkaufsergebnis** werden zahlenmäßig messbare Ergebnisse verstanden, die einerseits zur Kostenreduzierung durch Einstandspreisveränderung, durch Markpreisveränderungen oder durch Bedarfsveränderungen direkt GuV-wirksam werden bzw. andererseits direkt bilanzwirksam sind. Direkte Bilanzwirksamkeit kann durch eine reduzierte Kapitalbindung erfolgen. Diese entsteht bspw. anhand einkaufsinduzierter Umlaufvermögensänderung oder einkaufsinduzierter Anlagevermögensänderungen. Diese Ergebnisse können i.d.R. durch das Controlling direkt nachvollzogen werden.

Einkaufsergebnis ist direkt bilanz- oder GuV-wirksam

Schwieriger hingegen ist es ein gemeinsames Verständnis für die **Einkaufsleistung** zu entwickeln. Diese umfasst im wesentlichen Kostenvermeidung und Wertgenerierung. Während unter Kostenvermeidung bspw. die Abwehr von Preiserhöhungen und unentgeltliche Mehrwertleistungen von Lieferanten fallen, versteht man unter Wertgenerierung unter anderem Risikomanagement bzw. Lieferantensicherheit und die Förderung von Innovationen und Wachstum.

Einkaufsleistung nur indirekt wirksam

> **Beispiel: Bewertung der Einkaufsleistung unter Eliminierung externer Faktoren**
> Um die Einkaufsleistung bewerten zu können, können nicht durch Einkauf beeinflussbare externe Umweltfaktoren durch das Einkaufscontrolling eliminiert werden. Basierend auf dem Projektbeispiel soll hierzu zur Verdeutlichung nochmals die Materialkostenveränderung betrachtet werden. Während im Einkauf die Materialkostenveränderungen i.d.R. um Währungsschwankungen und um Rohstoffpreisveränderungen bereinigt werden, schlagen beide Effekte vollumfänglich auf die Konzernergebnisrechnung durch. Hierbei entsteht ein Spannungsfeld zwischen Einkaufs- und Konzerncontrolling. Um dieses Spannungsfeld zu reduzieren, wurde im konkreten Anwendungsfall eine differenzierte Überleitung der Effekte in die GuV vorgenommen. Dazu wurde ein Rechenmodel (s. vereinfachte schematische Darstellung Abb. 7) entwickelt, welches es ermöglicht eine detaillierte Aussage darüber zu treffen, welche Kostenveränderungen aus welchen Ursachen resultieren. So wurden

Grundlagen & Konzepte

- Mengeneffekte,
- um Rohstoffeffekte reduzierte Preiseffekte,
- Rohstoffeffekte (Preisveränderungen bei börsennotierten Rohstoffen, auf die weder Lieferant noch Einkauf einen Einfluss haben) und
- Währungseffekte

separat ausgewiesen (s. Abb. 8). Als Bezugsgrößen wurden die Budgetplanungswerte sowie wie die tatsächlichen Monatswerte miteinander verglichen. Durch diese Vorgehensweise konnte die Einkaufsleistung in Form des Preiseffektes in Relation zu Faktoren, auf die der Einkauf keinen direkten Einfluss hat, dargestellt und eine Brücke zur GuV-Rechnung geschaffen werden.

Artikel	Plan [MEUR]	Mengeneffekt [MEUR]	Preiseffekt [MEUR]	Rohstoffeffekt [MEUR]	Währungseffekt [MEUR]	IST [MEUR]
1	30	-9	1	-2	1	21
2	20	2	1	1	-5	19
3	25	0	-4	-1	0	20
4	15	2	0	0	1	18
5	10	0	-2	-1	0	7
Gesamt	100	-5	-4	-3	-3	85

Abb. 7: Vereinfachte Darstellung Rechenmodell

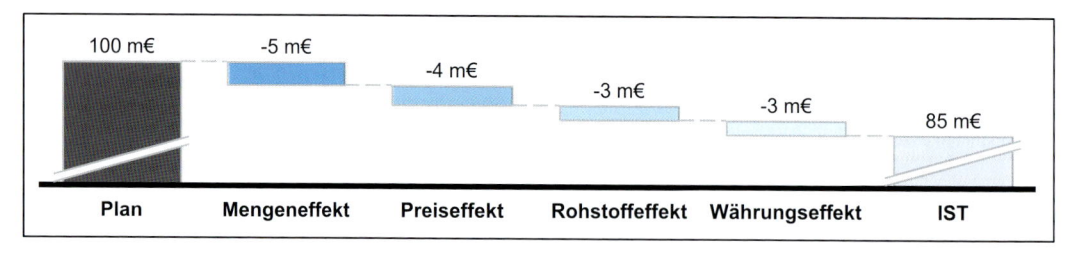

Abb. 8: Differenzierter Ausweis unterschiedlicher Aspekte in der Erfolgsmessung

3.3.3 Berechnungsmethode hängt vom Bedarf ab

In dem beschriebenen Projektbeispiel wurde für die Berechnung der einzelnen Effekte ein Plan-Ist-Abgleich durchgeführt. Prinzipiell gibt es eine große

Strategische Einkaufssteuerung

Variation an Bemessungsmethoden, deren ideales Anwendungsfeld stark von der Art der Einkaufsbedarfe abhängt.

- Für Wiederholbedarfe kann das simple **Periodenvergleichsverfahren** angewendet werden, bei dem der aktuelle Preis mit historischen Preisen verglichen wird. Diese Methode ist sehr einfach, aber nur bei Wiederholbedarfen anwendbar.
- Eine noch genauere Kalkulation ermöglicht das **Markpreisanpassungsverfahren**, bei welcher ebenfalls ein historischer Preis zur Messung der Einkaufserfolge herangezogen wird; jedoch wird hier zumindest teilweise das Ergebnis von externen Schwankungen bereinigt. Allerdings wird das Verfahren dadurch auch zeitintensiv und die Berechnung sehr komplex.

Ist es vonnöten nicht nur den Erfolg beim Einkauf von Wiederholbedarfen, sondern auch von Neu- und Einmalbedarfen zu messen, eignen sich die beiden oben genannten Methoden nur bedingt:

Einmalbedarf: Zielkosten-, Marktpreisindex- und Budgetverfahren

- Ein passenderes Verfahren wäre in diesen Fällen bspw. das **Zielkostenverfahren**. Hier wird die Einkaufsleistung am Absatzmarkt orientiert, was die Messung von Wiederhol- und Neukäufen möglich macht. Allerdings ist dieses Verfahren höchst vielschichtig und umfangreich und daher zeitaufwändig.
- Ein weniger komplexes Berechnungsverfahren ist das sog. **Markpreisindexverfahren**. Es misst die Einkaufsverhandlungsstärke relativ zum Markt, jedoch geht die geminderte Komplexität mit einem Verlust der Fähigkeit Einfluss externer Effekte zu berücksichtigen einher. Zudem sind die Indizes nur für ausgewählte Beschaffungsobjekte abrufbar und decken somit nicht zwangsläufig das gesamte Beschaffungsspektrum eines Unternehmens ab.
- Ein drittes Verfahren, das in Sachen Komplexität zwischen den beiden letztgenannten Methoden anzusiedeln ist, ist das **Budgetverfahren**, welches dem im vorherigen Bespiel angewandten Plan-Ist-Abgleich entspricht. Hier werden durch die Evaluation des Budgets die Einhaltung bzw. geplante Einsparungen aufgezeigt.

Welche dieser Methoden die Richtige ist, hängt von der Kongruenz der Einkäufe über verschiedene Perioden ab. Ist die Überschneidung groß, wären die beiden Verfahren für Wiederholbedarfe in den meisten Fällen ausreichend. Ändert sich der Bedarf des Einkaufs jedoch stark von Periode zu Periode und es werden selten die gleichen Materialen und Teile eingekauft, ist eine der komplexeren Neu- oder Einmalbedarfs-Verfahren passender. Um diese Ausgangslage in Erkenntnis zu bringen, ist eine Einkaufspreisanalyse ein nützliches Instrument. Bei ihr wird der Prozentsatz der Einkäufe jeder Warengruppe, die wiederkehren, im Verhältnis zum

Grundlagen & Konzepte

gesamten Einkaufsvolumen festgestellt, um so bestimmen zu können wie hoch der Anteil der Wiederholbedarfe am Gesamtvolumen ist. Auf Basis dessen kann im Folgenden ein geeignetes Verfahren gewählt werden. Da die Gleichheit der Einkäufe stark zwischen Warengruppen variieren, sind auch unterschiedliche Methoden für unterschiedliche Warengruppen denkbar bzw. sinnvoll.

3.4 Reporting

4 Säulen zum verbesserten Einkaufsreporting

Sobald alle KPIs ausgearbeitet und definiert sowie der Spend-Cube erstellt und die nötigen Daten eingespeist sind, geht es darum die Ergebnisse möglichst optimal zu präsentiert. Zur Optimierung des Einkaufsreportings bietet es sich an vier Säulen des Reportings zu berücksichtigen (s. Abb. 9).

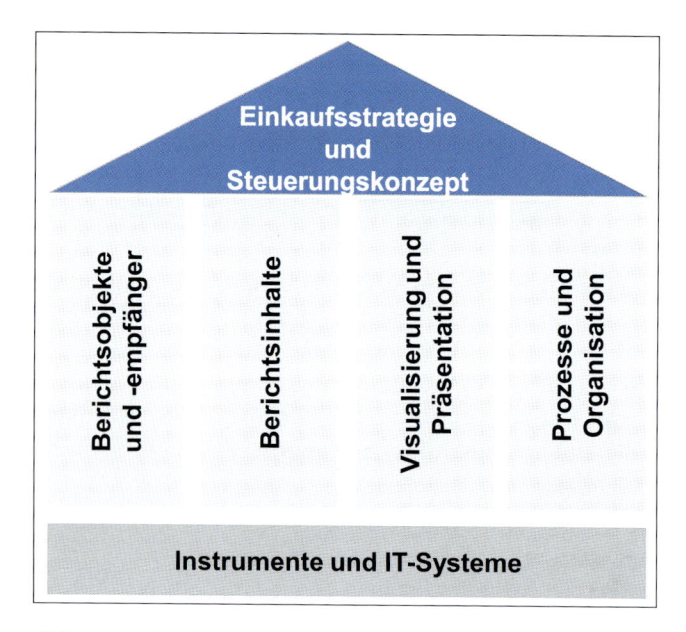

Abb. 9: Säulen des Reportings

Reports sind zielgruppen- und dimensionsabhängig

Zu allererst müssen **Berichtsobjekte und -empfänger** bestimmt werden. Daher ist eine anfängliche Bestimmung und Priorisierung der Steuerungs- und Auswertungsdimensionen notwendig. Anschließend sollte entschieden werden, welche Mitarbeiter des Unternehmens den Report erhalten sollen. Dabei ist es sinnvoll unterschiedliche Reports für verschiedene Empfängergruppen zu definieren. bspw. kann zwischen Reports für Führungskräfte und Mitarbeiter im Einkauf unterschieden werden. Im Anschluss sollten die ausgewählten Reporting-Objekte den jeweiligen Adressaten des Berichtes zugeordnet und im Zuge dessen ein fachliches

Strategische Einkaufssteuerung

Berechtigungskonzept aufgebaut werden. Hierbei kann unter anderem festgelegt werden, dass ein Werkseinkäufer lediglich Einblick in Zahlen bekommt, die sein Werk betreffen.

In Bezug auf **Berichtsinhalte** sollte bestimmt werden, welche Kennzahlen abgebildet werden sollen. Zudem sollte die Vollständigkeit, Ausgewogenheit und die Steuerungsrelevanz des Berichtes sichergestellt werden. Die Ausgewogenheit der Berichtsinhalte kann durch mehrere Berichtsdimensionen gewährleistet werden.

Zur **Visualisierung und Präsentation** des Berichts eigenen sich unterschiedliche Tools, je nachdem ob ein Bericht bestehend aus Dashboards oder ein auf tiefere Analysen ausgelegten Report gewählt wird. Es sollten Visualisierungs-Standards sowie grundlegende Strukturelemente des Berichtes festgelegt werden. Die Schaffung eines einheitlichen Visualisierungs-Standards wird meist mit Hilfe eines klar definierten Style Guides unterstützt und dient der Übersichtlichkeit und Anwenderfreundlichkeit. Abb. 10 zeigt beispielhaft eine Möglichkeit zur Visualisierung und Präsentation eines Berichts.

Definition von Visualisierungsstandards, Prozessen und Organisation

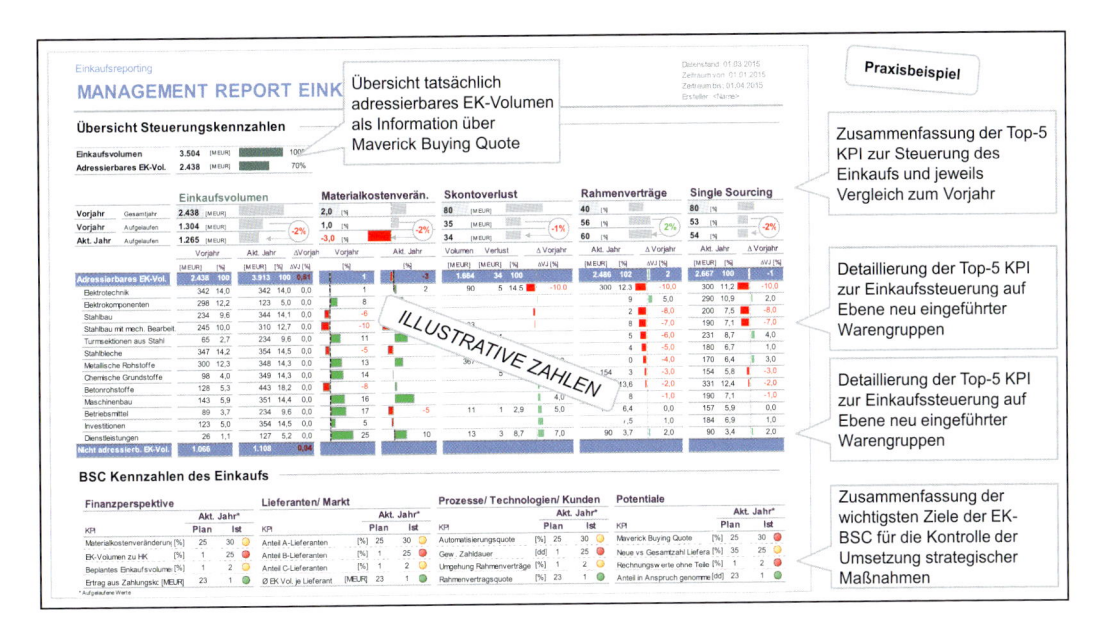

Abb. 10: Visualisierungsbeispiel eines Reports

Tipp: Visualisierungsbeispiel im pdf-Format in Arbeitshilfe
Den Bericht in Abb. 10 finden Sie in der Arbeitshilfe Management Report Einkauf (Visualisierungsbeispiel) im pdf-Format, sodass Sie die einzelnen Kennzahlen darin erkennen können.

Grundlagen & Konzepte

Best Practice: Harmonisierung über alle Einheiten

Die **Prozesse und Organisation**, die die Einkaufsberichtserstellung unterstützen, müssen anfangs definiert werden. Hier muss besonders darauf geachtet werden, dass die Berichtsempfänger zuverlässig mit Informationen versorgt werden. Des Weiteren ist eine klare Aufgabenverteilung elementar für die Berichtserstellung, ebenso die Bestimmung und Definition von Prozessen für die Pflege des Berichtssystems. Best-Practice-Unternehmen standardisieren Prozesse und konsolidieren gleichzeitig IT-Systeme, um einen harmonisierten Controlling- und Reportingprozess sowie harmonisierte globale IT-Plattformen über alle Einheiten zu schaffen.

4 Fazit und Lessons Learned

Durch klar definierte Ziele, die zur Verfolgbarkeit der Ziele richtigen Kennzahlenauswahl, die Erarbeitung eines schlüssigen Erfolgsmessungskonzepts sowie der Aufbau eines transparenten Reportings lässt sich die strategische Steuerung des Einkaufs ganzheitlich optimieren und die Einkaufsleistung nachhaltig steigern.

Alle betroffenen Personen ins Boot holen

Zum Abschluss sollen noch wesentliche Lessons Learned aus durchgeführten Projekten dargestellt werden. Neben einer fundierten fachlichen Festlegung der Ziele ist insbesondere die frühzeitige Einbindung aller betroffenen Personen sehr wichtig. Das verhindert Unklarheiten sowie einen großen Zusatzaufwand für Nachbesserungen im laufenden oder fertiggestellten Projekt.

Einheitliches Zielverständnis schaffen

Um das gewünschte Gesamtergebnis zu erreichen ist es unabdingbar, dass alle Beteiligten dasselbe Zielverständnis haben. Hierfür ist neben regelmäßigem persönlichem Austausch eine klar strukturierte und detaillierte Konzeptdokumentation grundlegend. Es sollte daher ausreichend Zeit für die Erarbeitung der Definition der Kennzahlen eingeplant und aufgewendet werden.

Abstimmung zwischen inhaltlichen und technischen Verantwortlichen gewährleisten

Besonders die enge Abstimmung zwischen inhaltlich verantwortlichen und den für die technische Umsetzung zuständigen Personen entscheidet oftmals über Erfolg oder Misserfolg eines solchen Projekts. Werden z. B. Kennzahlen definiert, gilt es möglichst rasch IT-Experten einzubinden, um frühzeitig erkennen zu können, ob alle für die Berechnung erforderlichen Daten systemseitig vorhanden sind.

Einkaufscontrollinginstrumente für KMU

- In der Literatur wird eine Vielzahl unterschiedlicher Einkaufscontrollinginstrumente beschrieben.
- Es ist aber nicht immer möglich und sinnvoll, alle Instrumente einzusetzen. Sie müssen entsprechend den Anforderungen des Unternehmens ausgewählt und angepasst werden.
- Der Nutzen von Instrumenten muss dem für den Einsatz notwendigen Aufwand bei KMU – noch stärker als bei Großunternehmen – gegenübergestellt werden, um mit den vorhandenen (begrenzten) Ressourcen das bestmögliche Ergebnis zu erzielen.
- In diesem Beitrag werden unterschiedliche Instrumente vorgestellt und ihr Aufwand und Nutzen für KMU abgeschätzt.

Inhalt		Seite
1	Einkaufscontrollinginstrumente für KMU	64
1.1	Anforderungen an die Instrumentenauswahl	64
1.2	Eigenschaften der KMU	64
2	Basisinstrumente	66
3	Operative Instrumente	69
4	Strategische Instrumente	74
5	Fazit	77
6	Literaturhinweise	77

- **Die Autoren**

Dr. Peter Schentler, Principal im Competence Center Controlling & Finanzen bei Horváth & Partners Management Consultants in Wien.

Prof. Dr. Michael Henke, Institutsleiter am Fraunhofer IML und Inhaber des Lehrstuhls für Unterneh-menslogistik der Fakultät Maschinenbau der TU Dortmund. Seine Forschungsschwerpunkte liegen in den Bereichen Einkauf und Supply Management, Logistik und Supply Chain Management, Supply Chain Risk Management und Financial Supply Chain Management sowie dem Management der Industrie 4.0.

Grundlagen & Konzepte

1 Einkaufscontrollinginstrumente für KMU

1.1 Anforderungen an die Instrumentenauswahl

Unternehmensspezifische Auswahl erforderlich

Die Instrumente des Einkaufscontrollings umfassen alle Methoden, Modelle, Verfahren und Techniken, die durch ihre Anwendung die Erfüllung der Aufgaben des Einkaufscontrollings unterstützen. In der Literatur wird eine Vielzahl möglicher Instrumente dafür genannt.[1] Es ist aber nicht immer möglich und sinnvoll, alle einzusetzen. Wichtig ist eine inhaltlich und unternehmenskulturell fundierte Auswahl und gegebenenfalls eine Anpassung.

Die Instrumente müssen[2]

- den Anforderungen des Unternehmens entsprechen,
- die Aufgaben des Einkaufscontrollings wirkungsvoll unterstützen,
- sich gegenseitig ergänzen und dabei sowohl Lücken als auch Überschneidungen vermeiden,
- aufeinander abgestimmt und zueinander kompatibel sein,
- im Hinblick auf Kosten-Nutzen-Überlegungen sinnvoll erscheinen und
- dem Entwicklungsstand des Controllings und dem Führungsverhalten von Unternehmen entsprechen.

KMU fehlt es häufig an Instrumenten

Es ist noch keine Methodik vorhanden, die eine systematische Auswahl von (Einkaufs-)Controllinginstrumenten auf Basis situativer Anforderungen und Rahmenbedingungen zulässt. Welche Instrumente geeignet sind, bleibt der Einschätzung des Praktikers – gegebenenfalls unterstützt durch Empfehlungen – überlassen. Dies gilt sowohl für Großunternehmen als auch für kleine und mittlere Unternehmen (KMU). Während aber große Unternehmen oft eine Vielzahl unterschiedlicher Instrumente einsetzen – teilweise sogar zu viele, wie die Bestrebungen in Richtung „schlankes Controlling" in vielen Unternehmen in den letzten Jahren gezeigt haben –, fehlt es den KMU hingegen oft an den richtigen Instrumenten.

1.2 Eigenschaften der KMU

KMU: bis 250 Mitarbeiter

Unabhängig von der Rechtsform der Unternehmen können aufgrund der Mitarbeiterzahl die folgenden Größenklassen unterschieden werden:[3]

- kleine Unternehmen: 1–9 Mitarbeiter,
- mittlere Unternehmen: 10–249 Mitarbeiter,
- Großunternehmen: 250 und mehr Mitarbeiter.

---

[1] Übersichten finden sich bei Darkow, 2003, S. 104; Jahns, 2005, S. 326; Piontek, 2004, S. VIII f.
[2] Vgl. Schentler, 2008, S. 39–41.
[3] Vgl. Niehues, 2000, S. 2027.

Diese Größenklasseneinteilung ermöglicht mit Blick auf die Anzahl der deutschen Unternehmen in diesen Größenklassen eine Darstellung der großen Bedeutung von KMU: über 99 % aller deutschen Unternehmen werden aufgrund der Mitarbeiterzahl den kleinen und mittleren Unternehmen zugeordnet. Die Charakterisierung von KMU anhand bestimmter Kriterien ist in der Unternehmenspraxis schwierig, da es sich um einen äußerst heterogenen Sektor mit Unternehmen unterschiedlicher Größe und branchenspezifischen Besonderheiten handelt.[4] Auch in der betriebswirtschaftlichen Forschung zur Betriebsgrößenproblematik können insbesondere für KMU keine signifikant unterschiedlichen Gestaltungsempfehlungen gegeben werden.[5]

Neben den beispielhaft angeführten quantitativen Abgrenzungskriterien gibt es auch qualitative Merkmale, die bei der Auswahl betriebsgrößenrelevanter Merkmale zur Unterscheidung von KMU einerseits und großen Unternehmen andererseits teilweise besser geeignet erscheinen.[6] Im Sinne einer strukturorientierten Unternehmenslehre für KMU ist allerdings eine quantitative Abgrenzung aufgrund der Mitarbeiterzahl sinnvoll, die Empfehlungen der EU-Kommission berücksichtigt und deren Größenstrukturen nicht nur in Deutschland, sondern auch in den übrigen europäischen Ländern sowie in den USA vorzufinden sind.[7]

Dieser Beitrag greift die oben geschilderte Ausgangssituation der fehlenden Unterstützung bei der Instrumentenauswahl auf und soll eine Hilfestellung für KMU geben. In den folgenden drei Kapiteln werden ausgewählte Einkaufscontrollinginstrumente dargestellt und

Bewertung von Instrumenten nach Nutzen und Aufwand

- in Basisinstrumente (Kapitel 2),
- operative Instrumente (Kapitel 3) und
- strategische Instrumente (Kapitel 4)

unterteilt. Die Vorstellung erfolgt überblicksartig anhand einer **Kurzbeschreibung**, einer Darlegung des **mit dem Instrument verfolgten Ziels** und **weiterführender Literatur**. Teilweise sind auch Hinweise für die konkrete Anwendung angegeben. Alle aufgeführten Instrumente sind nach

- Nutzen durch den Instrumenteneinsatz
  - 1: sehr hoher Nutzen,
  - 2: hoher Nutzen,
  - 3: geringer Nutzen und

---

[4] Vgl. Lück, 1993, S. 29b.
[5] Zur Abgrenzung zwischen „Klein- und Mittelbetrieb" und „Großbetrieb" ausführlich Pfohl, 1997.
[6] Vgl. Pfohl, 1997, S. 17.
[7] Vgl. Niehues, 2000.

- Aufwand für den Einsatz
    - 1: geringer Aufwand,
    - 2: hoher Aufwand,
    - 3: sehr hoher Aufwand

bewertet.

Die Literaturverweise beziehen sich zum größten Teil auf einkaufsrelevante Veröffentlichungen; in Ausnahmefällen wird auf allgemeine Veröffentlichungen zum entsprechenden Instrument zurückgegriffen.

2 Basisinstrumente

Voraussetzungen für Einkaufscontrolling

Basis-Instrumente des (Einkaufs-)Controllings dienen als Grundlage für die Durchführung vieler weiterer Instrumente. So ist beispielsweise die Durchführung von Target Costing oder Supplier-Lifetime-Value-Berechnungen ohne eine vorhandene einkaufsbezogene Kosten- und Leistungsrechnung kaum möglich. Die nachfolgend dargestellten Instrumente werden im Einkaufscontrolling sowie (teilweise bzw. hauptsächlich) im Unternehmenscontrolling und von anderen Funktionen eingesetzt. Eine eindeutige Abgrenzung ist nicht möglich.

Beschreibung	Ziel	Literatur
Berichtswesen im Einkauf		**N 1** **A 2**
Institutionalisierte und strukturierte Aufbereitung von Informationen für unternehmensinterne Entscheidungsträger.	Bereitstellung der notwendigen Informationen für zukünftige Entscheidungen sowie zur Kontrolle und Dokumentation vergangener Entscheidungen und Entwicklungen. *KMU-Hinweis*: Der Aufwand ist gering zu halten, indem die wesentlichen Informationen über kurze Wege direkt an die Entscheider berichtet werden.	Horváth/Gleich/Seiter (2015), S. 311–320. Weber/Schäffer (2014), S. 229–257.

Beschreibung	Ziel	Literatur
Einkaufsbudget		N 1 A 2
Monetärer Endpunkt der Einkaufsplanung. Eher kurzfristig (häufig ein Jahr) und mit einem starken Verbindlichkeitsgrad ausgestatteter, formalzielorientierter Plan. Umfasst die Kosten der zugekauften Produkte und Dienstleistungen, in monetären Werten ausgedrückt. Mögliche Untergliederung in • Einkaufswertbudgets, • Bezugskostenbudgets, • Vorratswertbudgets und • Verwaltungsbudgets.	Monetäre Bewertung der zukünftigen Ziele sowie der zu ihrer Erreichung festgelegten Aktivitäten und der dafür zugewiesenen Ressourcen. Koordination und Abstimmung der Aktivitäten unterschiedlicher Abteilungen. *Ausgestaltungshinweis*: Der Einkauf sollte von den Fachbereichen im Budgetierungsprozess berücksichtigt werden.	Egger/Winterheller (2007). Friedl (1990), S. 165–173. Harlander/Blom (1999), S. 223–228. Piontek (2012), S. 136–146.
Einkaufsbezogene Kosten- und Leistungsrechnung		N 1 A 3
Die Kosten- und Leistungsrechnung umfasst verschiedene Methoden zur Erfassung und Bewertung von Kosten für den Verbrauch bzw. die Inanspruchnahme von eingesetzten Faktoren (z.B. Material oder Arbeit) und Erlösen (bewerteten Leistungen) und deren Verteilung auf Kostenstellen und Kostenträger.	Erfolgsermittlung und Wirtschaftlichkeitskontrolle für das Gesamtunternehmen oder Bereiche. Transparenz über die Kosten sowie deren Aufteilung wird geschaffen, um Planungs- (z.B. Preiskalkulation) und Kontrollaufgaben (z.B. Nachkalkulation) sowie teilweise externe Dokumentationsaufgaben (z.B. Bestandsbewertung) zu erfüllen.	Kemmetmüller/Bogensberger (2004). Pampel (2002), S. 717–722. Weber/Wallenburg (2010), S. 119–132 und 171-179. Weber/Schäffer (2014), S. 135–172.
Einkaufserfolgsmessung		N 1 A 2
Methodik zur Messung des Einkaufserfolgs, meistens unterteilt in Einkaufsergebnis (respektive Kostenreduzierung) und Einkaufsleistung (respektive Kostenvermeidung).	Messung des Erfolgs der Einkaufsabteilung und einzelner Einkäufer sowie Schaffen von Transparenz über die Auswirkung von Einkaufsaktivitäten auf Budget und GuV.	Wagner/Weber (2007).

Beschreibung	Ziel	Literatur
Kennzahlen		N 1　　A 2
Kennzahlen sind verdichtete betriebswirtschaftliche Sachverhalte in absoluter Form oder als Verhältniszahlen.	Verwendung für Planungs-, Kontroll- und Analysezwecke wie auch zu Vergleichen (u.a. Zeitvergleich, Konkurrenzvergleich, Soll-Ist-Vergleich).	Meyer (2008), S. 93–99. Piontek (2012), S. 150–167. Reinschmidt (1989), S. 183–257. Schönsleben (2011), S. 49–59. Schulte (2001), S. 457–486. Tschandl/Schentler in: Losbichler/Eisl/Engelbrechtsmüller (Hrsg.) 2015, S. 256–274.
Kennzahlensysteme		N 1　　A 2
Zusammenstellung abhängiger und/oder sich ergänzender/erklärender Kennzahlen, die auf einen übergeordneten Sachverhalt ausgerichtet sind.	Analog zu den Kennzahlen, wobei ein höherer Aussagewert als mit Einzelkennzahlen erreicht werden kann.	Piontek (1993). Reinschmidt (1989), S. 183–257. Tschandl/Schentler in: Losbichler/Eisl/Engelbrechtsmüller (Hrsg.) (2015), S. 256–274.
Lieferantenbeurteilung und -bewertung		N 1　　A 2
Die planmäßige und systematische Sammlung, Auswahl, Aufbereitung und Beurteilung von Informationen zur Auswahl neuer und zur Kontrolle eingesetzter Lieferanten.	Feststellung, inwieweit Lieferanten geeignet sind, als Zulieferer zu fungieren (Lieferantenbeurteilung). Analyse, inwieweit die vorhandenen Lieferanten die an sie gestellten Anforderungen erfüllen (Lieferantenbewertung). *Ausgestaltungshinweis*: Abgestuft nach der Wichtigkeit der Lieferanten. Je wichtiger, desto mehr Kriterien müssen betrachtet werden.	Eichler (2003), S. 164–169. Eschenbach (1990), S. 175–185. Hartmann et al. (2013). Janker (2008).

Beschreibung	Ziel	Literatur
Risikomanagementsystem		N 1　　A 2
Unternehmens- und beschaffungsmarktbezogene Risiken werden erhoben, analysiert und quantifiziert sowie letztlich auch gesteuert. Zusätzlich sollen Risikomanagementsysteme anhand *schwacher Signale* die frühzeitige Erkennung plötzlich und unerwartet auftretender Chancen, Risiken, Diskontinuitäten und Strukturbrüche ermöglichen.	Auf Basis der analysierten Risiken sollten Maßnahmen für die Risikovermeidung gesetzt und reaktive Maßnahmen für den Eintrittsfall vorbereitet werden. Durch das Antizipieren zukünftiger Entwicklungen und das Erkennen noch verborgener Chancen und Risiken sollte ein proaktives Vorgehen möglich werden. *Ausgestaltungshinweis*: Wesentliche Risiken sind auf jeden Fall zu erheben und zu dokumentieren.	Darkow (2003), S. 138f. Kienzle (2000). Koppelmann (2004), S. 368–377, 403–416. Matzenbacher et al. (1999). Moder/Meyer (2007). Piontek (2004), S. 96–105.

Tab. 1: Basisinstrumente für das Einkaufscontrolling

3 Operative Instrumente

Nachfolgend findet sich eine Darstellung operativer Instrumente für das Einkaufscontrolling. Eine Abgrenzung zu strategischen Instrumenten ist nicht immer eindeutig möglich.

Beschreibung	Ziel	Literatur
ABC-Analyse		N 1　　A 1
Gegenüberstellung des Wert- und Mengenanteils der zugekauften Produkte und Dienstleistungen in einer Matrix auf zwei Achsen.	Erkennen der zugekauften Produkte und Dienstleistungen mit großem Wert und kleinem Mengenanteil (A-Produkte) und vice versa (C-Produkte). Den Klassen entsprechende Strategien können abgeleitet sowie Tätigkeiten nach Wichtigkeit der zugekauften Produkte und Dienstleistungen priorisiert werden.	Piontek (2012), S. 129–132. Schulte (2001), S. 60–77.

Beschreibung	Ziel	Literatur
Bestellmengenoptimierung (auch Bezugsmengenoptimierung)		**N** 1 **A** 1
Formeln zur Berechnung der optimalen Bestellmenge, aufbauend auf Einkaufsmenge und Lager- sowie Einkaufskosten. $$m_{opt} = \sqrt{\frac{2 * B * K_f}{p * q}}$$ m_{opt}: optimale Bestellmenge B: Jahresbedarf K_f: Bestellfixe Kosten pro Bestellung P: Preis pro Mengeneinheit q = (i + l): zusammengefasster Zins- und Lagerkostensatz in % des Materialwerts i: Zinskostensatz pro Jahr in % des Materialwerts l: Lagerkostensatz pro Jahr in % des Materialwerts	Aufzeigen, bei welcher Bestellmenge die Einkaufs- und Lagerkosten in Summe ergebniszieloptimal sind.	Arnolds et al. (2013), S. 46–52. Kralicek et al. (2008), S. 634 ff. Schönsleben (2011), S. 550–564. Schulte (2001), S. 179–196. Vollmuth (2008), S. 46–50.
Fehlermöglichkeits- und Einflussanalyse (FMEA)		**N** 2 **A** 2
Anhand einer Risikoprioritätszahl wird eine Rangfolge potenzieller Risiken erstellt. Die Risikoprioritätszahl setzt sich zusammen aus der Multiplikation der auf einer Skala von 1 bis 10 bewerteten Faktoren *Bedeutung* (Auswirkung des Fehlers), *Auftretenswahrscheinlichkeit* (der Fehlerursache) und *Entdeckungswahrscheinlichkeit* (des Fehlers bzw. seiner Ursache und Folge).	Durch die Priorisierung der Risiken ist eine Schwerpunktsetzung hinsichtlich proaktiver und reaktiver Maßnahmen möglich.	Ebel (2003), S. 288–293. Kersten (1994).

Beschreibung	Ziel	Literatur
Materialpreisveränderungsrechnung		**N** 2 **A** 2
Die Entwicklung der Materialpreise im Betrachtungszeitraum wird aus unterschiedlichen Blickwinkeln dargestellt und eine Analyse der Ursachen für die Materialpreisveränderung durchgeführt.	Durch eine Unterteilung in einkaufs-, niveau- und kostenwirksame Materialpreisveränderungen können die zugrunde liegenden Ursachen analysiert und gegebenenfalls Optimierungen vorgenommen werden.	Katzmarzyk (1988), S. 218–224. Schentler et al. (2014), S. 310 ff.
Preisstrukturanalyse		**N** 2 **A** 3
Methode, um den vom Lieferanten geforderten Preis in einzelne Kostenbestandteile (Material, Personal, Anlagen, Verwaltung) und den Gewinnanteil aufzugliedern.	Kenntnisse über die (vermutete) Zusammensetzung des Einkaufspreises können die Argumentation bei Verhandlungen und auch Aussagen über die zukünftige Entwicklung des Preises erleichtern. *Ausgestaltungshinweis*: Vertiefte KLR-Kenntnisse und Kenntnisse über die technischen Zusammenhänge müssen vorhanden sein.	Arnolds et al. (2013), S. 91–118. Katzmarzyk (1988), S. 84–89.
Reverse Engineering		**N** 2 **A** 3
Ausgehend vom zu erreichenden Ziel soll die Wertschöpfungskette reorganisiert, d.h. der Produktions- und Einkaufsprozess vom Markt her entwickelt werden.	Ähnlich dem Target Costing werden – ausgehend vom Markt – Zielkosten, Zieltermine und Zielqualitäten festgestellt.	Wildemann (1997), S. 37–43.

Beschreibung	Ziel	Literatur
Simultaneous Costing		N 1 A 2
Die Kostenoptimierung wird als zentraler Bestandteil in den Produktentwicklungsprozess integriert, ein iterativer Prozess aus Produktkonzeption, -konstruktion und -kalkulation angestrebt.	Die frühzeitige Berücksichtigung der Kundenbedürfnisse, Produktfunktionen, technischen Realisierung und Kostenrechnung soll eine optimale, ausbalancierte Lösung und entsprechende Berücksichtigung im Produkt ermöglichen. *Ausgestaltungshinweis*: Voraussetzung ist, dass der Einkauf frühzeitig eingebunden wird.	Göpfert/Knecht (2000). Piontek (2004), S. 217f.
Supplier Lifetime Value		N 2 A 3
Der Net Present Value (Kapitalwert) eines Lieferanten wird berechnet. Die Lieferanten werden wie Investitionsobjekte betrachtet und alle mit ihnen verbundenen Zahlungen (z.B. Lieferantenförderungen oder interne Kosten der Betreuung) und Erlöse gegenübergestellt. Der zeitliche Anfall der Zahlungen wird berücksichtigt.	Aussagen über die mit einem Zulieferer verbundenen Kosten und Nutzen und damit über das mittel- und langfristige Potenzial der Zusammenarbeit werden möglich. *KMU-Hinweis*: Anwendung mit sehr wenigen erfolgskritischen Lieferanten.	Eßig/Batran (2006). Pampel (2002), S. 723f.
Target Costing		N 1 A 2
Retrogrades Konzept zur Kostenplanung, -steuerung und -kontrolle, das in den frühen Phasen des Produktlebenszyklus eingesetzt wird. Ausgehend vom erwarteten Marktpreis und den Anforderungen der Kunden wird abgeleitet, welchen Kostenanteil einzelne Komponenten aufweisen dürfen.	Eine umfassende Marktorientierung im Kostenmanagement wird sichergestellt und anforderungsgerechte Sollkosten für einzelne Produktbestandteile werden abgeleitet.	Darkow (2003), S. 112ff. Piontek (2012), S. 195–198. Seidenschwarz (2002). Schulte (2001), S. 501–515.

Beschreibung	Ziel	Literatur
Total Cost of Ownership (bzw. Total Cost of Acquisition)		**N** 1 **A** 3
Bei TCO-Betrachtungen werden alle direkten und indirekten Kosten, die sich im Laufe des gesamten Lebenszyklus des Zukaufteiles ergeben, berücksichtigt.	Statt der Fokussierung auf den Einkaufspreis erfolgt eine Gesamtkostenbetrachtung, was eine Erhöhung der Qualität der Entscheidungen zur Folge haben soll.	Darkow (2003), S. 108 ff. Ellram (2002). Piontek (2012), S. 126–129.
Wertanalyse bzw. Funktionsanalyse		**N** 1 **A** 2
Die Wertanalyse ist eine Methode zur Lösung komplexer Probleme anhand einer systematischen Analyse der Funktionen und Kosten eines Erzeugnisses. Es steht die Frage im Vordergrund, ob die Bestandteile eines Produkts/Beschaffungsobjekts notwendig bzw. sinnvoll sind.	Unnötige Funktionen sollen reduziert, für erforderliche Funktionen kostengünstigere Lösungen gefunden und gegebenenfalls die Funktionspalette erweitert werden.	Arnolds et al. (2013), S. 119–160. Darkow (2003), S. 128–131. Katzmarzyk (1988), S. 90 ff. Vollmuth (2008), S. 209–224.
XYZ-Analyse (auch RSU-Analyse)		**N** 1 **A** 1
Differenzierung des Einkaufsartikelspektrums nach Vorhersagegenauigkeit und Regelmäßigkeit des Verbrauchs (X bzw. R: konstant, Y bzw. R: trendmäßig/saisonal, Z bzw. U: unregelmäßig).	Aufbauend auf die Klassifizierung können abgestimmte Einkaufsstrategien gewählt wie auch die Festlegung der Dispositionszyklen unterstützt werden.	Bäck et al. (2007), S. 20–27. Hartmann (2005), S. 181–185. Piontek (2004), S. 132 f.

Tab. 2: Operative Einkaufscontrollinginstrumente

4 Strategische Instrumente

In der nachfolgenden Tabelle findet sich eine Übersicht über die strategischen Instrumente des Einkaufscontrollings.

Beschreibung	Ziel	Literatur
Einkaufs-Balanced-Scorecard		**N** 1 **A** 2
An der Strategie orientiertes Managementsystem zur Steuerung eines Unternehmens über eine gleichgewichtete („balanced") Berücksichtigung von unterschiedlichen Perspektiven auf einer Anzeigetafel („scorecard"). Eine Spezifizierung für den Einkauf erfolgt durch die Berücksichtigung der Einkaufsstrategien sowie die Verwendung/Ergänzung entsprechender Kennzahlen oder Perspektiven.	Die Umsetzung von Einkaufs- und Lieferantenstrategien in operative Maßnahmen soll ermöglicht und anhand von Kennzahlen gemessen werden. *KMU-Hinweis:* Schlank halten: Auf wesentliche monetäre und nichtmonetäre Kennzahlen fokussieren.	Darkow (2003), S. 140–143. Engelhardt (2003). Jahns (2005), S. 332–336. Kaufmann (2002), S. 19–22. Pampel (2002), S. 715 f. de Quervain/Wagner (2003), S. 110–120.
Einkaufsbenchmarking		**N** 2 **A** 2
Systematischer Vergleich von Einkaufsprozessen, -methoden und -instrumenten mit Bestleistungen in Vergleichsunternehmen (intern, eigene Branche, andere Branchen).	Aufbauend auf erkannte Bestleistungen werden mögliche Problemfelder und (innovative) Lösungsansätze ersichtlich, die priorisiert und umgesetzt werden sollen.	Bäck et al. (2007), S. 122–126. Homburg et al. (1997), S. 48–51. Jahns (2005), S. 336–340. Sesterhenn (2000).

Beschreibung	Ziel	Literatur
Einkaufsvision und -leitbild		N 1　A 1
Die Einkaufsvision ist ein erstrebenswertes, zum derzeitigen Zeitpunkt noch nicht realisierbares Bild des Einkaufsbereichs in der Zukunft. Im Einkaufsleitbild werden Werthaltungen und Grundeinstellungen definiert, die den Aktivitäten im Einkauf zugrunde liegen.	Die Vision soll ein herausforderndes und motivierendes Bild der Zukunft schaffen, um die Identifikation mit den Zielen und dem Bereich/Unternehmen zu fördern. Das Leitbild dient den Mitarbeitern als Orientierungsraster. Es wird festgelegt, in welchem Rahmen sich die Aktivitäten bewegen dürfen. *KMU-Hinweis*: Voraussetzung ist eine Unternehmensvision und ein -leitbild.	Jahns (2005), S. 148–160. Lombriser/Abplanalp (2010), S. 242–263.
Portfolioanalysen		N 2　A 2
Methode zur komprimierten Darstellung von Informationen über den Beschaffungsmarkt und das eigene Unternehmen. Bei der Portfolioanalyse kommen zweidimensionale Beurteilungsmatrizen zur Anwendung, die zwei unterschiedliche Größen in Bezug setzen.	Mit der auf zwei Dimensionen verdichteten Darstellung wird ein Bezugsrahmen für die Betrachtung des aktuellen Stands bzw. der prognostizierten Entwicklung der dargestellten Objekte geschaffen. Auf einer Achse ist meist eine unternehmensbezogene und vom Unternehmen beeinflussbare Größe, auf der anderen Achse eine umweltbezogene, vom Unternehmen nicht beeinflussbare Größe aufgetragen. In der daraus resultierenden Matrix werden die zu betrachtenden Inhalte positioniert. Aus den einzelnen Feldern sind Handlungsfelder und Normstrategien ersichtlich.	Kaufmann et al. (2006), S. 125–129. Piontek (2012), S. 86–96. Roland (1993), Anhang I–IX. von Wietersheim (1993), S. 88–122 und 137–152.

Beschreibung	Ziel	Literatur
Strategische Bilanz		N 1 A 2
Auf einer Skala von 0 bis 100 % werden Engpässe und Abhängigkeiten bewertet.	Durch die Darstellung auf einer Skala wird Transparenz über etwaige Engpässe bzw. Abhängigkeiten geschaffen und deren Priorisierung ermöglicht.	Mann (1989), S. 43–56.
Supply Chain Mapping		N 2 A 3
Methode zur Visualisierung und Analyse unternehmensübergreifender Prozesse.	Ein einheitliches Verständnis der unternehmensübergreifenden Prozesse und damit eine Ausgangsbasis für Verbesserungen (z.B. kritische Pfade) werden geschaffen.	Bacher (2004), S. 175–182. Weber/Wallenburg (2010), S. 291–298.
Supply Strategiewürfel		N 1 A 2
Dreidimensionale Matrix, anhand derer Handlungsoptionen hinsichtlich der Anzahl der Lieferanten, des Orts der Wertschöpfung und des Auftritts gegenüber den Lieferanten abgeleitet werden können.	Eine komprimierte Darstellung bestimmter Inhalte und die Ableitung von Normstrategien und Handlungsempfehlungen sollen möglich sein.	Jahns (2005), S. 81–84.
SWOT-Analyse		N 2 A 2
Methode zur Beurteilung des Unternehmens/Bereichs und seiner zukünftigen Entwicklung anhand interner (Stärken, Schwächen) und externer (Chancen, Risiken) Faktoren.	Aus der Kombination der aus der Analyse resultierenden Ergebnisse (Stärken – Chancen, Schwächen – Chancen, Stärken – Risiken, Schwächen – Risiken) können Strategien abgeleitet werden.	Darkow (2003), S. 123 ff. Lombriser/Abplanalp (2010), S. 218–221. Vollmuth (2008), S. 357–363 und 419–429.

Tab. 3: Strategische Einkaufscontrollinginstrumente

5 Fazit

In diesem Beitrag wurde ein Überblick über Einkaufscontrollinginstrumente mit dem speziellen Fokus auf KMU gegeben und versucht, eine Hilfestellung für den Einsatz zu leisten. Auch wenn sich einige der dargestellten Instrumente durchaus komplex darstellen, ist der Einsatz ausgewählter Instrumente auch in KMU in einer „schlanken" Form für wichtige Zukaufteile, Lieferanten oder Produkte sinnvoll und möglich.Beschaffungscontrolling: Kosten und Nutzenpotentiale in der Beschaffung zielorientiert steuern

Hilfestellung für die Auswahl von Instrumenten in KMU

6 Literaturhinweise

Arnolds/Heege/Tussing, Materialwirtschaft und Einkauf, 12. Aufl. 2013.

Bacher, Instrumente des Supply Chain Controlling, 2004.

Bäck/Tschandl/Schentler/Schweiger, Einkauf optimieren. Praxishandbuch. Teil A: Effizienz und Effektivität in Einkauf und Logistik, Einkauf für die Praxis, Teil B: Anwendungsinstrumente und Instrumente für die Optimierung, 2007.

Darkow, Logistik-Controlling in der Versorgung. Konzeption eines modularen Systems, 2003.

Ebel, Qualitätsmanagement, 2. Aufl. 2003.

Egger/Winterheller, Kurzfristige Unternehmensplanung. Budgetierung, 14. Aufl. 2007.

Eichler, Beschaffungsmarketing und -logistik, 2003.

Ellram, Total Cost of Ownership, in Hahn/Kaufmann (Hrsg.), Handbuch Industrielles Beschaffungsmanagement, 2. Aufl. 2002, S. 659–671.

Engelhardt, Balanced Scorecard in der Praxis, in Boutellier/Wagner/Wehrli (Hrsg.), Handbuch Beschaffung. 2003, S. 411–429.

Eschenbach, Erfolgspotential Materialwirtschaft, 1990.

Eßig/Batran, Messung des Wertbeitrags von Flexibilität in relationalen Zulieferer-Abnehmer-Beziehungen, in Jacquemin/Pibernik/Sucky (Hrsg.), Quantitative Methoden der Logistik und des Supply Chain Management, 2006, S. 267–290.

Friedl, Grundlagen des Beschaffungs-Controlling, 1990.

Harlander/Blom, Beschaffungsmarketing. Einkaufsgewinne konsequent realisieren, 7. Aufl. 1999.

Hartmann, Materialwirtschaft, 9. Aufl. 2005.

Hartmann/Orths/Pahl (Hrsg.), Lieferantenbewertung – aber wie?, 5. Aufl 2013.

Homburg/Werner/Englisch, Kennzahlengestütztes Benchmarking im Beschaffungsbereich: Konzeptionelle Aspekte und empirische Befunde, Die Betriebswirtschaft, 1/1997, S. 48–57.

Horváth/Gleich/Seiter, Controlling, 13. Aufl. 2015.

Jahns, Supply Management, 2005.

Janker, Multivariate Lieferantenbewertung, 2. Aufl. 2008.

Katzmarzyk, Einkaufs-Controlling in der Industrie, 1988.

Kaufmann, Purchasing and Supply Management – A Conceptual Framework, in Hahn/Kaufmann (Hrsg.), Handbuch Industrielles Beschaffungsmanagement, 2. Aufl. 2002, S. 3–33.

Kaufmann/Thiel/Becker, Innovative Beschaffungsportfolios und X-Balanced Scorecards. Komplementäre Instrumente für das strategische Controlling, Controlling, 3/2006, S. 125–131.

Kemmetmüller/Bogensberger, Handbuch der Kostenrechnung. 8. Aufl. 2004.

Kersten, Fehlermöglichkeits- und -einflußanalyse (FMEA), in Masing (Hrsg.), Handbuch Qualitätsmanagement, 3. Aufl. 1994, S. 469–490.

Kienzle, Früherkennung im Beschaffungsmarketing, 2000.

Koppelmann, Beschaffungsmarketing, 4. Aufl. 2004.

Kralicek/Böhmdorfer/Kralicek, Kennzahlen für Geschäftsführer, 5. Aufl. 2008.

Lombriser/Abplanalp, Strategisches Management, 5. Aufl. 2010.

Lück, Der Mittelstand als Motor der Wirtschaft (Band 2 der Schriftenreihe des Universitäts-Forums für Rechnungslegung, Steuern und Prüfung), 1993.

Matzenbacher/Bertsch/Christe/Falb/Fricke/von Heyl/Schiefer/Veltmann, Risikomanagement in der Beschaffung: Leitfaden für Unternehmen zur Beherrschung von Risiken im Beschaffungsprozess, hrsg. von BME, Bundesverband Materialwirtschaft, Einkauf und Logistik e.V., 1999.

Meyer, Betriebswirtschaftliche Kennzahlen und Kennzahlen-Systeme, 5. Aufl. 2008.

Moder/Meyer, Supply Frühwarnsysteme. Instrumente eines präventiven Beschaffungs-Controllings am Beispiel der Robert Bosch GmbH, Zeitschrift für Controlling und Innovationsmanagement – Performance Excellence, 2/2007, S. 23–26.

Niehues, Strukturorientierte Unternehmenslehre für Klein- und Mittelbetriebe, Der Betrieb, 2000, S. 2027–2030.

Pampel, Instrumente für das kooperationsbezogene Controlling von Produktions- und Transaktionskosten in der Supply Chain, in Hahn/Kaufmann (Hrsg.), Handbuch Industrielles Beschaffungsmanagement, 2. Aufl. 2002, S. 697–728.

Pfohl, Abgrenzung der Klein- und Mittelbetriebe von Großbetrieben, in: Pfohl, Betriebswirtschaftslehre der Mittel- und Kleinbetriebe. Größenspezifische Probleme und Möglichkeiten zu ihrer Lösung, 3. Aufl. 1997, S. 16–22.

Piontek, Kennzahlensystem zur Kostensenkungspotential-Analyse für Beschaffungsobjekte, Kostenrechnungspraxis, 3/1993, S. 171–177.

Piontek, Beschaffungscontrolling, 4. Aufl. 2012.

Quervain, de/Wagner, Von der Strategiefindung zur Strategieumsetzung, in Boutellier/Wagner/Wehrli (Hrsg.), Handbuch Beschaffung, 2003, S. 99–131. Reinschmidt, Beschaffungs-Controlling mit Kennzahlensystemen, 1989.

Reinschmidt, Beschaffungs-Controlling mit Kennzahlensystemen, 1989.

Roland, Beschaffungsstrategien: Voraussetzungen, Methoden und EDV-Unterstützung einer problemadäquaten Auswahl, 1993.

Schentler, Beschaffungs-Controlling in der kundenindividuellen Massenproduktion, 2008.

Schentler/Weick/Heisel/Nadilo, Steuerung des Einkaufs direkter und indirekter Materialien bei der Krones AG, in: Keuper/Sauter (Hrsg.), Unternehmenssteuerung in der produzierenden Industrie, 2014, S. 301–319.

Schönsleben, Integrales Logistikmanagement. Planung und Steuerung der umfassenden Supply Chain, 6. Aufl. 2011.

Schulte, Material- und Logistikmanagement, 2. Aufl. 2001.

Seidenschwarz, Target Costing und Zuliefererintegration, in: Hahn/Kaufmann (Hrsg.), Handbuch Industrielles Beschaffungsmanagement. 2. Aufl. 2002, S. 729–746.

Sesterhenn, Vorgehenskonzept zur kriteriengestützten Selektion geeigneter Partner zum Benchmarking in der Beschaffungslogistik, 2000.

Tschandl/Schentler, Kennzahlen in der Beschaffung, in: Losbichler/Eisl/Engelbrechtsmüller (Hrsg.), Handbuch der betriebswirtschaftlichen Kennzahlen, 2015, S. 256-274.

Vollmuth, Controlling-Instrumente von A – Z, 7. Aufl. 2008.

Wagner/Weber, Beschaffungs-Controlling – Den Wertbeitrag der Beschaffung messen und optimieren, 2007.

Weber/Wallenburg, Logistik- und Supply Chain Controlling, 6. Aufl. 2010.

Weber/Schäffer, Einführung in das Controlling, 14. Aufl. 2014.

Wietersheim, von, Strategische Beschaffung unter dem Einfluss neuer Produktionstechnologien, 1993.

Wildemann, Fertigungsstrategien. Reorganisationskonzepte für eine schlanke Produktion und Zulieferung, 3. Aufl. 1997.

Grundlagen & Konzepte

Kapitel 3: Umsetzung & Praxis

Digitalisierung im Einkauf: Chancen, Anwendungsbeispiele und Erfahrungen bei der Umsetzung

- Neue Technologien sowie die vereinfachte Erfassung und Aufbereitung von großen Datenmengen unterstützen nicht nur die Automatisierung von Prozessen im Einkauf, sondern verbessern auch die Möglichkeiten der Datenanalyse sowie die Erstellung von Prognosen.
- Dazu stehen verschiedene Technologien zur Verfügung: Big Data & Prediction, Digitales Reporting, Cloud-basierte IT-Lösungen, Self-Service-Portale, Mobile Technologien, Social Media.
- Um die daraus resultierenden Potenziale zu nützen, ist eine digitale Einkaufsstrategie notwendig.
- Die Umsetzung einer digitalen Einkaufsstrategie erfordert auch neue Kompetenzen und Rollen im Einkauf sowie ggf. eine Anpassung der Organisation.
- Der Beitrag zeigt Chancen und Potenziale auf, die sich durch eine Digitalisierung im Einkauf ergeben. Außerdem wird die Erarbeitung einer Digitalisierungsstrategie erläutert.

Inhalt		Seite
1	Fokus der Digitalisierung häufig auf anderen Funktionen	85
2	Was bedeutet Digitalisierung?	85
2.1	Die wichtigen Technologien	86
2.2	Die zentralen Datenquellen	88
3	Anwendungsbeispiele für die Digitalisierung im Einkauf	89
3.1	Operational Sourcing: Anwendungsbeispiel intelligente Lieferantenerkennung	90
3.2	Process & Workflow Efficiency: Anwendungsbeispiel Lieferanten-Performance & Risikomanagement	91
3.3	Savings Prediction: Anwendungsbeispiel Rohstoffpreisprognose	92
3.4	Procurement Controlling & Reporting: Anwendungsbeispiel Mobile Berichterstattung in Echtzeit	93
4	Implementierung und Lessons Learned	95
4.1	Digitalisierungsstrategie für den Einkauf	95
4.2	Probleme in der Praxis	96
4.3	Lessons Learned	96

5	Fazit	97
6	Literaturhinweise	98

- **Die Autoren**

Hendrik Schlünsen, Managing Consultant im Competence Center Organization & Operations (Manufacturing Industries) bei Horváth & Partners Management Consultants in Düsseldorf.

Dr. Peter Schentler, Principal im Competence Center Controlling & Finanzen bei Horváth & Partners Management Consultants in Wien.

1 Fokus der Digitalisierung häufig auf anderen Funktionen

Unter dem Titel „Digitalisierung" oder „Industrie 4.0" versuchen zahlreiche Unternehmen, Prozesse durch die Nutzung neuer Technologien zu automatisieren, zu vereinheitlichen, zu vereinfachen und transparenter zu machen. Dabei steht nicht nur die primäre Wertschöpfung eines Unternehmens im Fokus, sondern zunehmend auch administrative und unterstützende Aktivitäten. Die sog. vierte industrielle Revolution hat damit Auswirkungen auf das gesamte Geschäftsmodell eines Unternehmens.

In der Unternehmenspraxis fokussieren aber Digitalisierungsinitiativen häufig auf die Produktion, den Vertrieb oder den Finanzbereich, die damit verbundenen Konsequenzen für den Einkauf werden seltener betrachtet. Und dass, obwohl Digitalisierungs- und Automatisierungsstrategien insbesondere dem Einkauf zukünftig die Chance bieten können, seinen Beitrag zur Wertschöpfung von Unternehmen weiter zu verbessern.

Digitalisierung im Einkauf noch nicht im Fokus

Der vorliegende Beitrag greift diese Thematik auf und zeigt Möglichkeiten und Potenziale, die sich durch eine Digitalisierung im Einkauf ergeben. Kapitel 2 gibt eine Übersicht über die Digitalisierung im Einkauf, Kapitel 3 zeigt unterschiedliche Anwendungspotenziale. In Kapitel 4 wird die Erstellung einer Digitalisierungsstrategie kurz beschrieben und auf Lessons Learned aus der Unternehmenspraxis eingegangen.

2 Was bedeutet Digitalisierung?

Der Begriff Digitalisierung beschreibt die Erfassung, Transformation und Aufbereitung analoger Größen mit dem Ziel der elektronische Speicherung und Weiterverarbeitung. Während Informationstechnologien schon seit Mitte des letzten Jahrhunderts in Unternehmen eingesetzt werden, haben insbesondere die (Weiter-)Entwicklungen in den letzten Jahren zu einer Vielzahl neuer Möglichkeiten geführt. Neue Produkte und Technologien „…will reshape the value chain yet again, by changing product design, marketing, manufacturing, and after-sale service and by creating the need for new activities such as product data analytics and security. This will drive yet another wave of value-chain-based productivity improvement".[1]

Neue Möglichkeiten durch Digitalisierung

---

[1] Porter/Heppelmann, 2014, S. 66.

Rationalität statt Gewohnheit für Prognosen

Dies trifft insbesondere auf den Einkauf zu, der an der Schnittstelle zum Lieferanten sowohl eine kostenoptimale Beschaffung in der benötigten Menge zum erwartenden Zeitpunkt unter Berücksichtigung sämtlicher Risikofaktoren zu minimalen internen (Prozess-)Kosten bereitstellen muss. Um dies zu erreichen, sind die hierfür benötigten unternehmensinternen und -externen Daten zu erfassen, zu analysieren und als Grundlage für eine optimale Entscheidungsunterstützung sowie schlanke und automatisierte Prozesse aufzubereiten. Damit wird unter anderem das Ziel verfolgt, historische sowie Echtzeit-Daten zeitnah so aufzubereiten, dass prädiktive und präskriptive Analysen Möglichkeiten zu einem zukunftsorientierten Blick auf Beschaffungsthemen bieten.

2.1 Die wichtigen Technologien

Unterschiedliche Technologien rücken in das Zentrum des Geschehens, wenn Prozesse digitalisiert und große Datenmengen aufbereitet werden sollen. Die zentralen Technologien und Methoden sind nachfolgend kurz erläutert (s. auch Abb. 1):

Digitalisierungsbeispiele und Methoden

- **Big Data & Prediction**: Big Data Analytics schaffen die notwendige Grundlage für Zukunftsprognosen im Rahmen der digitalen Einkaufsstrategie. Damit können u.a. die Nachfrage, optimale (Liefer-) Kapazitäten, Risiken oder beste Markteintrittszeitpunkte besser vorhergesagt werden. Damit wird die strategische Planung unterstützt und Kostenersparnisse erzielt.
- **Digital Reporting 2.0**: Die Digitalisierung von Produktionsprozessen sowie die Verknüpfung bestehender Daten verschiedener Unternehmensbereiche ermöglicht nicht nur die schnelle und einfache Durchführung von Ad-hoc-Analysen. Vielmehr lassen sich Reaktionszeiten auf Planabweichungen minimieren und eine bessere Qualität von Forecasts herbeiführen. Ebenfalls lassen sich bereichsübergreifende Reports erstellen, durch die eine strategischere Ausrichtung des Einkaufs und weiterer Einheiten dank Daten aus unterschiedlichen Bereichen möglich ist.

Digitalisierung im Einkauf

Big Data & Prediction
Big Data & Predictive Analytics ermöglichen die Identifikation von Trends und Entwicklungen anhand strukturierter und unstrukturierter Daten

Mobile Technologien
Mobile Technologien bieten ortsunabhängig einen Zugriff für Einkaufsmanager auf relevante und aktuelle KPIs, Workflows und notwendige Informationen

Self-Service-Portale
Verwendung von Self-Service-Technologien für C-Artikel, um die interne Kundenerfahrung zu steigern

Cloud-basierte IT-Lösungen
Cloud-Technologien bieten Potenzial für eine sofortige Integration zwischen Anwendungen, Plattformen und Social Media und sind je nach Unternehmensgröße skalierbar

Digital Reporting 2.0
Fortgeschrittene Methoden um Daten zu analysieren, zu visualisieren und in Echtzeit verfügbar zu machen.

Social Media
Social-Media-Technologien können im internen Austausch aber auch im RfP-Prozess an der Schnittstelle zu Lieferanten eingesetzt werden

Abb. 1: Technologien für die Digitalisierung des Einkaufs

- **Cloud-basierte IT-Lösungen:** Gegenüber klassischen Inhouse-Lösungen bieten cloud-basierte IT-Systeme den Vorteil einer sehr kurzen Implementierungsdauer. Damit bieten sich Unternehmen nicht nur Geschwindigkeitsvorteile, da keine langwierige Softwareauswahl- und Implementierungsprojekte durchlaufen werden, sondern vielmehr auf eine größere Flexibilität durch die einfache Integration zusätzlicher Funktionen über weitere Apps und Module.

- **Self-Service-Portale:** Durch die Nutzung von Self-Service-Portalen an der Schnittstelle zu Lieferanten und unternehmensinternen Kunden werden operative Standardprozesse verschlankt, indem Aufwände von der Einkaufsfunktion zum Lieferanten (z. B. für die Sammlung von Anforderungen im Rahmen der Vorqualifikation) oder zum internen Kunden (z. B. für die Auslösung von standardisierter Beschaffungsanfragen im indirekten Bereich) verlagert werden. So kann ein Großteil des indirekten Einkaufs mithilfe automatisierter Genehmigungsprozesse und einem Echtzeit-Reporting autonom bearbeitet werden. Dies ermöglicht die notwendige Verlagerung von Aufwänden für operative Beschaffungsaufgaben hin zu der Bearbeitung strategischer Fragestellungen.
- **Mobile Technologien:** Die Zugriffszeit auf Informationen lässt sich durch den Einsatz mobiler Technologien weiter minimieren. Während bspw. Tablets im Vertrieb mittlerweile sehr häufig eingesetzt werden, ist die Nutzung im Einkauf nur schwach ausgeprägt. Insbesondere die Kombination mit revisionssicheren digitalen Freigabeverfahren (wie z. B. E-Sign) ermöglicht die Bearbeitung von Beschaffungsanfragen während der Dienstreise.
- **Social Media:** Auf Basis von Cloud- und mobilen Technologien können soziale Netzwerke als Kommunikationsmittel mit dem Beschaffungsmarkt dienen. So können bspw. Blogs und Chat-Anwendungen die Kommunikation sowohl zwischen bestehenden als auch potenziellen Lieferanten im Rahmen eines Ausschreibungsprozesses vereinfachen, sowie auch Meinungen und Vorschläge von Experten und Kunden/Produktnutzern mit aufgreifen.

2.2 Die zentralen Datenquellen

Insbesondere die Kombination der verschiedenen Technologien sowie die Adaption mit einer konkreten Fragestellung ermöglichen den größtmöglichen Nutzen aus den Daten zu ziehen. Allerdings sollte im konkreten Anwendungsfall vor allem die Verknüpfung unternehmensinterner und -externer Daten (sowohl strukturiert als auch unstrukturiert) geprüft werden, um die Informationsqualität weiter zu steigern. Abb. 2 gibt eine Übersicht über mögliche interne und externe Datenquellen.

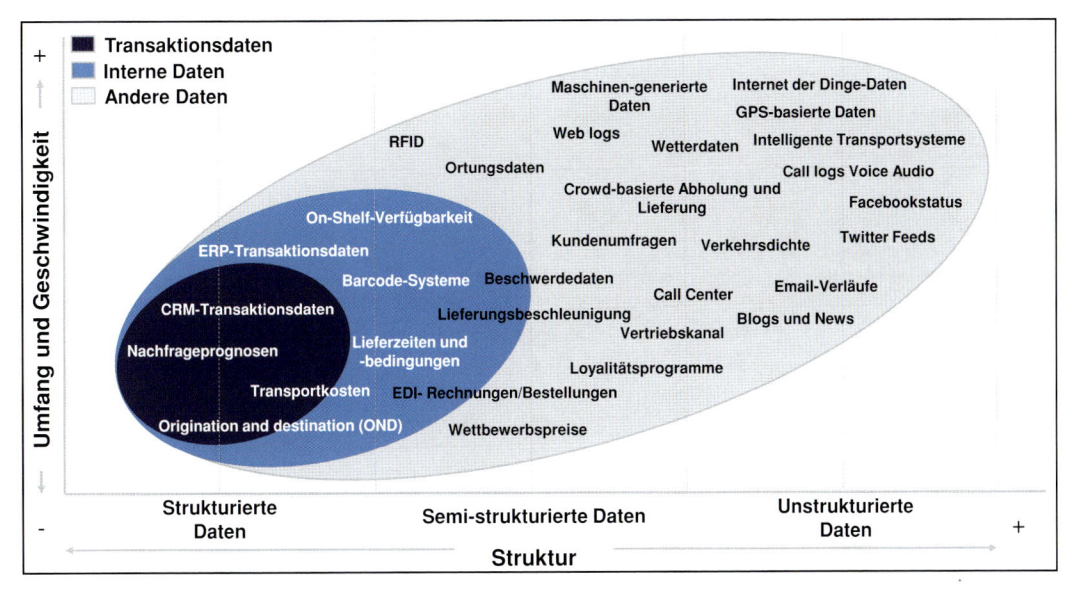

Abb. 2: Interne und externe Datenquellen²

3 Anwendungsbeispiele für die Digitalisierung im Einkauf

Es gibt zahlreiche Möglichkeiten, um Nutzen aus der Digitalisierung im Einkauf zu ziehen. Abb. 3 gibt eine Übersicht und clustert Anwendungsfälle in vier Bereiche:

Potenziale eines digitalen Einkaufs

- Operational Sourcing
- Process & Workflow Efficiency
- Savings Prediction
- Procurement Controlling & Reporting.

---

² Rozados/Tjahjono, 2015.

Umsetzung & Praxis

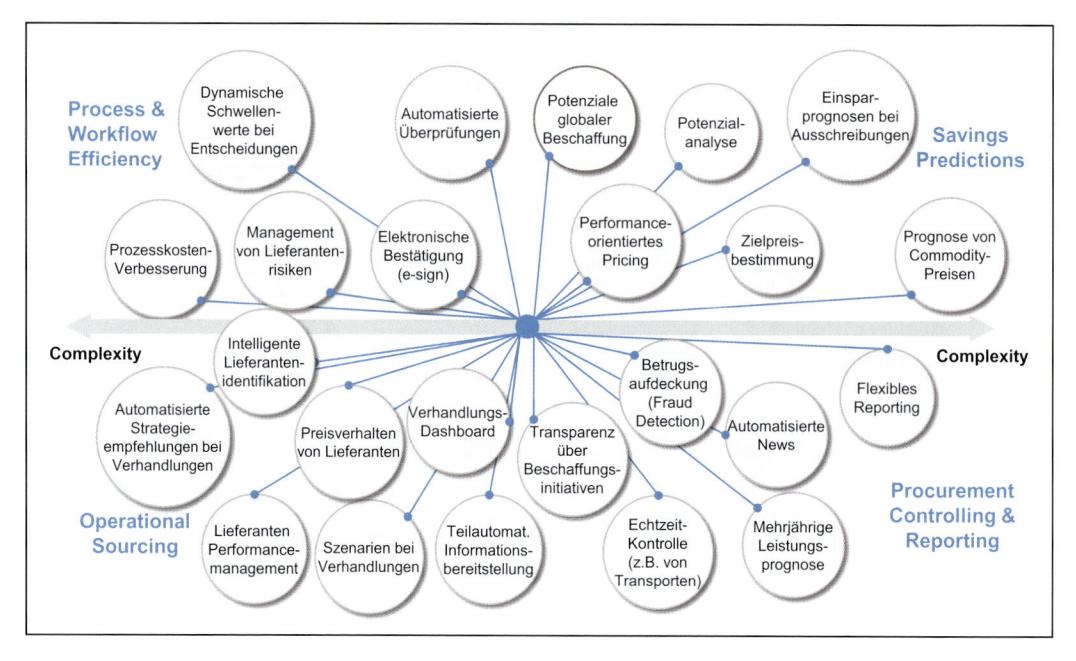

Abb. 3: Anwendungsfälle im Einkauf

Um die Potenziale greifbar zu machen, wird nachfolgend ein Beispiel für jeden der vier Bereiche vorgestellt. Damit werden die Anwendungsfälle neuer Technologien für klassische Fragestellungen im Einkauf illustriert.

3.1 Operational Sourcing: Anwendungsbeispiel intelligente Lieferantenerkennung

Zeitaufwändige Lieferantensuche

Ausgangssituation: Individuelle Suche nach potenziellen Lieferanten, zeitaufwendige Prozedur, geringe Berücksichtigung mehrsprachiger und synonymverwendender Suchansätze.

Systematische Lieferantenanalysen

Lösung: Intelligentes Lieferanten-Identifikationstool, das Daten verschiedenster Quellen sucht, aufbereitet und analysiert, um für die Anfrage/das Projekt ein Portfolio qualifizierter Lieferanten zu erstellen.

Notwendige Daten: Interner Lieferantendatenbestand inkl. strategischer Aspekte sowie Sperrungen von Lieferanten, externe Lieferantendatenbestände (öffentliche Datenbanken, Handelskammern, Wirtschaftsforen, Blogs etc.), öffentliche Suchmaschinen, übersetzte Suchinhalte, Synonyme und abweichende Beschreibungen der eingegebenen Daten, Daten von Lieferantenselbstauskünften und sozialen Netzwerken.

Nutzen: Automatische Suche geeigneter Lieferanten, Nutzung künstlicher Intelligenz zur Vermittlung geeigneter Handelspartner und zum Aufbau eines strategischen Lieferantennetzwerks, Miteinbeziehung externer Daten (z. B. Blogs, Webpages), Miteinbeziehung mehrsprachiger Daten und Informationen, automatische Identifikation von (Begriffs-)Ähnlichkeiten, kontinuierliche Entwicklung des Lieferantennetzwerks.

Strategisches Lieferantennetzwerk

3.2 Process & Workflow Efficiency: Anwendungsbeispiel Lieferanten-Performance & Risikomanagement

Ausgangssituation: Uneinheitliche Lieferantenbewertung und Risikoanalyse, geringe Betrachtung möglicher Einflüsse durch die politische, rechtliche, geografische und wirtschaftliche Situation unterschiedlicher Länder, keine Berücksichtigung von 2nd-/3rd-Tier-Lieferanten, reaktive Maßnahmen statt proaktiver Mitigationsmaßnahmen.

Uneinheitliche Risikoeinschätzung

Lösung: Integration in Lieferantenbewertungstools, in Risikoanalysen in den Ausschreibungsprozess, automatisches Warnsystem, automatisierte Anpassung der Lieferantenbewertung durch Ergebnisse der Risikoanalyse, Definition von Early Warning Indicators, Transparenz über Zulieferkette des Lieferanten, Integration von Länderratings in die Bewertung der Zulieferkette.

Lieferantenbewertungstools und Risikoanalysen

Notwendige Daten: KPIs, Lieferantenbewertungen (aus vergangenen Aufträgen), veröffentlichte Finanzdaten und Pressemitteilungen des Lieferanten, geografische Lage der Lieferanten, politische, rechtliche, wirtschaftliche und geografische Situation im Lieferantenland, Echtzeit-Daten und Informationen über Märkte und Lieferanten, Informationen über Lieferanten des Lieferanten.

Nutzen: rechtzeitige Information über ein potenzielles Ausfallrisiko des Lieferanten kann als Verhandlungsbasis mit Lieferanten dienen, Berücksichtigung interner und externer Faktoren in Echtzeit, Echtzeitanalyse länderspezifischer Nachrichten und Lieferanteninformationen, Alarmmodus, um auf potenzielle Risiken hinzuweisen (s. auch Abb. 4).

Besseres Risikomanagement für Prognosen

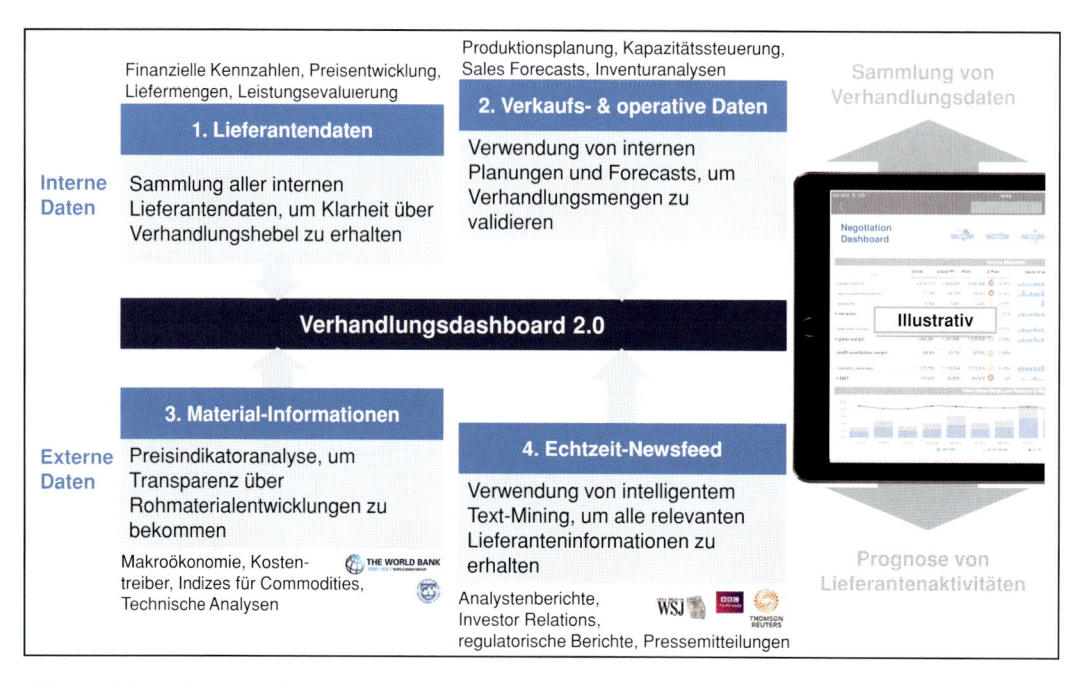

Abb. 4: Illustrative Darstellung eines Verhandlungs-Dashboards

3.3 Savings Prediction: Anwendungsbeispiel Rohstoffpreisprognose

Grobe Planung **Ausgangssituation:** Mittelfristige Beschaffungsstrategien für Rohstoffe erfolgen anhand von mittelfristiger Unternehmensplanung, historischer Preisentwicklung, Anwendung ökonometrischer Methoden sowie der Vereinbarung von Preisgleitklauseln in Verträgen.

Langfristige, datenbasierte Strategie **Lösung:** Aufbau eines Dashboards, das strukturierte und unstrukturierte Daten über den Rohstoff sowie Kopplungsprodukten aus unterschiedlichen Quellen sammelt, aggregiert und analysiert und in einen Zusammenhang zu der historischen Preisentwicklung stellt. Auf dieser Basis lassen sich mithilfe präskriptiver Verfahren Szenarien für die Preisschwankungen und deren Konsequenzen ableiten und damit eine langfristige Absicherungsstrategie entwickeln. Verbindung historischer unternehmensinterner Daten mit aktuellen Forecasts des Vertriebs zur Ableitung benötigter Mengen.

Notwendige Daten: Historische Preisentwicklungen von Rohstoffen, wirtschaftliche, politische, geografische und rechtliche Informationen zu unterschiedlichen Ländern, Expertenaussagen, Rohstoffreserven und angeforderte Volumina, aktuelle Nachfragesituation der Rohstoffe, Transportkosten etc.

Nutzen: Möglichkeit zur Erarbeitung einer langfristigen Rohstoffstrategie und idealen Kaufzeitpunkten und Mengen. Definition von Ansatzpunkten für ein Natural Hedging und verbesserte Abschätzung zukünftiger Kosten.

Kostenanalysen verbessern Strategiequalität

Abb. 5 stellt beispielhaft eine Expertenschätzung und einen Predictive Forecast für einen Rohstoff gegenüber, woraus (auch unter Berücksichtigung von Working-Capital-Überlegungen) optimale Kaufzeitpunkte abgeleitet werden können.

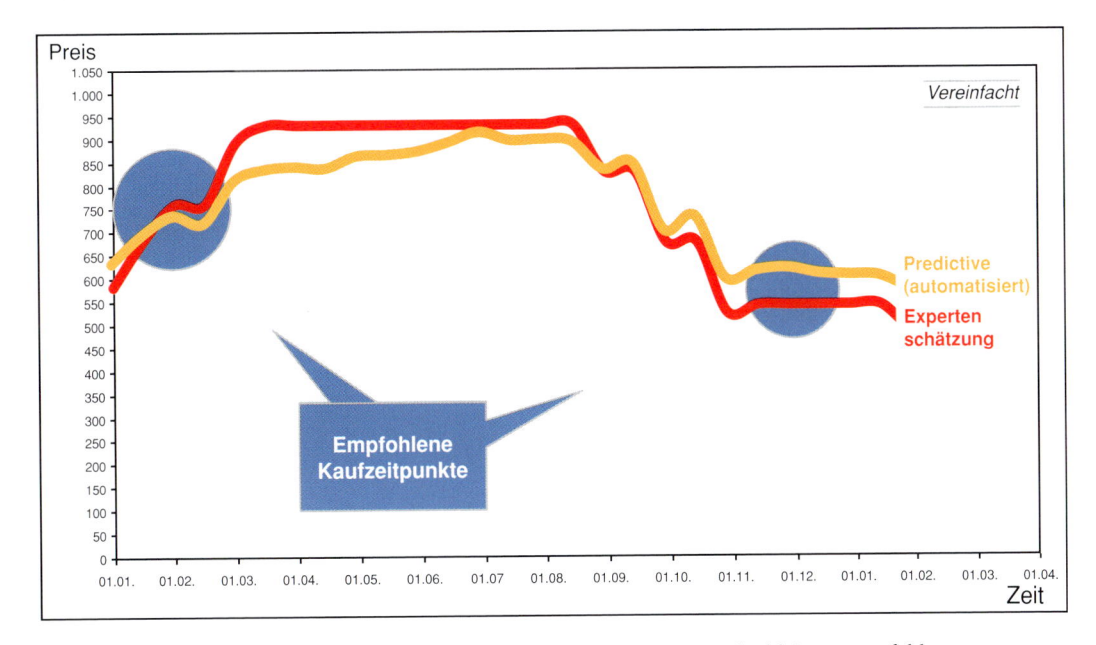

Abb. 5: Gegenüberstellung Predictive Forecast mit Expertenschätzung und Ableitung empfohlener Kaufzeitpunkte

3.4 Procurement Controlling & Reporting: Anwendungsbeispiel Mobile Berichterstattung in Echtzeit

Ausgangssituation: Unterschiedliches Reporting in verschiedenen Unternehmensfunktionen, unterschiedliche Messgrößen, kein einheitliches Verständnis über den Wertbeitrag des Einkaufs, keine Verbindung zu Echtzeitdaten, langsame Reaktionen auf Planabweichungen aufgrund vergangenheitsorientierter Berichtserstattung.

Fehlende Einheitlichkeit

Umsetzung & Praxis

Harmonisiertes Kennzahlenset

Lösung: Entwicklung eines einheitlichen kaskadierten Kennzahlensets, das kontinuierlich mit Echtzeitdaten aus Produktion, Logistik, Lagerhäusern etc. aktualisiert wird und über verschiedene mobile Endgeräte abgerufen werden kann. Stetiger Abgleich mit Prognosedaten aus Vertrieb zur Identifikation von Beschaffungsengpässen.

Notwendige Daten: Echtzeitdaten über Ortsangaben, Transportrouten, Lagerkapazitäten, produzierte bzw. verbrauchte Mengen pro Stunde, Verkehrssituation, Warenein- und -ausgänge.

Strategisches Lieferantennetzwerk

Nutzen: Echtzeit-Datensynchronisierung, Verfolgung von Produktions- und Absatzmengen, Abfrage von Echtzeit-Lagerbeständen, Zeitersparnis durch ungebundenen Zugriff, sofortige Berichterstattung über Fehler, Verspätungen oder Verzug, reduzierte Reaktionszeiten, verknüpfte Berichterstattung mehrerer Bereiche, durchgängige Einbindung unterschiedlichster Datenquellen.

Abb. 6 und Abb. 7 zeigen Beispiele für Berichte.

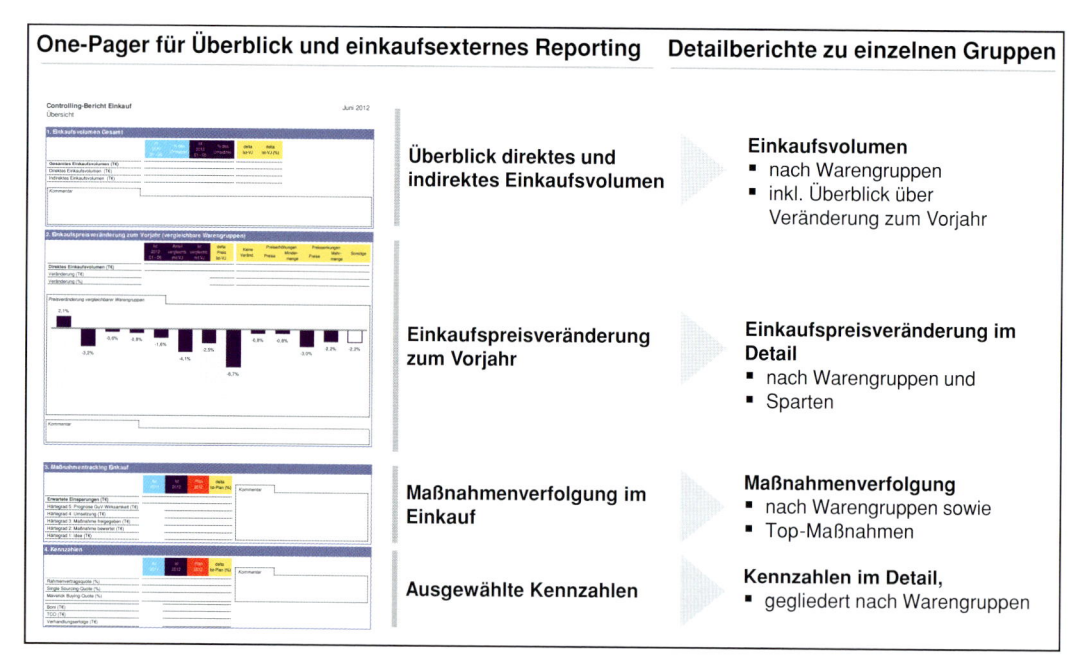

One-Pager für Überblick und einkaufsexternes Reporting	Detailberichte zu einzelnen Gruppen
Überblick direktes und indirektes Einkaufsvolumen	**Einkaufsvolumen** • nach Warengruppen • inkl. Überblick über Veränderung zum Vorjahr
Einkaufspreisveränderung zum Vorjahr	**Einkaufspreisveränderung im Detail** • nach Warengruppen und • Sparten
Maßnahmenverfolgung im Einkauf	**Maßnahmenverfolgung** • nach Warengruppen sowie • Top-Maßnahmen
Ausgewählte Kennzahlen	**Kennzahlen im Detail,** • gegliedert nach Warengruppen

Abb. 6: Beispielbericht „Überblick Einkauf"[3]

---

[3] Entnommen aus Schentler et al., 2014.

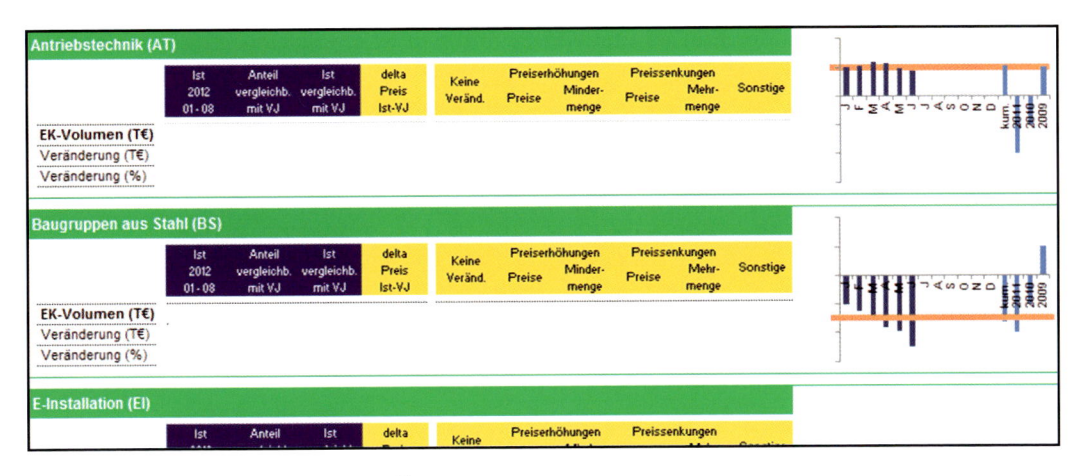

Abb. 7: Beispielbericht „Einsparungen"[4]

4 Implementierung und Lessons Learned

4.1 Digitalisierungsstrategie für den Einkauf

Die verschiedenen Anwendungsfälle verdeutlichen die Potenziale einer konsequenten Anwendung der Digitalisierung im Einkauf. Um jedoch eine systematische Weiterentwicklung des Einkaufes zu betreiben und nicht Insellösungen für einzelne Probleme zu schaffen, sollte eine Digitalisierungsstrategie erarbeitet werden.

Die Erarbeitung einer Digitalisierungsstrategie startet mit der Definition eines Zielbilds für den digitalisierten Einkauf. Dieses beschreibt u.a., welche Technologien zukünftig verwendet werden sollen und welche Einkaufsprozesse mithilfe einer Digitalisierung verbessert werden sollen. Damit gibt das Zielbild eine langfristige Orientierung und schafft klare Leitplanken für die Erarbeitung konkreter Anwendungsszenarien. Eine wichtige Grundvoraussetzung ist dabei die Verfügbarkeit von funktionsübergreifenden und harmonisierten Daten, die sich zur Erfassung, Aufbereitung und Analyse durch die Systeme eignen.

Implementierung durch parallel laufende Use Cases

Anhand klarer Meilensteine lassen sich der Fortschritt sowie die Erfolgswahrscheinlichkeit einzelner Anwendungsszenarien kontinuierlich bewerten und eine Reallokation von Entwicklungskapazitäten vornehmen. Durch die schnelle und frühzeitige Erarbeitung von Prototypen lassen sich die Auswirkungen und Potenziale neuer Technologien frühzeitig bewerten und fördern zugleich die Akzeptanz im Einkauf.

---

[4] Entnommen aus Schentler et al., 2014.

Umstrukturierung zur globalen Einkaufs- organisation

Neben der Erarbeitung von Prototypen ist aber gleichzeitig die Einkaufsorganisation für den Einsatz neuer Technologien und Arbeitsweisen vorzubereiten. Je nach Bedarf und Organisation können Umstrukturierungen der Aufgaben oder Verantwortlichkeiten notwendig sein. Auch das Personal bedarf intensiver Schulungen und Anwendungsworkshops, damit die Nutzung der neuen Möglichkeiten im Einvernehmen mit den Möglichkeiten der Systeme steht.

4.2 Probleme in der Praxis

Fehlende Kompatibilität

Nach wie vor gestaltet sich die Umsetzung einer Digitalisierungsstrategie schwierig; häufig insbesondere aufgrund der Komplexität der Anwendungstools. Als gängiges Problem erweist sich des Öfteren das reibungslose Zusammenspiel sowie die Verknüpfung verschiedener interner und externer Systeme. Bei mangelnder Kompatibilität kann der Datenaustausch nicht reibungslos funktionieren und das Potenzial der Analysen nicht voll ausgeschöpft werden, wodurch sich evtl. Verfälschungen der Analyseergebnisse ergeben könnten.

Geschulte Mitarbeiter sind notwendig

Eine weitere Problematik können nicht vorhandene Kompetenzen und Fertigkeiten der Mitarbeiter darstellen, wodurch sich die Implementierung einer digitalen Einkaufsstrategie verzögern oder die alltägliche Anwendung der Systeme schlicht verhindert werden kann. Änderungen in den benötigten Rollen oder Kompetenzen von Personen sind durch Personalentwicklungsmaßnahmen konsequent zu begleiten.

Auch im Bereich Datenschutz können Erschwernisse durch den internen und externen Datentransfer auftreten, wenn Regulierungen den Austausch und die Verarbeitung der Daten blockieren.

4.3 Lessons Learned

Steigerung der Nutzerakzeptanz durch Projektteams

Die Erfahrungen aus der Praxis zeigen, dass insbesondere ein Vorgehen mithilfe kleiner Projektteams, die individuelle Prototypen entwickeln, die allgemeine Neugier gefördert und die Nutzerakzeptanz deutlich gesteigert werden. Gleichzeitig werden Erfolge schneller sichtbar und es müssen keine langwierigen Implementierungszeiträume überdauern. Darüber hinaus kann damit der Dynamik der Unternehmensumwelt Rechnung getragen werden, die die Adaptionsfähigkeit neuer Systeme stets vor große Herausforderungen stellt (s. Abb. 8).

Daten und Modelle	Interne Projekt-Partner
70% der Arbeit ist Datenaufbereitung Berichte sind stark aggregiert und strukturiert. Da dahinter liegenden Daten sind in der Regel vielschichtig und müssen adäquat aufbereitet werden	**Controller als wichtige Ansprechpartner** Controller liefern wichtigen Input hinsichtlich Planung und Forecasts und sind essentiell für die Identifikation und Verständnis geeigneter Daten
Detailwissen über die Geschäftseinheit Das Wissen über Geschäftseigenheiten (in diesem Fall Einkauf) ist wichtig für die Wahl der richtigen Inputfaktoren und für das Datenverständnis	**Frühzeitige Kooperation mit dem Verantwortlichen** Es muss genug Zeit für die Lieferung der Daten eingeplant werden (parallel zum Alltagsgeschäft)
Strukturmodelle sind zeitintensiv Hoher Pflegeaufwand aufgrund von regelmäßigen Strukturveränderungen	**Frühzeitige Kooperation mit der IT-Abteilung** Wichtig für den Zugang zu Massendaten und Integration von parallel laufenden Projekten

Abb. 8: Lessons Learned aus Big-Data-Projekten

Darüber hinaus ist im Vorfeld einer Digitalisierungsstrategie der interdisziplinäre Charakter der Projektzusammensetzung für eine erfolgreiche Umsetzung von entscheidender Bedeutung. Durch die Partizipation verschiedener Fachbereiche werden unterschiedliche Perspektiven sowie Datenquellen zusammengeführt. Dadurch wird das Entstehen einer Lösung gefördert, deren Anwendungsbereich nicht ausschließlich auf den Einkauf begrenzt ist, sondern auch anderen Unternehmensfunktionen Nutzen stiftet.

Interdisziplinäre Projektzusammensetzung erfolgsentscheidend

Die digitale Einkaufsstrategie sowie die Organisation und Kultur des Unternehmens müssen miteinander harmonisieren, damit eine Umstellung auf digitalisierte und automatisierte Prozesse möglich ist. Es ist notwendig zu verstehen, dass die Technologie nicht den kompletten Beschaffungsprozess ersetzen kann. Die strategische Steuerung der Prozesse ist wichtig und kann nur funktionieren, wenn Mensch und Technologie zusammenarbeiten und das Potenzial ausschöpfen, das sich aus dem Zusammenspiel ergibt. Die Notwendigkeit zur Erhaltung persönlicher Kontakte zu Lieferanten und Kunden darf deshalb nicht unterschätzt werden, da Technologien keinen Ersatz für das Netzwerk in persona darstellen.

Zusammenarbeit von Mensch und Technologie essenziell

5 Fazit

Unternehmen sollten frühzeitig das Potenzial der Digitalisierung im Einkauf erkennen und in eine konkrete Digitalisierungsstrategie transformieren. Nur

Frühzeitige Digitalisierung bringt Vorteile

eine frühzeitige Implementierung, die alle Bedürfnisse des Bereichs berücksichtigt, führt dazu, dass das gesamte Potenzial neuer Technologien und digitalisierter Prozesse konsequent genutzt wird. Durch den Gewinn an neuen Erkenntnissen, die durch die Datenerfassungen und -analysen geliefert werden können, entwickeln sich für den Einkauf neue Potenziale, um zukünftig den Fokus mehr auf eine strategischere Ausrichtung zu legen und aus den Zeitersparnissen durch digitalisierte und automatisierte Prozesse Vorteile zu generieren. Das Aufgabenspektrum des Einkäufers verschiebt sich somit langfristig weiter zu strategischeren Tätigkeiten.

Die Position des Einkaufs als interne und externe Schnittstelle des Unternehmens öffnet die Chance, die Innovationen und Möglichkeiten einer digitalen Einkaufsstrategie gewinnbringend in die Prozesse des gesamten Unternehmens einzubringen. Die externe Vernetzung sowie die Nutzung externer Daten für Echtzeit-Analysen bieten Möglichkeiten zur Etablierung neuer Geschäftsprozesse und -modelle und können zur Steigerung der Prozesseffizienz beitragen. Beschaffungsprozesse können so direkt durch den Einkauf strategisch innoviert werden und haben großen Einfluss auf alle weiteren Unternehmensprozesse.

Entscheidende Faktoren

Bei der Umsetzung der Implementierungsstrategie gilt es durch eine Parallelisierung verschiedener Initiativen mehrere Anwendungsfälle in konkrete Prototypen zu transformieren, um dadurch frühzeitig Nutzenvorteile zu erschließen und die Nutzerakzeptanz zu maximieren. Zusätzlich sind die Konsequenzen für die fachliche Weiterentwicklung der Einkaufsmitarbeiter sowie der Organisation zu fokussieren, um eine nachhaltige und langfristige Anwendung entwickelter Lösungen zu gewährleisten.

6 Literaturhinweise

Porter/Heppelmann, How smart, connected products are transforming competition, Harvard Business Review, Nr. 11, 92. Jg., 2014, S. 64–88.

Rozados/Tjahjono, Big Data Analytics in Supply Chain Management: Trends and Related Research, 6th International Conference on Operations and Supply Chain Management, 2014, https://www.researchgate.net/publication/270506965_Big_Data_Analytics_in_Supply_Chain_Management_Trends_and_Related_Research, Abrufdatum 1.9.2016.

Schentler/Weick/Heisel/Nadilo, Steuerung des Einkaufs direkter und indirekter Materialien bei der KRONES AG, in Keuper/Sauter (Hrsg.), Unternehmenssteuerung in der produzierenden Industrie – Konzepte und Best Practices, 2014, S. 301–320.

Kennzahlen zur Messung und Optimierung des Wertbeitrags des Einkaufs

- Der Wert des eingesetzten Materials beeinflusst wesentlich die Gewinn- und Verlustrechnung und damit die Entwicklung des Betriebsergebnisses. Viele deutsche mittelständische Produktionsunternehmen sind jedoch mit ihrer eigenen Messung des Einkaufserfolgs und damit mit ihrem Einkaufscontrolling nicht zufrieden.
- Dabei stellt die Auswahl der richtigen Kennzahlen, die den Einkaufserfolg als Basis für die Erfolgsmessung widerspiegeln, die Unternehmen vor Herausforderungen.
- Dieser Artikel gibt einen Überblick über die Möglichkeiten der Messung des vom Einkauf generierten Wertbeitrags.
- Dabei wird nicht nur auf die Erfahrungen eines speziellen Unternehmens eingegangen, sondern auf die mehrerer mittelständischer Produktionsunternehmen.

Inhalt		Seite
1	Herausforderungen im Einkaufscontrolling	101
2	Strategieprozess zur Ableitung von Zielen und Zielvorgaben für den Einkauf	102
3	Top-Kennzahlen der Finanzperspektive	103
3.1	Wertbeitrag des Einkaufs	103
3.2	Kosten der Einkaufsorganisation	104
3.3	Einkaufsergebnis	107
3.3.1	Vorjahresvergleich der Preise	108
3.3.2	Plan-Ist-Vergleich der Preise	111
3.3.3	Kurseffekte bei Fremdwährungen	111
3.4	Skontoertrag	112
3.5	Einkaufsleistung	113
3.6	Entwicklung der Bestände	115
3.7	Ermittlung des Wertbeitrags	117
4	Steuerung der Umsetzung von Maßnahmen	117
5	Einkaufsreporting und Erfolgsmessung	119
5.1	Kennzahlenübersichten	120
5.2	Maßnahmenübersichten und Prognosen	121
5.3	Musterbericht	121

6	Fazit	122
7	Literaturhinweise	123

■ **Die Autorin**

Anja Schäfer, Bereichsleiterin Controlling International bei der Lidl Stiftung in Neckarsulm. Zuvor war sie 15 Jahre bei der Unternehmensgruppe fischer im Waldachtal tätig, wo sie zuletzt Leiterin des zentralen Controllings war.

1 Herausforderungen im Einkaufscontrolling

Stetig steigender Wettbewerbsdruck, verbunden mit der Gefahr sinkender Verkaufspreise bei oftmals gleichzeitigen Forderungen der Stakeholder, die prozentuale Gross Marge nicht zu verringern, stellt Unternehmen immer wieder vor neue Herausforderungen. Deshalb steigt der Druck auf die Entwicklung der Herstellkosten, die neben den Produktionskosten hauptsächlich von den Materialeinzelkosten beeinflusst werden.

Materialeinsatz größter Kostenblock in Produktionsunternehmen

	Nettoumsatz
–	Standardherstellkosten
–	Sondereinzelkosten des Vertriebs
=	**Standardmarge**
–	Kostenträgerabweichungen
–	Kostenstellenabweichungen
–	sonstige Abweichungen
=	**Gross Marge**

Tab. 1: Berechnung von Standardmarge und Gross Marge

Um die Entwicklung der Materialkosten gezielt zu steuern, müssen Unternehmen ein effizientes Einkaufscontrolling aufbauen bzw. weiterentwickeln. Schließlich beträgt bei Produktionsgesellschaften der Materialeinsatz ungefähr 50 % vom Nettoumsatz und hat damit einen wesentlichen Einfluss auf die Entwicklung des Betriebsergebnisses.

Durch ein gut strukturiertes Einkaufscontrolling haben Unternehmen die Möglichkeit, die Entwicklung der Einkaufspreise besser zu verfolgen und durch geeignete Zielsetzungen und Maßnahmenverfolgung zu optimieren.

Trotz des hohen Stellenwerts ist bei einer Vielzahl der Unternehmen die effiziente Gestaltung des Einkaufscontrollings noch in den Anfängen. So zeigen aktuelle Studien, dass lediglich 47 % der befragten 260 Unternehmen eine transparente Einkaufsstrategie und -ziele haben, wobei diese Einkaufsstrategie bei nur 46 % der Unternehmen in strategischen Zielen operationalisiert wird und bei nur 34 % die strategischen Ziele in konkrete Maßnahmen umgesetzt werden.[1]

Ziel dieses Artikels ist es, den Nutzen und die Anwendungsmöglichkeiten eines effizienten Einkaufscontrollings und damit die Möglichkeiten der Erhöhung des vom Einkauf generierten Wertbeitrags für Unternehmen aufzuzeigen. Deshalb konzentriert sich dieser Artikel auf die Auswahl, die Definition und das Management der wesentlichen Einkaufskennzahlen aus

Wertbeitrag des Einkaufs erhöhen

---

[1] Vgl. Horváth & Partners, Performance Management im Einkauf, 2011.

der Finanzperspektive. Da die Auswahl von Kennzahlen unternehmensspezifisch erfolgen muss, sind die hier vorgestellten Kennzahlen lediglich als Vorschläge zu sehen. Diese beruhen auf den Erfahrungen verschiedener mittelständischer Produktionsunternehmen.

2 Strategieprozess zur Ableitung von Zielen und Zielvorgaben für den Einkauf

Um den vom Einkauf generierten Wertbeitrag im Unternehmen zu messen, ist es unabdingbar, dem Einkauf Ziele für das aktuelle Geschäftsjahr zu setzen. Diese operative Zielsetzung muss sich dabei an der strategischen Zielsetzung des Einkaufs orientieren, die wiederum im Einklang mit der Unternehmensstrategie stehen muss.

Bevor die strategische Zielsetzung festgelegt werden kann, muss eine Stärken-Schwächen-Analyse des Einkaufs durchgeführt werden. Diese beinhaltet eine Betrachtung sowohl der Chancen und Risiken, die die Einkaufsaktivitäten von außen beeinflussen, als auch der Chancen und Risiken, die die Einkaufsaktivitäten auf den Unternehmenserfolg haben können. Dabei kann es sich sowohl um finanzielle Chancen und Risiken handeln als auch um Chancen und Risiken bezogen auf die Warenverfügbarkeit und Lieferantenbewertung.

Wichtig ist dabei die Abbildung der strategischen Ziele in einer Strategy Map.[2] Die Strategy Map zeigt die wichtigsten Kennzahlen für die wesentlichen Werttreiber. Die Strategy Map ist das Ergebnis einer Strategieentwicklung und unterstützt Unternehmen dabei, ihre Strategie in ein Bild zu bringen. Vom Aufbau her sind sie mit einer Balanced Scorecard vergleichbar. Dabei sind folgende Perspektiven abzubilden:

- **Finanzen**: Die wichtigsten Ziele für die Finanzperspektive, in der es darum geht, den Wertbeitrag des Einkaufs zu steigern, können die Reduzierung der Einkaufskosten sein und die Reduzierung der Kapitalbindung.
- **Kunden**: Kundenziele lassen sich vor allem durch eine hohe Lieferfähigkeit bei gleichbleibend hoher Qualität ausdrücken.
- **Lieferanten**: Wichtige Lieferantenziele sind bspw. die konzernweite Einführung eines Lieferantenmanagements und die Vermeidung der Konzentration auf einen bis wenige Lieferanten.
- **Prozesse**: Strategische Ziele bezogen auf Prozesse beziehen sich auf eine Optimierung der Einkaufsprozesse und dabei bspw. auf den Automatisierungsgrad und Volumina, die ein Einkaufsmitarbeiter abwickeln kann.

---

[2] Vgl. http://www.business-wissen.de/kapitel/strategy-maps/, Abrufdatum: 26.8.2016.

- **Potenziale:** Potenzialziele können sich bspw. auf die Einführung neuer IT-Systeme für den Einkauf beziehen oder auf die Weiterentwicklung der Qualifikationen der Mitarbeiter.

Auf der Basis dieser Perspektiven sind die strategischen Ziele je Perspektive zu definieren. Dabei ist für jedes strategische Ziel mindestens eine Messgröße zu definieren, um die Zielerreichung messen und auf dieser Basis den Einkauf steuern zu können.[3] Diese sind in operative Ziele überzuleiten, die dann je nach Ziel auch in der operativen Jahresplanung abgebildet werden. Dabei sind Maßnahmen abzuleiten, um mit einem effizienten Maßnahmencontrolling auch im Rahmen der monatlichen Berichterstattung sicherzustellen, dass die gesetzten operativen Ziele auch erreicht werden. Im Nachfolgenden wird nur noch die Finanzperspektive im Detail behandelt, um zu untersuchen, wie der vom Einkauf generierte Wertbeitrag im Unternehmen erhöht werden kann.

3 Top-Kennzahlen der Finanzperspektive

3.1 Wertbeitrag des Einkaufs

Unter dem vom Einkauf generierten Wertbeitrag wird der Wert verstanden, den der Einkauf dazu beiträgt, die von ihm zu beeinflussenden Kosten zu reduzieren. Dies sind:

1. der Wert der eingekauften Güter und Dienstleistungen und
2. die Kosten der Einkaufsorganisation.

Der generierte Wertbeitrag wird zum einen durch das Einkaufsergebnis gemessen, d.h. durch alle Effekte, die GuV-wirksam sind. Dazu gehören bspw. die Reduzierung der Einkaufspreise des bezogenen Materials oder die Erhöhung des Skontoertrags, der vom Einkauf verantwortet und auch tatsächlich realisiert wird.

Er wird aber ebenso daran gemessen, wie hoch die Einkaufsleistung ist, das bedeutet, alle nicht GuV-wirksamen Effekte, zu denen der Einkauf beigetragen hat. Darunter wird die vermiedene Verteuerung verstanden, die nicht in der GuV ersichtlich ist, aber vom Einkauf verhandelt wurde, z. B. dass der Vergabepreis niedriger ist als der Angebotspreis. Des Weiteren kann der Einkauf durch die Entwicklung der vom Einkauf verantworteten Bestände zu einer Reduzierung der Kapitalbindung beitragen und damit Kosten reduzieren.

---

[3] Vgl. Horváth & Partners, Strategieprozess und Ableitung von KPIs zur Einkaufssteuerung, 2013.

Umsetzung & Praxis

In einem Austausch verschiedener mittelständischer Produktionsunternehmen hat sich gezeigt, dass die in Abb. 1 aufgeführten Kennzahlen zur Messung des vom Einkauf generierten Wertbeitrags am besten geeignet sind.

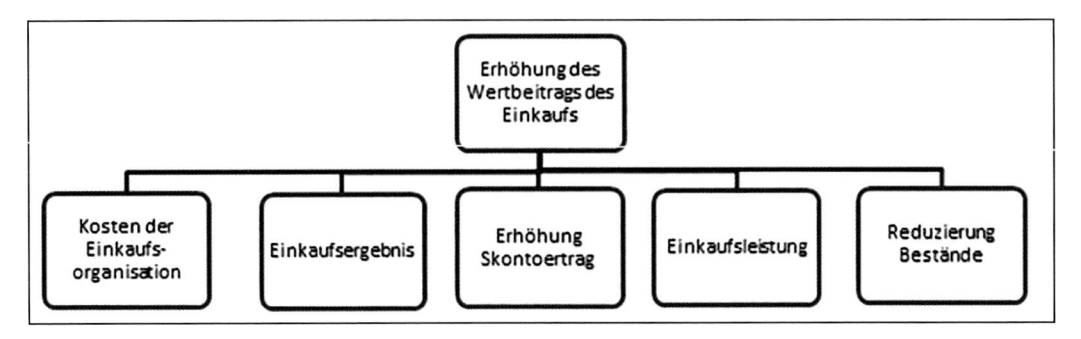

```
                    ┌─────────────────────┐
                    │   Erhöhung des      │
                    │ Wertbeitrags des    │
                    │     Einkaufs        │
                    └─────────────────────┘
   ┌──────────┬──────────────┬──────────┬──────────────┬──────────┐
┌─────────┐ ┌──────────┐ ┌─────────┐ ┌──────────────┐ ┌──────────┐
│ Kosten  │ │ Einkaufs-│ │Erhöhung │ │  Einkaufs-   │ │Reduzierung│
│  der    │ │ ergebnis │ │Skonto-  │ │  leistung    │ │ Bestände │
│Einkaufs-│ │          │ │ ertrag  │ │              │ │          │
│organi-  │ │          │ │         │ │              │ │          │
│sation   │ │          │ │         │ │              │ │          │
└─────────┘ └──────────┘ └─────────┘ └──────────────┘ └──────────┘
```

Abb. 1: Wertbeitrag des Einkaufs

3.2 Kosten der Einkaufsorganisation

Jahresbudget eingehalten?

Die Kennzahl besagt, ob der Fachbereich Einkauf sein Jahresbudget eingehalten hat. Das vorgegebene Budget wird ausgedrückt über die Funktionsbereichskosten, die Personalkosten, Gemeinkosten sowie Umlagen und Dienstleistungsverrechnungen beinhalten können. In den Umlagen sollten alle Kosten abgebildet werden, die notwendig sind, um die Einkaufsorganisation in die Lage zu versetzen, ihr originäres Geschäft auszuführen. Dazu gehören:

- das Gebäudemanagement, über das die Kosten der benötigten räumlichen Ressourcen abgebildet werden,
- der Fuhrpark bzgl. der benötigten Dienstwagen,
- die IT in Bezug auf die zur Verfügung gestellte Hard- und Software und die IT-Leistungen im Rahmen von Projekten sowie
- die Personalausbildung, die notwendig ist, das Personal des Fachbereichs Einkauf entsprechend auszubilden.

Werden vom Einkauf Projekte initiiert, um Einkaufskosten zu reduzieren oder um den Qualitätsstandard der bezogenen Artikel zu erhöhen, sollten sowohl die internen als auch die externen Kosten über einen projektbezogenen Kostensammler gebucht werden. Damit werden die gesamten Projektkosten transparent und messbar und dem Einkauf können die zur Durchführung der Projekte verursachten Kosten direkt zugerechnet werden.

Kennzahlen zur Messung des Wertbeitrags des Einkaufs

Perspektive	Finanzen
Ziel	Budgeteinhaltung
KPI-Definition	Entwicklung der Funktionsbereichskosten (Personalkosten, Gemeinkosten sowie notwendige Umlagen und Verrechnungen) im Vergleich zum Plan
Enthalten in Berichten	Einkaufsreporting
Berechnungsformel	Entwicklung der Funktionsbereichskosten des Einkaufs des aktuellen Jahres im Vergleich zum Budget des aktuellen Jahres
Aufrissdimensionen	Funktionsbereichskosten des gesamten Knotens „Einkauf" je nach Unternehmensgröße, unterteilt in Einkaufsbereiche
Datendimension	Monat, kumuliert, Forecast

Tab. 2: Kosten der Einkaufsorganisation

Um auf Monatsebene zu vergleichen, ob der Einkauf die geplanten Kosten des aktuellen Jahres auch eingehalten hat, ist es wichtig, dass auch auf Monatsebene geplant wird. Dies kann entweder durch

- eine lineare Planverteilung oder
- eine Plansaisonalisierung, die besonders hohe und außerordentliche Kostenpositionen zeitlich genau berücksichtigt,

erfolgen. Um einen Vergleich über eine Mehrjahresperiode oder mit anderen Unternehmen der gleichen Branche herzustellen, ist es sinnvoll, die Funktionsbereichskosten des Einkaufs ins Verhältnis zum Einkaufsvolumen zu setzen, da eine absolute Kennzahl der Funktionsbereichskosten nur im Vergleich zum Vorjahr und Budget aussagefähig ist, nicht jedoch über einen Mehrjahresvergleich oder über einen Vergleich mit anderen Unternehmen, wenn das Einkaufsvolumen aufgrund der Unternehmensgröße unterschiedlich ist. Abb. 2 zeigt als Beispiel die Entwicklung der Funktionsbereichskosten eines Unternehmens in Summe und als Prozentsatz vom Einkaufsvolumen. Die Werte sind in Summe dargestellt und aufgeteilt auf die einzelnen Produktbereiche:

Umsetzung & Praxis

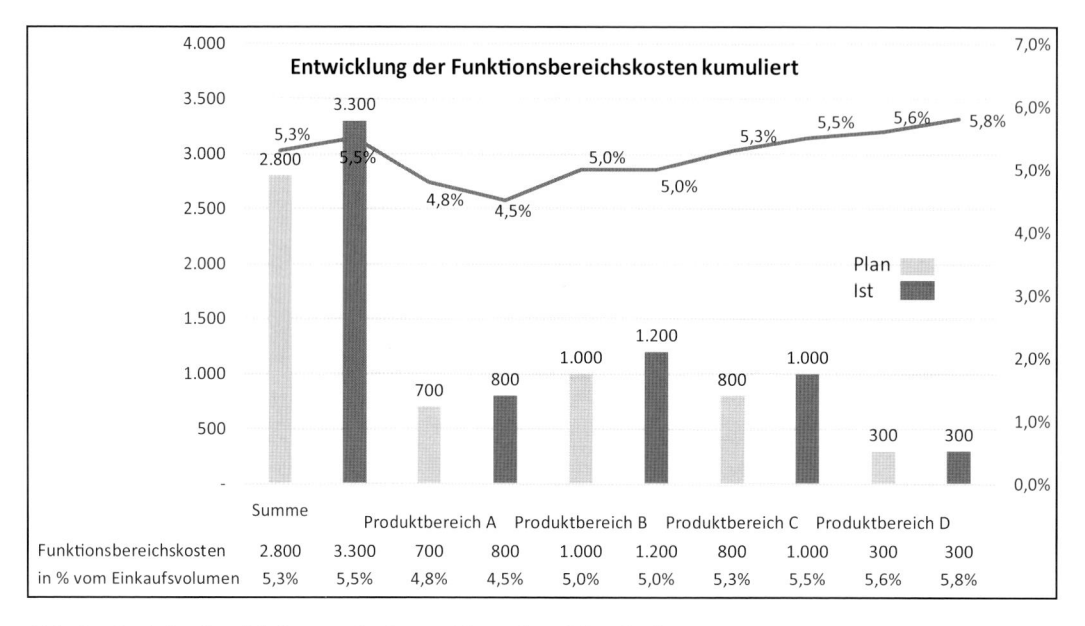

Abb. 2: Funktionsbereichskosten absolut und in % des Einkaufsvolumens

Funktionsbereichskosten:

	Summe	Produktbereich A		Produktbereich B		Produktbereich C		Produktbereich D	
Funktionsbereichskosten	2.800 / 3.300	700	800	1.000	1.200	800	1.000	300	300
in % vom Einkaufsvolumen	5,3% / 5,5%	4,8%	4,5%	5,0%	5,0%	5,3%	5,5%	5,6%	5,8%

Variabilität der Kosten kennen

In diesem Beispiel sind in Summe die Funktionsbereichskosten des Einkaufs im Vergleich zum Budget gestiegen, obwohl sich das Einkaufsvolumen nicht proportional erhöht hat. Es sind die Gründe zu analysieren, die diese Budgetüberschreitung verursacht haben, und Maßnahmen zu definieren, wie das Budget noch erreicht werden kann. Diese Analysen und Maßnahmen sollten auch produktbereichsbezogen erfolgen, da die Entwicklung nicht in allen Produktbereichen gleich ist. Es gibt auch Produktbereiche, bei denen die Erhöhung der Funktionsbereichskosten proportional zur Erhöhung des Einkaufsvolumens erfolgt ist. Jedoch sollten auch dann genau die Gründe für die Abweichung analysiert werden, da sich nicht alle Kosten proportional zur Entwicklung des Einkaufsvolumens verhalten. Tab. 3 zeigt am Beispiel der BAB-Hierarchieebenen, welche Kostenarten sich variabel zum Einkaufsvolumen entwickeln können.

> **Hinweis: Berechnungsmodelle als Arbeitshilfe verfügbar**
> Berechnungsmodelle zu den Kennzahlen inkl. Grafiken sind in der Arbeitshilfe Kennzahlen für das Einkaufscontrolling (Praxisbeispiel) als Excel-Datei in den **Arbeitshilfen** zu finden.

BAB-Hierarchieebenen des Einkaufs	Auswirkungen des Einkaufvolumens auf die Funktionsbereichskosten
Personalkosten	Variabel zum Einkaufsvolumen, da für erhöhtes Einkaufsvolumen mehr Personal benötigt wird
Abschreibung, Leasing, Miete, Pacht	**Nicht variabel** zum Einkaufsvolumen, da sich Miete und Pacht nicht erhöhen
Instandhaltung, Prozess- und Qualitätsmanagement	Qualitätsmanagement: Variabel zum Einkaufsvolumen, da mehr Qualitätskontrollen notwendig werden
Energie, Infrastruktur, Logistik	**Nicht variabel** zum Einkaufsvolumen, da Eingangsfrachten nicht bei den Funktionsbereichskosten abgebildet werden
Materialverbrauch	Variabel zum Einkaufsvolumen, da vermehrte Tests mit Kleinmaterialien stattfinden können
Services	Variabel zum Einkaufsvolumen, da vermehrte Dienstleistungen in Anspruch genommen werden können
Sonstige Sachgemeinkosten	Variabel zum Einkaufsvolumen sind hier vor allem die Reisekosten und Bewirtungen

Tab. 3: BAB-Hierarchieebenen und die Auswirkungen des Einkaufvolumens auf die Funktionsbereichskosten des Einkaufs

3.3 Einkaufsergebnis

Das Einkaufsergebnis drückt die ergebniswirksamen Einkaufspreisveränderungen aus, und zwar die Veränderungen der Ausgaben für bezogene Materialien und Dienstleistungen gegenüber dem Vorjahr oder Budget. Es werden direkt positive oder negative Auswirkungen auf das Betriebsergebnis gezeigt. Zur Berechnung der ergebniswirksamen Einkaufspreisveränderungen kann die Entwicklung der Einkaufspreise auf Artikelebene mit denen des Vorjahres oder mit dem Plan des aktuellen Jahres verglichen werden.

GuV-Relevanz ermitteln

Perspektive	Finanzen
Ziel	Erhöhung der Profitabilität
KPI-Definition	Ergebniswirksame Einkaufskostenveränderung
Enthalten in Berichten	Einkaufsreporting
Berechnungsformel	Entwicklung Einkaufsindex des aktuellen Jahres in % auf Basis Bezugsmengen im Vergleich der aktuellen Einkaufspreise zu den Planpreisen des aktuellen Jahres oder der Istpreise des Vorjahres. Die Planpreise bzw. Vorjahrespreise werden dabei auf 100 % gesetzt. Externe Markteinflüsse sind nach Möglichkeit zu eliminieren.
Aufrissdimensionen	Einkauf gesamt Differenziert nach Warengruppen bis Einzelartikel
Datendimension	Monat, kumuliert, Forecast

Tab. 4: Einkaufsergebnis

3.3.1 Vorjahresvergleich der Preise

Dabei wird beim Vorjahresvergleich die Schnittmenge der Artikel herangezogen, die sowohl im aktuellen Jahr als auch im Vorjahr bezogen wurden. Der Vergleich der Einkaufspreise des aktuellen Jahres mit denen des Vorjahres sagt aus, wie sich die Einkaufspreise entwickelt haben.

Produktgruppen	EK-Index 2016 100%= 2015	Einkaufsvolumen in TEUR auf Basis Istmengen 2016 und Isteinkaufspreise	Einkaufsvolumen in TEUR auf Basis Istmengen 2016 und Vorjahreseinkaufspreise	Abweichung vom Vorjahr absolut	in %
A	95,0	9.500	10.000	−500	−5,00
B	94,5	1.700	1.800	−100	−5,56
C	101,0	8.600	8.500	100	1,18
D	107,0	700	650	50	7,69

Abb. 3: Einkaufsergebnis auf Basis der Vorjahrespreise

Die Abweichung wird dadurch berechnet, dass die eingekauften Mengen in dem jeweiligen Zeitraum in 2016 mit den Istpreisen 2016 multipliziert werden und ebenfalls mit den Vorjahrespreisen. In dem oben aufgeführten Beispiel ist zu erkennen, dass die Produktgruppen A und B unter Vorjahr liegen und die Produktgruppen C und D über Vorjahr. Diese Erkenntnisse zeigt auch der Einkauf-Index. Dieser wird berechnet, indem der gewichtete Preis des Vorjahres auf 100 gesetzt wird. Basis ist dabei die jeweilige Rechnungsmenge des aktuellen Jahres.

Weil externe Markteinflüsse in den Einkaufspreisen enthalten sind, ist diese Kennzahl nur eingeschränkt vom Einkauf beeinflussbar. Deshalb sagt die Entwicklung nur etwas über den Einkaufserfolg aus, wenn die Subjektivität bei der Ermittlung ausgeschlossen wird. Deshalb sollten die Markteinflüsse eliminiert werden. Dies kann dadurch erfolgen, dass die Entwicklung der Einkaufspreise von Artikeln oder Artikelgruppen mit der Entwicklung der Preisindices vergleichbarer Rohstoffe verglichen wird und bei der Entwicklung der Einkaufspreise die prozentuale Entwicklung dieser Preisindices herausgerechnet wird. Die Möglichkeit besteht jedoch nur dann, wenn die Information über die Marktpreisentwicklung vorliegt.

Transparenz über Marktpreise schaffen

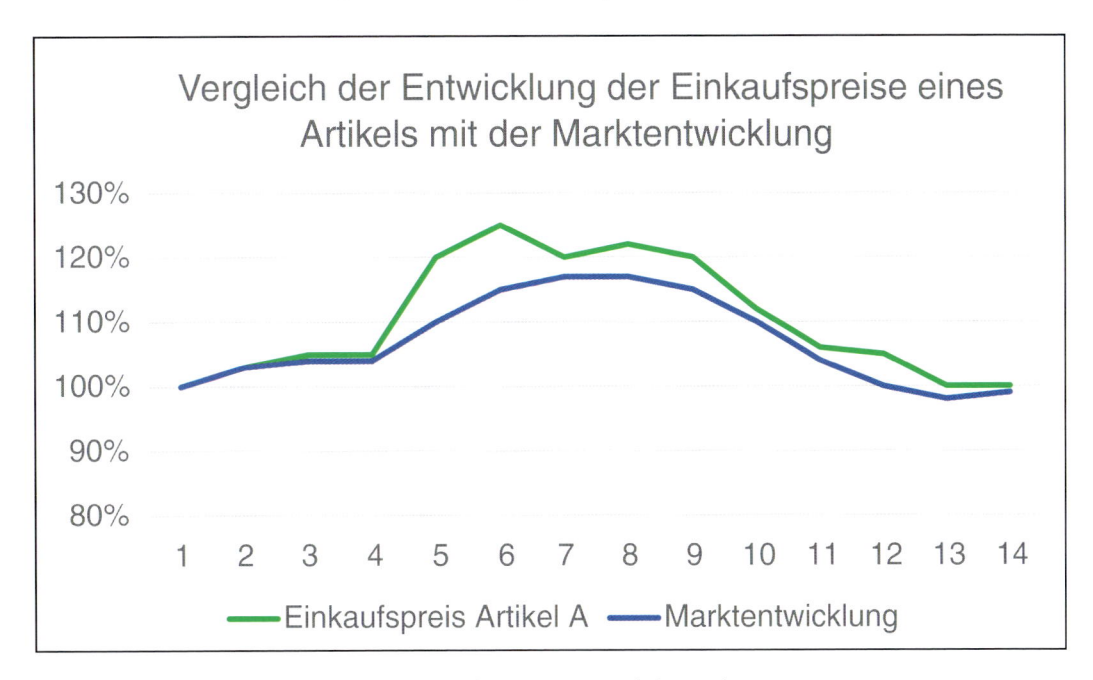

Abb. 4: Vergleich der Entwicklung der Einkaufspreise eines Artikels mit der Marktentwicklung

Umsetzung & Praxis

Bei dem oben aufgeführten Beispiel ist zu erkennen, dass der Einkaufspreis des Artikels A sich tendenziell immer schlechter als der Markt entwickelt. Diese Entwicklung ist dann entsprechend bei der Würdigung des Einkaufsergebnisses zu berücksichtigen. Dazu eignet sich die Darstellung in Abb. 5.

Produktgruppe	Einkaufsergebnis			Abweichung vom Vorjahr		Abweichung vom Vorjahr korrigiert um externe Markteinflüsse		Prognose	Kommentintierung	
	EK-Index 2016 100 % = 2015	Einkaufsvolumen in TEUR auf Basis Istmengen 2016 und Isteinkaufspreise	Einkaufsvolumen in TEUR auf Basis Istmengen 2016 und Isteinkaufspreise um externe Markteinflüsse korrigiert	Einkaufsvolumen in TEUR auf Basis Istmengen 2016 und Vorjahreseinkaufspreise	absolut in %	absolut	in %	Prognose 2016 Ist zu Jahresende	Begründung für Entwicklung der Prognose	Eingeleitete Maßnahmen
A	95	9.500	9.600	10.000	−500 −5,00	−400	−4,00	⬇	Stahlpreis aufgrund Zusammenschluss Großkonzerne gesunken	Rahmenverträge neu abschließen
B	94,5	1.700	1.900	1.800	−100 −5,56	100	5,56	⬇	Marktentwicklungen spiegeln sich in Einkaufspreisen nicht wieder	Verhandlung mit Lieferanten starten
C	101	8.600	8.600	8.500	100 1,18	100	1,18	➡	Gleichbleibendes Niveau, obwohl mit Preiserhöhungen gerechnet wird.	Neue Lieferanten suchen, die dieses Niveau halten können.
D	107	700	650	650	50 7,69	0	0,00	⬆	Es wird erwartet, dass der Einkaufspreis über die nächsten Monate steigen wird.	Mit Lieferanten verhandeln, um Niveau gleich zu lassen.

Abb. 5: Einkaufspreise auf Basis der Vorjahrespreise, korrigiert um externe Markteinflüsse

Vielfältige Gründe für Abweichungen

Nach der Korrektur des Einkaufsvolumens zu Istpreisen um die externen Markteinflüsse ist bei den Produktgruppe A und B zu erkennen, dass diese sich tatsächlich nicht so gut entwickelt haben, wie es zuerst scheint. Produktgruppe D hätte sich besser entwickeln können, wenn sich die externen Markteinflüsse in den Einkaufspreisen widergespiegelt hätten. Es ist jetzt gemeinsam zwischen Einkaufscontrolling und dem Fachbereich Einkauf zu analysieren, was die Gründe für diese Abweichungen sind. Bspw. sind Rahmenverträge abgeschlossen worden, bei denen die aktuelle Marktentwicklung noch nicht abgebildet wurde und die erst zu einem späteren Zeitpunkt erneuert werden können oder aber der Einkauf hat nicht ausreichend mit den Lieferanten verhandelt. In allen Fällen sind Maßnahmen aufzusetzen, um zu gewährleisten, dass die Einkaufspreise sich mit dem Markt oder aber auch besser entwickeln.

3.3.2 Plan-Ist-Vergleich der Preise

Eine andere Möglichkeit, die Preisentwicklung zu analysieren, ist der Vergleich zu den Planpreisen. Voraussetzung ist, dass die Planpreise auf Artikelebene vorliegen, und zwar der Artikel, die laut Plan im aktuellen Jahr auch bezogen werden. Dabei kann es sich sowohl um Wiederholungskäufe als auch um Erst- oder Einmalkäufe handeln. In den Planpreisen können schon die zukünftigen Marktpreisentwicklungen abgebildet werden, sofern die Informationen darüber vorliegen und die Subjektivität in der Bildung der Planpreise so weit wie möglich ausgeschlossen wird.

Produktgruppen	Einkaufsvolumen in TEUR auf Basis Istmengen 2016 und Ist-einkaufspreise	Einkaufsvolumen in TEUR auf Basis Istmengen 2016 und Plan-einkaufspreise	Abweichung vom Plan		Prognose 2016 Ist zu Jahresende
			absolut	in %	
A	9.800	10.300	−500	−4,85	↓
B	2.100	2.200	−100	−4,55	↓
C	8.600	8.850	−250	−2,82	→
D	700	600	100	16,67	↑

Abb. 6: Einkaufsergebnis auf Basis der Planpreise

Die Abweichung wird berechnet, indem die eingekauften Mengen in dem jeweiligen Zeitraum mit den Istpreisen und mit den Planpreisen multipliziert werden. Die Erkenntnisse, die bisher in den kumulierten Istwerten erkennbar sind, sind dann auch in der Prognose zum Jahresende zu berücksichtigen. Auf Basis dieser Informationen ist der Vertrieb auch in der Lage, Preisangebote abzugeben, die 3 bis 12 Monate in die Zukunft reichen, da bei volatilen Materialpreisen ein vorausschauender Preis zu empfehlen ist. Bei einer Analyse der Preisentwicklungen ist analog zum Vorjahresvergleich immer die Marktentwicklung der Artikel oder Artikelgruppen zu berücksichtigen, sofern diese Informationen vorliegen.

Preisprognosen auch im Vertrieb nutzen

3.3.3 Kurseffekte bei Fremdwährungen

Es ist ebenfalls wichtig, den Anteil der Ausgaben für Einkäufe in Fremdwährung zu erfassen und zu ermitteln, wie sich der Fremdwährungseffekt im

Vergleich zum Plankurs des aktuellen Jahres oder zum Durchschnittskurs des vergangenen Jahres entwickelt hat. Dieser Kurseffekt ist von dem vom Einkauf zu verantwortenden Einkaufsergebnis zu eliminieren. Die Strategie im Umgang mit Kursentwicklungen, wie z.B. die Entscheidung über den Abschluss von Kurssicherungsgeschäften, sollte nicht zum Verantwortungsbereich des Einkaufs gehören.

3.4 Skontoertrag

Der vom Einkauf verhandelte Skontoertrag kann sich auch im Einkaufsergebnis auswirken, wenn der Skonto realisiert und von der Finanzbuchhaltung gebucht wurde. Der realisierte Skontoertrag sagt aus, wie sich der Skontoertrag des aktuellen Jahres im Vergleich zum Vorjahr bzw. zum Budget entwickelt hat.

Perspektive	Finanzen
Ziel	Erhöhung des Ertrags aus Zahlungskonditionen
KPI-Definition	Realisierter Skontoertrag
Enthalten in Berichten	Einkaufsreporting
Berechnungsformel	Realisierter Skontoertrag des aktuellen Jahres im Vergleich zum Vorjahr bzw. zum Budget des aktuellen Jahres
Aufrissdimensionen	Einkauf gesamt
Datendimension	Monat, kumuliert, Forecast

Tab. 5: Skontoertrag

Durch eine Verbesserung der Zahlungskonditionen im Vergleich zum Vorjahr oder zum Budget kann die Liquidität erhöht und das Betriebsergebnis verbessert werden, bspw. durch die Erhöhung

- des prozentualen Skontoertrags oder
- des absoluten Skontoertrags, ausgelöst durch ein höheres skontierfähiges Einkaufsvolumen.

Eine Abweichung kann dabei auf ein geringeres skontofähiges Einkaufsvolumen oder einen geringeren prozentualen Skontoertrag zurückgeführt werden (vgl. Abb. 7).

Entwicklung Skontoertrag	Vorjahr	Plan	aktuelles Jahr	Abweichung zum Vorjahr	Abweichung zum Plan
Kreditorisches Einkaufsvolumen (in TEUR) = sämtliches mit externen Dritten ausgeführtes Beschaffungsvolumen, das mit Beteiligung (Verhandlungen, Rahmenverträge, Bestellprozesse, ...) des Einkaufs erfolgte (Rechnungsmenge * Rechnungspreis).	21.000	21.500	21.200	200	–300
Gezogener Skonto in TEUR	420	538	381,6	–38	–156
Skonto in %	2,0%	2,5%	1,8%	–19,2%	52,0%

Abb. 7: Entwicklung Skontoertrag

Jedoch sollte dies immer im Verhältnis zu den allgemeinen Zahlungsbedingungen der Lieferanten und damit der Kreditorenlaufzeit gesehen werden, da sich ein erhöhter Skontoertrag auch in einer geringeren Kreditorenlaufzeit auswirken kann. Hier ist zu ermitteln, welche Optimierung (die Erhöhung des Skontoertrags oder die Erhöhung der Kreditorenlaufzeit) sich günstiger auf den wirtschaftlichen Erfolg des Unternehmens auswirkt und damit positiv die Entwicklung des Cash-flows beeinflusst.

3.5 Einkaufsleistung

Die Einkaufsleistung zeigt den Zusammenhang zwischen dem vom Lieferanten geforderten Preis und dem finalen Angebotspreis. Sie liefert keine Aussage zu Veränderungen gegenüber Vorjahres- oder Budgetwerten. Dabei ist es wichtig, dass der niedrigste vom Lieferanten geforderte Preis in die Betrachtung mit einfließt, da erst auf dieser Basis die Einkaufsleistung gemessen werden kann. Die Einkaufsleistung wird ausgedrückt durch das Verhandlungsergebnis zwischen dem realisierten Preis und dem vom Lieferanten geforderten Preis. Dabei kann die Einkaufsleistung auch im Sinne einer Preisabwehr oder einer vermiedenen Verteuerung dargestellt werden.

Perspektive	Finanzen
Ziel	Erhöhung der Performance des Einkaufs
KPI-Definition	Einkaufsleistung/Preisabwehr: Nicht ergebniswirksame Einkaufskostenvermeidung (Preisabwehr)
Enthalten in Berichten	Einkaufsreporting
Berechnungsformel	Niedrigster Angebotspreis – Vergabepreis
Aufrissdimensionen	Einkauf gesamt Differenziert nach Warengruppen bis Einzelartikel sowie Investitionsgüter und Dienstleistungen
Datendimension	Monat, kumuliert, Forecast

Tab. 6: Einkaufsleistung

Da sich eine vermiedene Verteuerung oder eine aktiv betriebene Kostenreduktion der Roh-, Hilfs- und Betriebsstoffe, Zukaufteile und Handelswaren bereits im Einkaufsergebnis niederschlägt, ist darauf zu achten, dass dieses Einkaufsergebnis nicht auch noch in der Einkaufsleistung gezeigt wird. Deshalb sollte in der Einkaufsleistung differenziert werden, welcher Teil der Preisabwehr eines evtl. höheren geforderten Preises sich auf den Einkauf von Materialien wie Handelsware und Roh-, Hilfs- und Betriebsstoffe bezieht und welcher Teil auf Investitionsgüter und Dienstleistungen (s. Abb. 8).

Um eine realistische Einkaufsleistung auszuweisen, ist es wichtig, die einzelnen Stufen der Verhandlungen mit dem Lieferanten bis zum finalen Vergabepreis genau zu protokollieren und festzulegen, welcher Angebotspreis für die Berechnung des Verhandlungserfolgs zugrunde gelegt wird. Es muss gewährleistet sein, dass das zugrunde gelegte Angebot und die tatsächliche Bestellung vergleichbar sind. Die Differenz zwischen diesem Angebotspreis und dem tatsächlich realisierten Preis stellt die vermiedene Verteuerung dar.

- Vertragspreis: Preis nach Endverhandlung
- Angebotspreis: Basis ist das nach einer ersten technischen und inhaltlichen Klärung erstellte Angebot
- Differenz = vermiedene Verteuerung

> **Wichtig: Subjektivität weitgehend reduzieren**
> Diese Berechnungen sollten durch einen unabhängigen Einkaufscontroller geprüft werden. Jedoch bleibt selbst dann noch ein gewisser Grad an Subjektivität in der Beurteilung der Verhandlungserfolge wie abgewehrter Preiserhöhungen vorhanden.

Kennzahlen zur Messung des Wertbeitrags des Einkaufs

Verhandlungsergebnisse des Einkaufs in TEUR

- Reduzierung Angebotspreis Dienstleistungen
- Reduzierung Angebotspreis Investitionen
- abgewehrte Preiserhöhungen Rohstoffe
- abgewehrte Preiserhöhungen Investitionen

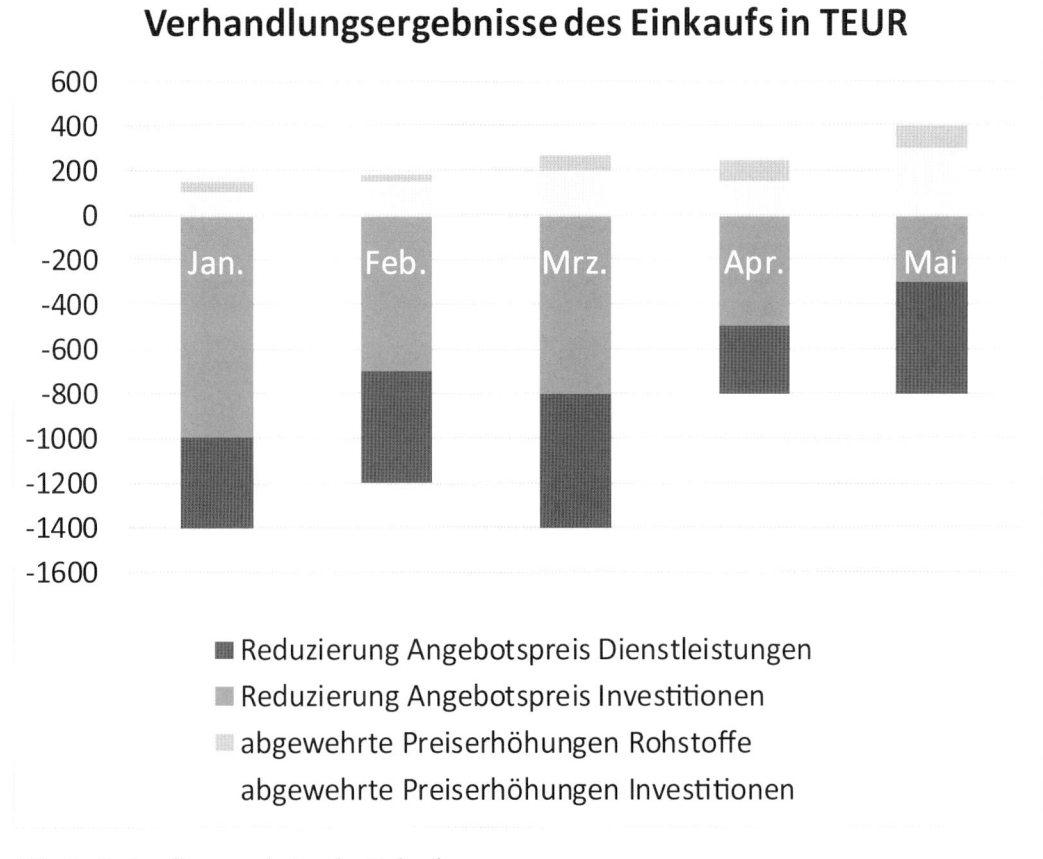

Abb. 8: Verhandlungsergebnisse des Einkaufs

3.6 Entwicklung der Bestände

Die Entwicklung der Bestände lässt sich am besten über die Veränderung der Lagerreichweite ausdrücken. Die Lagerreichweite sagt aus, wie lange der durchschnittliche Lagerbestand bei einem durchschnittlichen Verbrauch je Periode ausreicht.[4]

Um eine Bewertung der Bestände durchzuführen, eignet sich am besten eine relative Kennzahl, vor allem um einen Vergleich zum Vorjahr, zum Budget des aktuellen Jahres oder einen Mehrjahresvergleich herzustellen. Je nach Verantwortlichkeit im Unternehmen kann der Einkauf durch das Bestell- und Abrufverhalten bzw. durch die Verhandlung der abzuneh-

---

[4] Zur Begriffsdefinition siehe https://de.wikipedia.org/wiki/Lagerhaltung#Lagerreichweite.2FLieferbereitschaft, Abrufdatum: 26.8.2016.

menden Menge mit den Lieferanten zu einer Reduzierung der Lagerkosten und der Kapitalbindung(skosten) durch eine Reduzierung der Bestände beitragen. Deshalb sind im Einkaufsreporting nur die Bestände und die dazugehörige Lagerreichweite der Bestände auszuweisen, die vom Einkauf zu verantworten sind.

Perspektive	Finanzen
Ziel	Erhöhung der Liquidität durch Reduzierung der Bestände
KPI-Definition	Lagerreichweite des aktuellen Jahres im Vergleich zum Vorjahr oder zum Budget des aktuellen Jahres
Enthalten in Berichten	Einkaufsreporting
Berechnungsformel	Lagerreichweite = durchschnittlicher Lagerbestand/durchschnittlicher Materialverbrauch pro Periode
Aufrissdimensionen	Einkauf gesamt
Datendimension	Monat, kumuliert, Forecast

Tab. 7: Reduzierung der Bestände

Entwicklung Bestände und Lagerreichweite	Vorjahr	Plan	aktuelles Jahr	Abweichung zum Vorjahr	Abweichung zum Plan
Bestände in TEUR = sämtliches Bestandsvolumen, das mit Beteiligung (Verhandlungen, Abrufe von Rahmenverträgen, Bestellprozesse usw.) des Einkaufs erfolgte.	56.000	55.000	55.500	–500	500
durchschnittlicher Materialverbrauch pro Periode in TEUR	583	618	603	20	–15
Lagerreichweite in Tagen	96	89	92	–4	3

Abb. 9: Entwicklung Bestände und Lagerreichweite

Eine Verringerung der Lagerreichweite bei gleichbleibendem Materialverbrauch führt auch zu einer Verringerung des Bestandsvolumens (vgl. Abb. 9). Die Auswirkung auf den Wertbeitrag in der GuV kann durch eine Verringerung der Bestandsabwertung im Vergleich zur Vorperiode hergeleitet werden, da die Bestände nicht so lange lagern und die Bestandsabwertung an die Entwicklung der Lagerreichweite auf Artikelebene gekoppelt ist. Eine weitere Möglichkeit der Auswirkung in der GuV ist auch die Darstellung der Verzinsung des eingesetzten Kapitals.

3.7 Ermittlung des Wertbeitrags

Der Anteil des Wertbeitrags des Einkaufs zum Unternehmenserfolg wird durch die GuV-wirksamen Effekte und durch die nicht GuV-wirksamen Effekte ermittelt (s. Tab. 8).

GuV-wirksame Effekte	
• Entwicklung der Funktionsbereichskosten im Vergleich zum Vorjahr	–500 TEUR
• Entwicklung der Einkaufspreise auf Basis der Vorjahrespreise, korrigiert um externe Markteinflüsse	200 TEUR
• Entwicklung Skontoertrag	–156 TEUR
Nicht GuV-wirksame Effekte	
• Reduzierung Angebotspreis durch Verhandlungserfolge	5.600 TEUR
• Abgewehrte Preiserhöhungen Investitionen	900 TEUR
• Verringerung der vom Einkauf verantworteten Bestände	500 TEUR

Tab. 8: Ermittlung des Wertbeitrags des Einkaufs

> **Tipp: Keine Summe bilden**
> Eine Summe über diese Werte zu bilden empfiehlt sich nicht, da sonst GuV-wirksame und nicht GuV-wirksame Effekte vermischt werden. Die Übersicht zeigt jedoch die vom Einkauf generierten Werte für das Unternehmen. Wichtig ist, diese ständig zu optimieren und am Plan zu orientieren, vor allem durch die Definition und das Nachhalten mit geeigneten Maßnahmen.

4 Steuerung der Umsetzung von Maßnahmen

Um den vom Einkauf generierten Wertbeitrag im Unternehmen zu messen, ist es wichtig – wie in den vorangegangenen Kapiteln dargelegt –, geeignete unternehmensspezifische Kennzahlen zur Messung der Ziele festzulegen. Neben einer eindeutigen Definition und Datenquelle ist es zu empfehlen, dass die Kennzahlen von einer unabhängigen Stelle ermittelt werden, da sonst die Gefahr der Subjektivität besteht. Ebenso wichtig ist es, Maßnahmen zur Zielerreichung abzuleiten.

Dafür eignet sich besonders die Härtegrad-Logik, um den Realisierungsprozess zu verfolgen. Durch eine Härtegrad-Logik wird für jede Maßnahme beschrieben, welchen Realisierungsstand diese in Bezug auf den Projektfortschritt (Härtegrad) erreicht hat. Bei der Härtegrad-Logik werden ein geplanter Umsetzungszeitpunkt und eine erwartete Umsetzungswahr-

Härtegrad zeigt Projektfortschritt

scheinlichkeit hinterlegt, anhand derer ein Planungs- und Kontrollprozess in Bezug auf die Einkaufsaktivitäten in Gang gesetzt werden kann, der eine termingerechte Umsetzung der Maßnahmen erleichtert.[5] Die Härtegrade können dabei wie folgt eingeteilt werden:

Härtegrad 1: Idee, Zieldefinition, Vorgehensmethodik und Meilensteine sind festgelegt.

Härtegrad 2: Maßnahmen sind durch Genehmigungsinstanz freigegeben.

Härtegrad 3: Maßnahmen sind in der Umsetzungsphase.

Härtegrad 4: Umsetzung der Maßnahmen ist abgeschlossen.

Härtegrad 5: Kostensenkung wurde realisiert, die im Ergebnis wirksam ist.

Härtegrad X: Projektabbruch, d. h., es werden keine Maßnahmen mehr realisiert.

Aufgrund der Umsetzungswahrscheinlichkeit der Maßnahmen und vor dem Hintergrund einer Risikobetrachtung macht es nur Sinn, die Werte, die den Maßnahmen ab Härtegrad 3 zugrunde liegen, ergebniswirksam im Plan oder Forecast zu berücksichtigen. Im Istreporting werden dann die tatsächlich realisierten Ergebniseffekte aus den Maßnahmen gezeigt.

Dieses Beispiel veranschaulicht, wie die Einsparpotenziale des Einkaufs für die einzelnen Härtegrade verfolgt werden können. Wichtig ist hierbei, dass eine Maßnahmenliste hinterlegt ist mit folgenden Angaben:

- Beschreibung der Maßnahme, um das Einsparpotenzial zu realisieren
- Erwartetes Einsparpotenzial
- Härtegradeinteilung
- Umsetzungszeitpunkt
- Umsetzungswahrscheinlichkeit

> **Wichtig: Bestandteil in jedem Monatsreporting**
> Diese Maßnahmenliste ist im Rahmen eines jeden Monatsreportings zu aktualisieren. Wichtig sind hierbei vor allem die Aktualisierung des Einsparpotenzials, des Umsetzungszeitpunkts und der Umsetzungswahrscheinlichkeit. Die Einteilung in die Härtegrade ergibt sich weitestgehend aus der Umsetzungswahrscheinlichkeit.

---

[5] Buck, in Eßig (Hrsg.), 2005, S. 445–462.

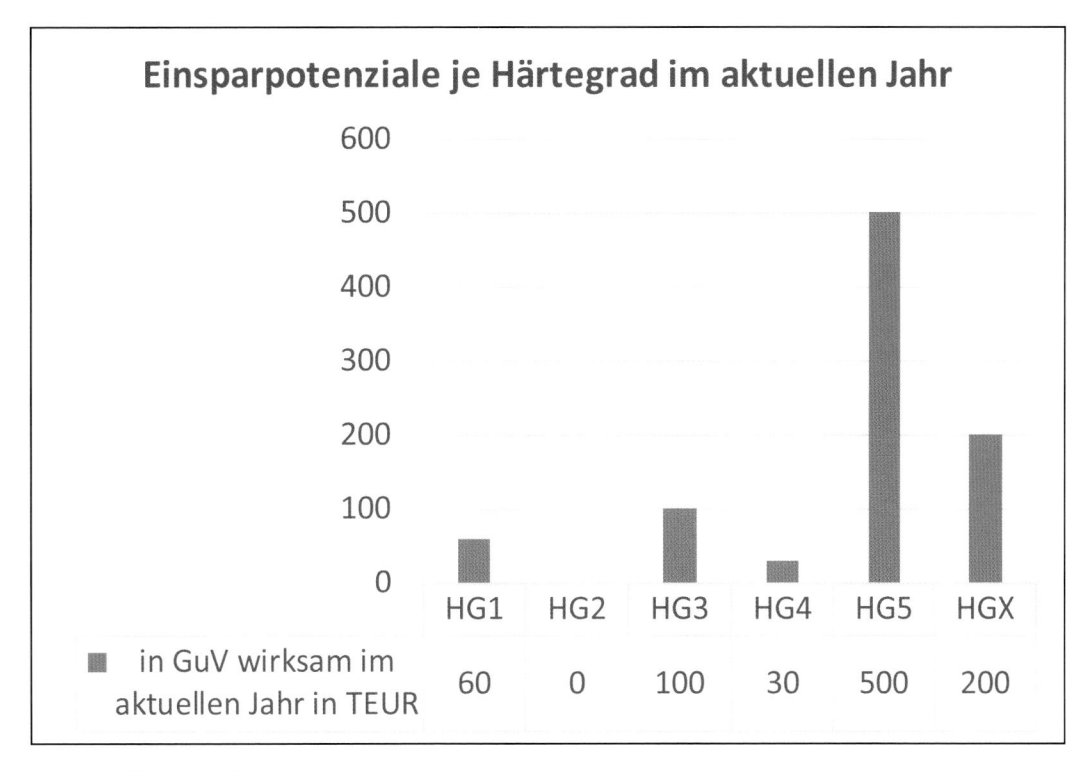

Kennzahlen zur Messung des Wertbeitrags des Einkaufs

Einsparpotenziale je Härtegrad im aktuellen Jahr

	HG1	HG2	HG3	HG4	HG5	HGX
in GuV wirksam im aktuellen Jahr in TEUR	60	0	100	30	500	200

Härtegrade
HG1   Idee, Zieldefinition, Vorgehensmethodik und Meilensteine
HG2   Maßnahmen durch Genehmigungsinstanz freigeben
HG3   Umsetzungsphase
HG4   Umsetzung abgeschlossen
HG5   Kostensenkung GuV-wirksam
HGX   Projektabbruch

Abb. 10:   Einsparpotenzial je Härtegrad

5 Einkaufsreporting und Erfolgsmessung

Um die Kennzahlen zu messen und zu kommunizieren, ist ein aussagefähiges Einkaufsreporting von außerordentlicher Bedeutung. Dabei sind vor allem folgende Kriterien ausschlaggebend:

- Aufbau auf der strategischen Ausrichtung des Einkaufs und Widerspiegelung der wesentlichen Werttreiber des Einkaufs,

- Ausrichtung an den im Strategieprozess festgelegten Kennzahlen und Beinhaltung aller im Rahmen der operativen Planung budgetierten Werte,
- Konzentration und Durchgängigkeit auf allen Hierarchieebenen,
- Aufzeigen von Ursache-Wirkungs-Zusammenhängen und
- Berücksichtigung der verschiedenen Berichtsbedürfnisse in Bezug auf Inhalt und Berichtsart der Berichtsempfänger.[6]

5.1 Kennzahlenübersichten

Das Management erhält das Einkaufsreporting neben einer Vielzahl anderer Managementberichte. Andere Berichtsempfänger wie z. B. die Produktion bekommen die Information über die Abweichungen bei den Produktkosten im Vergleich zu den geplanten Standardherstellkosten. Dabei kann es sowohl Produktionseffekte geben, für die die Produktion verantwortlich ist, als auch andere Effekte, wie die durch den Einkauf verursachte Einsatzpreisabweichung beim Material. Der Einkauf hingegen erhält alle von ihm beeinflussten steuerungsrelevanten Kennzahlen wie z. B.

- Entwicklung des Einkaufsvolumens in Summe und bezogen auf Materialgruppen,
- Entwicklung des Einkaufsindex des aktuellen Jahres im Vergleich zu den Planpreisen und Vorjahrespreisen,
- Entwicklung des Preisindex der wesentlichen Rohstoffe, die vergleichbar sind mit den von dem Unternehmen bezogenen Rohstoffen,
- Verhandlungsergebnisse des Einkaufs, unterteilt nach Material und Investitionsgütern,
- Übersicht über die Maßnahmen entsprechend der Härtegrad-Logik,
- Entwicklung des Skontoertrags,
- Funktionsbereichskosten des Einkaufs kumuliert und im Vergleich zum Plan und Vorjahr und
- Entwicklung der vom Einkauf beeinflussten Bestände.

Das Einkaufsreporting wird meistens vergangenheitsorientiert über einen festgelegten Berichtszyklus sowie automatisiert/softwarebasiert erstellt.

---

[6] Vgl. Horváth & Partners, Organisation des Einkaufscontrollings, 2014.

5.2 Maßnahmenübersichten und Prognosen

Die Maßnahmenübersicht dagegen ist zukunftsbasiert und gibt eine Übersicht über den Stand der zu bearbeitenden Maßnahmen. Dabei ist es wichtig, dass die Maßnahmen quantifiziert und zeitlich terminiert sind, damit in jedem Maßnahmenbericht der aktuelle Stand der Maßnahmen verfolgt werden kann. Es ist wichtig, dass die definierten Maßnahmen mit der Härtegrad-Logik auch im Istreporting entsprechend nachgehalten werden, um zu sehen, ob der Plan erreicht werden kann und wie hoch die Ergebniswirksamkeit der Maßnahmen ist. Diese sollten im Rahmen einer monatlichen Prognose überprüft werden. Ggf. sind Maßnahmen, die nicht mehr realisiert werden können, zu eliminieren und durch neue zu ergänzen. Ziel muss dabei sein, den festgelegten Plan weiterhin zu erreichen.

Ebenfalls Bestandteil eines zukunftsbasierten Reportings ist die Prognose. Diese sollte am besten monatlich durchgeführt werden, auf Basis der aktuell aufgelaufenen Istmonate. Dabei sollte es vor allem eine Einschätzung über das materialgruppenbezogene Einkaufsvolumen mit der Entwicklung der zukünftigen Einkaufspreise geben, über den Skontoertrag, über die Funktionsbereichskosten und auch über die Entwicklung der vom Einkauf verursachten Bestände. Dies ist aufgrund des hohen Einkaufsvolumens von wesentlicher Bedeutung. Wenn die Prognose der Entwicklung der zukünftigen Einkaufspreise nicht realistisch ist, kann dies dazu führen, dass in einem Unternehmen Maßnahmen initiiert werden, die nicht notwendig gewesen wären bei einer realistischen Einschätzung.

5.3 Musterbericht

Die beste Möglichkeit der Erfolgsmessung beim Einkaufsreporting ist die Verbindung eines vergangenheitsorientierten Reportings mit der Zukunftsorientierung, um auf Basis der vergangenheitsorientierten Plan-Ist-Abweichungen eine Vorausschau zum voraussichtlichen Jahresende zu machen. Da die Entwicklung der prognostizierten Einkaufspreise bis zum Jahresende einen wesentlichen Einfluss auf die Erfolgsrechnung produzierender Unternehmen hat, ist eine realistische Einschätzung der Einkaufspreise von wesentlicher Bedeutung für die Vorhersage der Entwicklung des Unternehmens bis zum Jahresende. Dies ist vor allem dann wichtig, wenn das Unternehmen eine negative Plan-Ist-Abweichung aufzeigt und Maßnahmen definiert werden sollen, um den Plan noch zu erreichen. Eine nicht realistische Einschätzung der Einkaufspreise könnte dann entweder zu zu hohen oder zu niedrigen Kosteneinsparmaßnahmen führen. Die zukunftsorientierten Maßnahmen zur

Umsetzung & Praxis

Planerfüllung sind zu definieren und dann auch monatlich zu verfolgen und in den zukünftigen Prognosen entsprechend zu berücksichtigen.

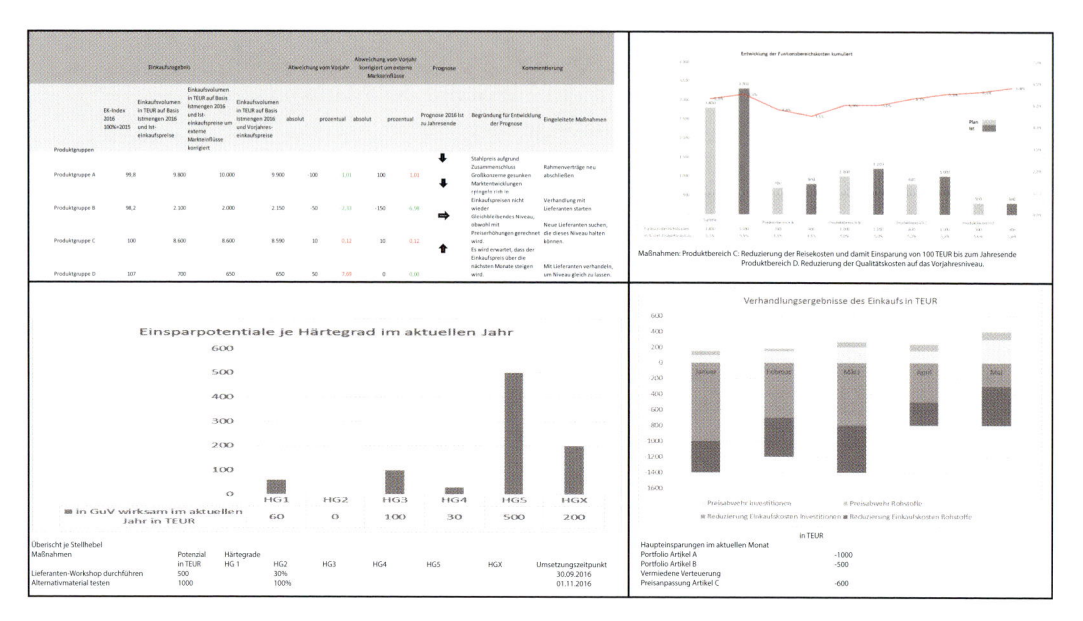

Abb. 11: Musterbericht für das Einkaufsreporting

Abb. 11 zeigt einen Musterbericht für das Einkaufsreporting. Dieser enthält idealerweise einen Bericht über die wesentlichen Kennzahlen für das Unternehmen, die in diesem Beitrag in den Abb. 5 (links oben), Abb. 2 (rechts oben), Abb. 10 (links unten) und Abb. 8 (rechts unten) separat dargestellt und beschrieben sind. Den größten Einfluss auf den Wertbeitrag haben das Einkaufsergebnis, die Einkaufsleistung, die Funktionsbereichskosten und die Maßnahmenübersicht. Wichtig ist, dass bei jedem Bericht sowohl ein vergangenheitsbezogener Zahlenteil integriert ist, der eine Übersicht über die Entwicklung der wesentlichen Kennzahlen des Einkaufs zeigt, als auch ein Zukunftsteil, der mit Maßnahmen hinterlegt ist. Da die IT-Systeme die Datenbasis und Werkzeuge für ein effizientes Reporting liefern, sind neben der Zukunftsorientierung eine standardisierte Prozesslandschaft und eine konsolidierte IT-Landschaft von wesentlicher Bedeutung.

6 Fazit

Die Erhöhung des Wertbeitrags des Einkaufs ist stark von dem Strategieprozess und den richtigen Einkaufszielen abhängig. Deren Nachverfolgung sollte durch die richtigen Kennzahlen erfolgen, die auch in der operativen Planung verankert sind und im Istreporting mit Maßnahmen nachverfolgt werden.

Abschließend bleibt zu sagen, dass ein effizientes Einkaufscontrolling einen wesentlichen Beitrag zur Steigerung der Effektivität und Effizienz der Einkaufsleistung und des Einkaufsergebnisses leisten kann und damit einen wesentlichen Einfluss auf die Ergebnisentwicklung des Unternehmens hat. Welche Kennzahlen zur Steuerung verwendet werden, sollte jedoch unternehmensspezifisch entschieden werden.

7 Literaturhinweise

Beschorner/Brink (Hrsg.), Stakeholdermanagement und Ethik, Zeitschrift für Wirtschafts- und Unternehmensethik (zfwu), Sonderheft 2004.

Buck, Performance Controlling im Beschaffungsmanagement, in Eßig (Hrsg.), Perspektiven des Supply Chain Management. Konzepte und Anwendungen – Festschrift für Uli Arnold, 2005, S. 445–462.

Business-Wissen.de, http://www.business-wissen.de/kapitel/strategy-maps/, Abrufdatum: 26.8.2016.

Horváth & Partners, Organisation des Einkaufscontrollings, 2014.

Horváth & Partners, Strategieprozess und Ableitung von KPIs zur Einkaufssteuerung, 2013.

Horváth & Partners, Performance Management im Einkauf, 2011.

Umsetzung & Praxis

Einkaufserfolgsmessung: Einkaufsinitiativen systematisch planen, messen und nachverfolgen[1]

- Wer seinen Beitrag zum Unternehmenserfolg mit belastbaren Zahlen und Fakten belegen kann, ist beim Top-Management hoch angesehen. Den Einkaufsbereichen fällt dies jedoch relativ schwer.
- Über den Einkauf erzielte Einsparungen und Kostenvermeidungen sind häufig in der Gewinn- und Verlustrechnung (GuV) nicht erkennbar. Das liegt daran, dass oft weder eine Definition der Einkaufserfolgsmessung erfolgt, noch ein systematischer Prozess zum Tracking des Einkaufserfolgs definiert ist.
- Für eine konsequente Nachverfolgung des Einkaufserfolgs ist eine systematische Messung notwendig. Dazu sind die Kennzahlen, die Ausgangswerte (Baselines) und die Zielwerte zu definieren. Der Projektfortschritt wird über das sog. Härtegradprinzip beschrieben.
- Der Beitrag beschreibt anhand von sechs zentralen Fragestellungen, wie Sie Einkaufserfolge in verschiedenen Härtegraden bestmöglich planen und nachverfolgen sowie Einkaufserfolge systematisch messen.

Inhalt		Seite
1	Systematisches Tracking des Einkaufserfolgs	127
1.1	Planung der Einkaufsinitiativen („Einkaufskalender")	127
1.2	Nachverfolgen des Einkaufserfolgs mit dem Härtegradmodell	127
2	Die sechs Ws der Einkaufserfolgsmessung	129
2.1	Was wird unter Einkaufserfolg verstanden?	130
2.2	Wie ist der Zeithorizont der Einkaufserfolgsmessung?	130
2.3	Welche Perspektiven auf den Einkaufserfolg gibt es?	131
2.4	Welche Messlatte (Baseline) soll für den Einkaufserfolg angewendet werden?	131
2.5	Welche Kosten müssen aus Gesamtkostensicht berücksichtigt werden?	133
2.6	Welche Einkaufserfolgshebel gibt es?	135
3	Fazit	136

---

[1] Der vorliegende Beitrag ist ein Abdruck des Artikels „Einkaufserfolgstracking und -messung" in Controller Magazin Heft 5/2016, S. 85–87.

■ **Die Autoren**

Dr. Bernhard Höveler, geschäftsführender Gesellschafter der HÖVELER HOLZMANN CONSULTING GmbH, Düsseldorf.

Gereon Küpper, Senior Project Manager bei HÖVELER HOLZMANN CONSULTING in Düsseldorf.

1 Systematisches Tracking des Einkaufserfolgs

Um den Einkaufserfolg zu jedem Zeitpunkt darstellen zu können, ist ein konstantes Tracking jeder Einkaufsinitiative an festgelegten Meilensteinen erforderlich. Das Tracking des Einkaufserfolgs setzt sich dabei aus zwei Bestandteilen zusammen: Planung der Einkaufsinitiativen und Nachverfolgen des Erfolgs.

1.1 Planung der Einkaufsinitiativen („Einkaufskalender")

Um eine optimale Durchführung aller in einem Geschäftsjahr geplanten Einkaufsinitiativen zu gewährleisten, erfolgt zu Beginn einer Periode, bspw. eines Geschäftsjahres, eine konkrete Planung („Einkaufskalender"). In diesem Zusammenhang sollten Sie für jede Einkaufsinitiative einen Projektplan erstellen. Der Projektplan beinhaltet die jeweiligen Meilensteine des dazugehörigen Umsetzungswegs, das betrachtete Einkaufsvolumen sowie die Verantwortlichkeiten. Die Grundlage für den Projektplan und die Planung der Einkaufsinitiativen bilden vier verschiedene Umsetzungswege zur Erzielung von Einsparungen im Einkauf:

Initiativen wie Projekte planen

- der strategische Einkaufsprozess in vollem Umfang (strategic sourcing),
- der strategische Prozess im reduzierten Umfang (rapid sourcing),
- die Nachverhandlung sowie
- die partnerschaftliche Kostenoptimierung (PKO).

1.2 Nachverfolgen des Einkaufserfolgs mit dem Härtegradmodell

Für eine konsequente Nachverfolgung des Einkaufserfolgs ist eine systematische Messung notwendig. Der Prozess der Einkaufserfolgsmessung bildet die Grundlage für das Tracking und ermöglicht zudem eine eindeutige Zuordnung der einzelnen Meilensteine der vier Umsetzungswege. Der Erfolgsmessung liegen verschiedene Härtegrade zugrunde. Dadurch entsteht eine „Pipeline", die aus fünf Härtegraden des Einkaufserfolges bzw. sechs Schritten besteht:

Pipeline für Einkaufsinitiativen füllen

1. **Festlegung der Baseline:** Zu Beginn einer Einkaufsinitiative wird zunächst die Baseline (Messlatte, gegen die der Einkaufserfolg gemessen wird) definiert.
2. **Entwicklung von Ideen für den Einkaufserfolg (1. Härtegrad):** Im ersten Härtegrad werden zunächst Überlegungen für mögliche Kostenreduzierungen und Kostenvermeidungen erfasst. Dabei werden Einsparziele nicht quantifiziert, sondern Ideen qualitativer Art gesammelt.

Die Entwicklung von Ideen für den Einkaufserfolg berücksichtigt dabei alle Einkaufshebel, die sukzessive abgearbeitet werden.

3. **Abschätzung Einkaufserfolg (2. Härtegrad):** Das Ziel dieses Härtegrades ist die bestmögliche Einschätzung der Höhe des Einkaufserfolgs. Die Schätzung erfolgt dabei z. B. auf Basis von Einkaufsmarktanalysen, definierten Einkaufsstrategien und aktuellen Kostenstrukturen oder Erfahrungen aus der Vergangenheit.

4. **Vertraglich vereinbarter Einkaufserfolg (3. Härtegrad):** Sobald die Preise mit dem ausgewählten Lieferanten final ausgehandelt sind und der Vertrag fixiert ist, wird der Einkaufserfolg quantifiziert. Der Einkaufserfolg ergibt sich dabei aus der Differenz von Baseline-Preis und verhandeltem Preis bzw. verhandelten Konditionen.

5. **Realisierter Einkaufserfolg (4. Härtegrad):** Dieser Härtegrad betrachtet alle tatsächlichen Bestellungen auf Basis abgeschlossener Verträge, die zum neuen Preis bzw. den neuen Konditionen eingekauft wurden.

6. **Budgetierter Einkaufserfolg (5. Härtegrad):** Hier werden alle um die Budgets gekürzten realisierten Einkaufserfolge und Kostenvermeidungen aufgezeigt. Der budgetierte Einkaufserfolg ist nachhaltig, da die Abteilungen das Geld nicht mehr ausgeben können.

Die Zuordnung der Härtegrade zu den einzelnen Meilensteinen im jeweiligen Umsetzungsweg ermöglicht eine einheitliche Messung der Einsparungen zu jedem Zeitpunkt der Einkaufsinitiative (s. Abb. 1). Dabei ist es entscheidend, dass die Entwicklungen der einzelnen Initiativen und die erreichten Meilensteine durch den zuständigen Einkäufer in einem zentralen System berichtet werden. Dadurch kann geprüft werden, wie hoch der Einkaufserfolg übergreifend für jeden einzelnen Härtegrad zu einem bestimmten Zeitpunkt ist.

Einkaufsinitiativen planen, messen und nachverfolgen

Meilensteine und Härtegrade verschiedener Umsetzungswege

Einsparmessprozess

1. Festlegung Baseline
2. Entwicklung Einsparideen
3. Abgeschätzte Einsparungen
4. Vertraglich vereinbarte Einsparungen
5. Realisierte Einsparungen
6. Budgetierte Einsparungen

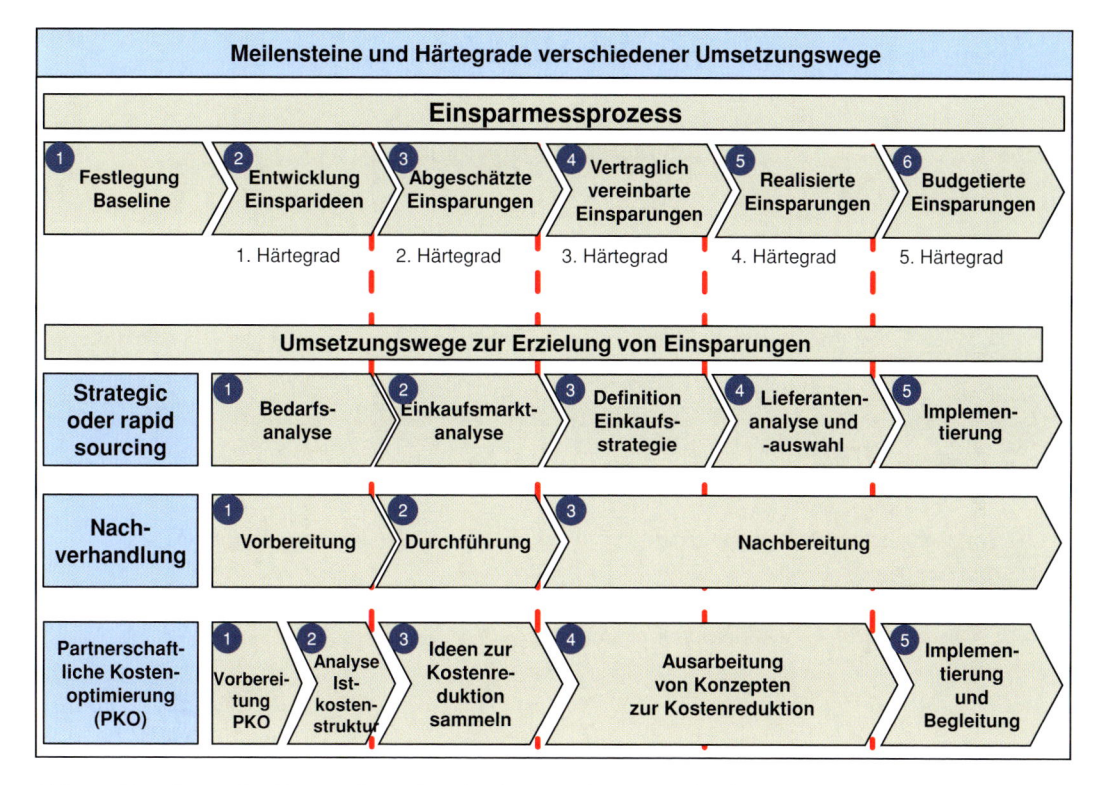

1. Härtegrad | 2. Härtegrad | 3. Härtegrad | 4. Härtegrad | 5. Härtegrad

Umsetzungswege zur Erzielung von Einsparungen

Strategic oder rapid sourcing
1. Bedarfsanalyse
2. Einkaufsmarktanalyse
3. Definition Einkaufsstrategie
4. Lieferantenanalyse und -auswahl
5. Implementierung

Nachverhandlung
1. Vorbereitung
2. Durchführung
3. Nachbereitung

Partnerschaftliche Kostenoptimierung (PKO)
1. Vorbereitung PKO
2. Analyse Ist-kostenstruktur
3. Ideen zur Kostenreduktion sammeln
4. Ausarbeitung von Konzepten zur Kostenreduktion
5. Implementierung und Begleitung

Abb. 1: Zuordnung der Härtegrade zu den einzelnen Meilensteinen der drei Umsetzungswege

2 Die sechs Ws der Einkaufserfolgsmessung

Das Einspartracking ist ein wichtiges Instrument, um den aktuellen Stand des Einkaufserfolgs jederzeit abrufen zu können. Wie Sie die erzielten Einkaufserfolge einheitlich nachweisen, wird anhand von sechs Fragen beantwortet, die in warengruppenunabhängige Fragen und warengruppenspezifische Fragen unterteilt sind (vgl. Abb. 2).

GuV-orientierte Einkaufserfolgsmessung

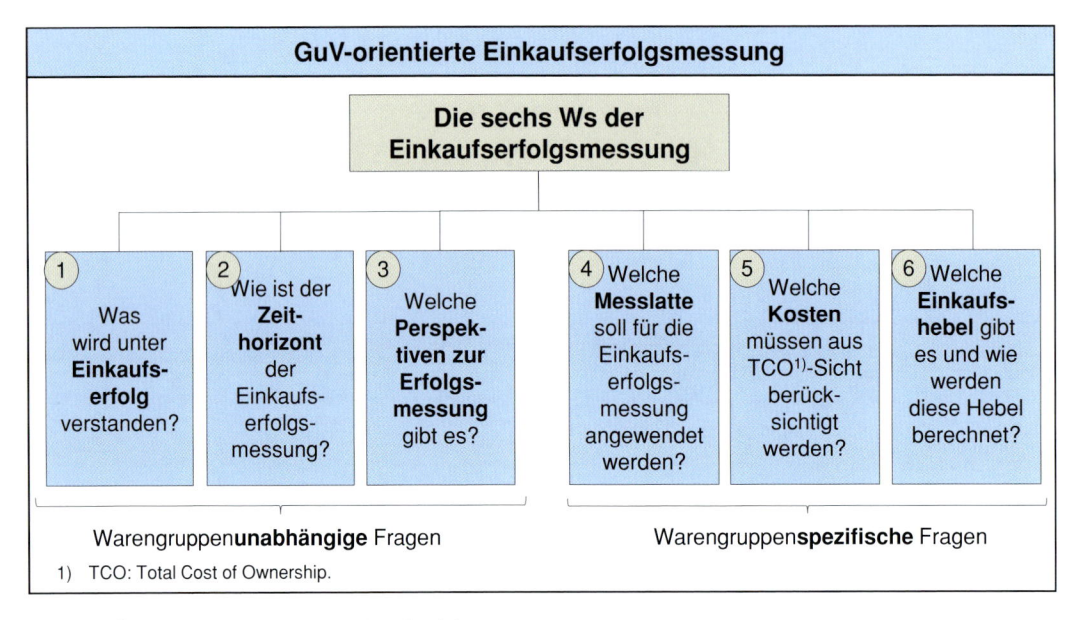

Die sechs Ws der Einkaufserfolgsmessung

1. Was wird unter **Einkaufserfolg** verstanden?
2. Wie ist der **Zeithorizont** der Einkaufserfolgsmessung?
3. Welche **Perspektiven zur Erfolgsmessung** gibt es?
4. Welche **Messlatte** soll für die Einkaufserfolgsmessung angewendet werden?
5. Welche **Kosten** müssen aus TCO[1]-Sicht berücksichtigt werden?
6. Welche **Einkaufshebel** gibt es und wie werden diese Hebel berechnet?

Fragen 1–3: Warengruppen**unabhängige** Fragen
Fragen 4–6: Warengruppen**spezifische** Fragen

1) TCO: Total Cost of Ownership.

Abb. 2: Übersicht sechs Ws der Einkaufserfolgsmessung

2.1 Was wird unter Einkaufserfolg verstanden?

Einkaufserfolge können durch zwei verschiedene Faktoren generiert werden: Kostenreduzierung und Kostenvermeidung. Die Kostenreduzierungen sind Einsparungen, da diese zu einer Senkung der Ausgaben gegenüber der Vorperiode führen. Kostenvermeidungen sind hingegen Einsparungen, die entweder durch eine Senkung des angebotenen Lieferantenpreises oder durch einen geringeren Anstieg des Einstandspreises trotz gestiegener Kosten, z.B. Rohstoffkosten, des Lieferanten erreicht werden.

> Tipp: Kosten reduzieren oder vermeiden?
> Eine Kostenvermeidung ist keine tatsächliche Senkung der Ausgaben im Vergleich zur Vorperiode. I. d. R. werden Kostenreduzierungen daher vom Vorstand bzw. der Geschäftsführung mehr geschätzt als Kostenvermeidungen.

2.2 Wie ist der Zeithorizont der Einkaufserfolgsmessung?

Jedes Geschäftsjahr separat betrachten

Erzielte Einsparungen – auch wenn Verträge über mehrere Jahre laufen – sollte die Einkaufsabteilung nicht jedes Jahr aufs Neue an den Finanzbereich kommunizieren. Um glaubwürdig zu sein, sollte die Einkaufserfolgsmessung alle zwölf Monate auf null gesetzt werden. Da Controlling und Finanzbereiche in Geschäftsjahren planen, sollte sich auch die Einkaufsabteilung an diesem Zeitraum orientieren. Neben einem systematischen Einspar-Reporting dient dies zudem als Incentivierung, im neuen Jahr auch neue Einsparungen zu realisieren.

2.3 Welche Perspektiven auf den Einkaufserfolg gibt es?

Das Erzielen von Einkaufserfolgen kann aus zwei Perspektiven betrachtet werden: EBIT- und Cash- Perspektive.

- Die EBIT-Perspektive (Gewinn vor Zinsen und Steuern) spiegelt den GuV-Einfluss des Einkaufserfolges wider. Bei dieser Perspektive müssen die Einsparungen von sog. Capex-Warengruppen (capital expenditure = Kapitalaufwendungen, z. B. Maschinen) entlang der jeweiligen Abschreibungsdauer verteilt werden. D. h: Der erzielte Einkaufserfolg bei diesen Warengruppen darf nicht auf einmal berichtet werden, sondern nur in Etappen, gemäß der jeweiligen Abschreibungsdauer. **Die EBIT-wirksamen Einkaufserfolge beziehen sich immer auf die Budgetierungsperiode** (i. d. R. ein Jahr). Je nach Absprache können die Budgets um diese Einsparungen gekürzt werden. Einkaufserfolge von sog. Opex-Warengruppen (operational expenditure = operative Aufwendungen, z. B. Büromaterial) können sofort in ihrer gesamten Höhe GuV-wirksam berichtet werden.
- Die Cash-Perspektive spiegelt hingegen den Einfluss der Einsparungen auf die liquiden Mittel des Unternehmens wider und ist stichtagsbezogen. Im Rahmen dieser Perspektive können die erzielten Einsparungen voll angesetzt werden.

2.4 Welche Messlatte (Baseline) soll für den Einkaufserfolg angewendet werden?

Die Messlatte für den Einkaufserfolg besteht aus zwei Komponenten: Baseline-Menge und Baseline-Preis.

Menge und Preis bewerten

Die Baseline-Menge ist die Bedarfsmenge und wird in zwei Arten unterschieden:

- Wiederholungskauf: Hierbei wird die Jahresbedarfsmenge herangezogen (i. d. R. Geschäftsjahr).
- Einmalkauf: Hier wird die gesamte ausgeschriebene Bedarfsmenge herangezogen.

Beim Baseline-Preis existieren vier verschiedene Baseline-Preistypen.

- Die **fixe historische Baseline** kann immer dann verwendet werden, wenn ein Wiederholungskauf stattfindet, der Preis nicht volatil ist und/oder der Bedarf auf Output-Mengen (z.B. Preis pro Tonne) heruntergerechnet werden kann. Hier wird immer gegen die zuletzt gezahlten Konditionen oder den gewichteten Durchschnittspreis der letzten 12 Monate gemessen. Bei der Einkaufserfolgsmessung gegen die historische Baseline handelt es sich grundsätzlich um eine Kostenreduzierung.
- Die **variable historische Baseline** ist anzuwenden, wenn der Preis eines Produktes bzw. einer Dienstleistung aufgrund der Abhängigkeit der Preisentwicklung bei Rohmaterial stark schwankt. Hierbei sind pro Warengruppe bestimmte Regeln zum Festlegen der Basis anzuwenden, z.B. das Messen des Einkaufserfolges gegen einen an einem Index adaptierten Preis.
- Eine weitere Methode zum Feststellen des Erfolges ist das Messen mit Hilfe eines festgelegten **Budgets** als Schätz- bzw. Erfahrungswert. Dies ist hilfreich, wenn Produkte oder Dienstleistungen zum ersten Mal eingekauft werden und das Budget kalkulierbar ist.
- Vierte und letzte Messlatte des Einkaufserfolges ist die **neue Baseline**. Hierbei besteht die Möglichkeit, dass Einkaufserfolge nach den Verhandlungen an einem neuen Wert gemessen werden. Dies kann z.B. das beste Angebot einer Ausschreibung sein.

Bei der Auswahl der Baseline sollten Sie unbedingt die hier aufgeführte Reihenfolge beachten. Die erste Messlatte ist die genaueste und objektivste, jedoch ist sie nicht immer anwendbar. Die darauffolgenden Messlatten werden zunehmend manipulierbarer und somit weniger objektiv. Das Entscheidungsmodell in Abb. 3 hilft, den richtigen Baseline-Typ auszuwählen.

> **Beispiel: Entscheidungsweg beim Bezug von Gussteilen**
>
> 1. Ist das Budget wiederkehrend? Antwort: Ja
> 2. Wenn ja, ist der Bedarf regelmäßig wiederkehrend? Antwort: Ja
> 3. Wenn ja, gibt es (starke) Schwankungen im Einkaufspreis? Antwort: Ja
> 4. Wenn ja, ist ein geeigneter Index verfügbar? Antwort: Ja
>
> Auswahl: Variable historische Baseline

Einkaufsinitiativen planen, messen und nachverfolgen

Entscheidungsmodell Auswahl Baselinetyp

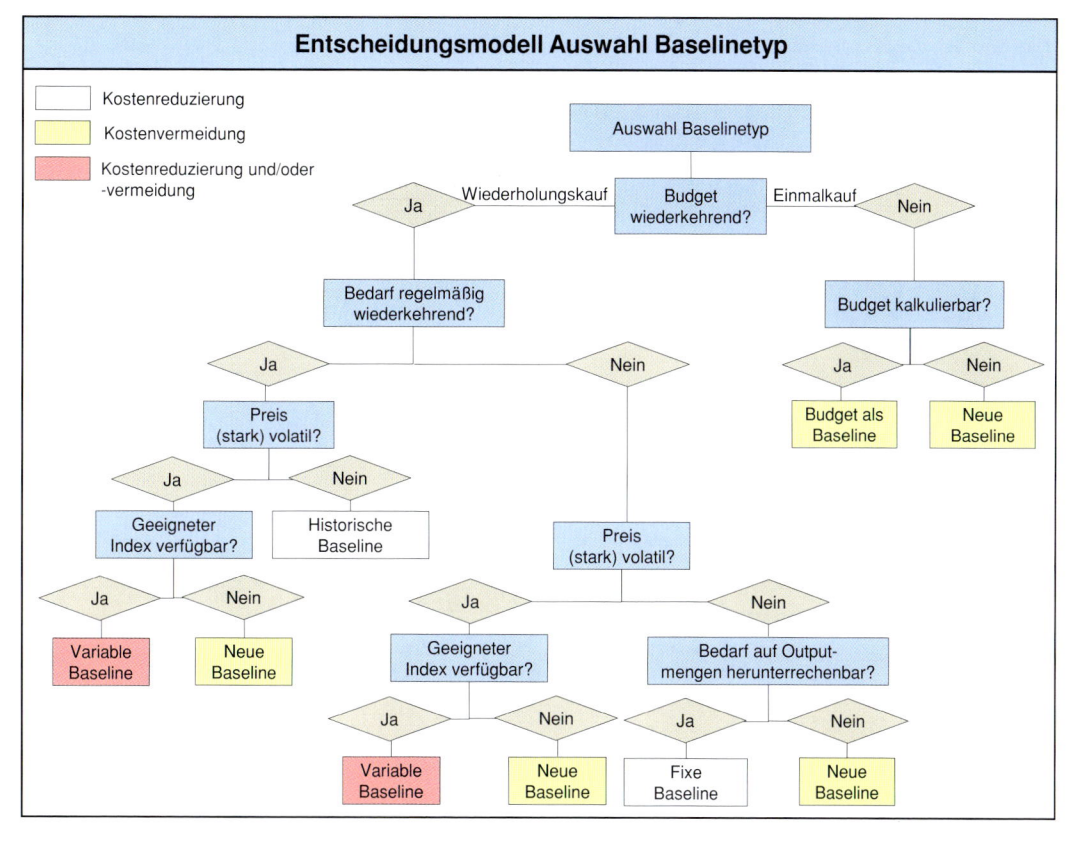

- ☐ Kostenreduzierung
- ☐ Kostenvermeidung
- ☐ Kostenreduzierung und/oder -vermeidung

Abb. 3: Entscheidungsmodell zur Auswahl des Baseline-Preistyps

2.5 Welche Kosten müssen aus Gesamtkostensicht berücksichtigt werden?

Bei der Einkaufserfolgsmessung müssen grundsätzlich alle anfallenden Kosten des Einkaufsvorgangs berücksichtigt werden (Total Cost of Ownership). Dies betrifft ebenfalls Kosten, die aktuell nicht von der Einkaufsabteilung beeinflussbar sind, z. B. spätere Entsorgungskosten oder die Betriebskosten einer Maschine. Obwohl alle Kosten berücksichtigt werden sollten, müssen nicht immer sämtliche Kosten einer Einkaufsinitiative quantifiziert werden. Die Quantifizierung sollte nur für Kosten erfolgen, die sich im Vergleich zur Vorperiode verändert haben. Bspw. sind administrative Kosten i. d. R. weitestgehend konstant gegenüber der Vorperiode.

Auf Veränderungen konzentrieren

Kategorie	Nr.	Kostenart	Definition	Kennzahl
Einstands-kosten	1.	Lieferantenpreis	Einstandspreis (EXW) abzgl. Konditionen wie Skonto, Rückvergütung etc.	Kosten/Mengen-einheit
	2.	Zölle	Anfallende Ein- oder Ausfuhrzölle	
	3.	Steuern	Anfallende Steuern	
	4.	Transport	Kosten für gesamten Transportweg	
	5.	Versicherung	Warenversicherung beim Transport und Lieferausfallversicherung	
	6.	Investitionskosten Lieferanten	Einmalige Investitionskosten beim Lieferanten z. B. Werkzeug	Höhe einmalige Kosten
Bestands-kosten	7.	Kapitalkosten	Opportunitätskosten für Investitionen (Eigenkapitalkosten)	Investiertes Kapital (z. B. bezahlte Rechnung)/ Jahr x Zinssatz
	8.	Wareneingangs- und -ausgangskosten	Kosten für Warenannahme und Warenausgabe	Kosten/Palette
	9.	Kommissionierung	Kosten für Kommissionierung	Kosten/Palette
	10.	Lagerhaltung	Kosten für Lagerhaltung	Kosten/Palette/Monat
	11.	Disposition	Kosten für operative Bestellung der Waren/ Dienstleistung und Pickkosten (Personalkosten)	Kosten/Mengeneinheit je nach Bestellvorgang

Kategorie	Nr.	Kostenart	Definition	Kennzahl
Sonstige Kosten	12.	Rüstkosten Produktion	Umrüstkosten bei Produktionsmaschinen (falls Umzug notwendig)	Höhe der einmaligen Kosten für Umrüstung
	13.	Kosten durch Reduktion der Produktionsleistung	Veränderung der Produktion kann zu Produktivitätsverlust führen	(Produzierte Jahresmenge neu (-produzierte Jahresmenge alt) x Verkaufspreis)
	14.	Kosten durch Entsorgung	Abfallentsorgungskosten	Kosten für Entsorgung pro Mengeneinheit
	15.	Administration	Personalkosten Verwaltung	Kosten für administrativen Aufwand pro Mengeneinheit
	16.	Sonstiges	Alle weiteren Kosten	Nach Bedarf

Tab. 1: Übersicht Kostenarten

2.6 Welche Einkaufserfolgshebel gibt es?

Für die Erzielung von Einsparungen gibt es zwei verschiedene Arten von Hebeln: Die Preis-bzw. Prozesskostenhebel und die Mengenhebel.

Die **Preis-/Prozesskostenhebel** bestehen aus der Volumenbündelung, der Erweiterung des Lieferantenkreises sowie der Spezifikations- und Supply-Chain-Optimierung.

Die Mengenhebel umfassen die Bedarfskontroll- und die Bedarfsrichtlinien-Verschärfung sowie die Eliminierung von Bedarf sowie eine Veränderung der Nutzungsdauer. Welche Hebel geeignet sind, hängt von der Warengruppe ab. Strategische Einkäufer sollten die Einsparungen – sofern möglich – pro Hebel definieren. Dies ermöglicht Ihnen, bei der Lieferantenanalyse verschiedene Einsparszenarien zu berechnen und das für Ihr Unternehmen beste Szenario auszuwählen. Die verschiedenen Szenarien ergeben sich aus dem Berechnen und Kombinieren unterschiedlicher Hebel.

Beispiel: Einsparungen für die Hebel Volumenbündelung und Erweiterung des Lieferantenkreises

Im Folgenden sind beispielhaft die Einsparungen für die Hebel Volumenbündelung und Erweiterung des Lieferantenkreises berechnet. Der festgelegte Baselinepreis beträgt 20 Euro pro Stück, die Baselinemenge beträgt 50.000 Stück.

a) Volumenbündelung: Berechnung der Einsparung bei Abschluss eines langfristigen Vertrages.
   - Preis bei Abschluss eines langfristigen Vertrages: 19 EUR
   - Berechnung des Einkaufserfolgs: (20 EUR - 19 EUR) x 50.000 = 50.000 EUR

b) Erweiterung des Lieferantenkreises: Berechnung der Einsparung durch Anfrage bei nicht bestehenden Lieferanten.
   - Preis durch besten nicht bestehenden Lieferanten: 17 EUR
   - Berechnung Einkaufserfolg: (20 EUR – 17 EUR) x 50.000 = 150.000 EUR

3 Fazit

Damit der Einkaufserfolg systematisch gemessen und dokumentiert wird, sollte ein systematischer Prozess zur Einkaufserfolgsmessung eingeführt werden. Darüber hinaus ist eine Abstimmung mit dem Fachbereich Finanzen/Controlling wichtig, damit die Einkaufserfolge GuV-relevant gemessen werden. Um die kontinuierlich erzielten Einsparungen jederzeit abrufen zu können, empfiehlt es sich, ein übergreifendes Tool im Einkauf zu etablieren. Die Einkäufer aller Standorte sind dazu verpflichtet, erzielte Einsparungen in festgelegten Intervallen dort einzupflegen. So können Einsparerfolge zu jeder Zeit sprichwörtlich auf Knopfdruck abgerufen werden.

Qualitätscontrolling: Mit Internet of Things-Technologie die Lieferantenqualität besser steuern und damit Kosten senken

- Neue Technologien im Bereich der Sensorik ermöglichen es, eingekaufte Güter nahezu vollautomatisch direkt beim Wareneingang auf ihre Qualität und Richtigkeit in der Logistikkette hin zu überprüfen und damit signifikante Kosteneinsparungen zu erzielen.
- So wird es möglich, frühzeitig Mängel festzustellen, zu verhindern bzw. vorherzusagen, die (gerade bei Just in Sequence oder Just in Time-Fertigungen sowie kleinteiligen, komplexen Fertigungen) ansonsten in der Folge hohe Kosten verursachen.
- Ferner wird es möglich, Lieferantenqualität weit genauer und früher zu beurteilen – mit entsprechenden Reaktionsmöglichkeiten gegenüber Lieferanten.
- In diesem Beitrag wird hierzu ein Praxisbeispiel vorgestellt anhand dessen die auf eine Vielzahl an Anwendungsfällen übertragbare Grundstruktur herausgearbeitet wird.
- Zudem wird aufgezeigt, wie sich die zu diesem Zweck notwendigen Investitionen auf ihre Wirtschaftlichkeit hin beurteilen und die Angemessenheit der Schätzungen nach Durchführung der Investition überprüfen lässt.

Inhalt		Seite
1	Vorteile von Internet of Things-Technologie im Einkaufscontrolling	139
2	Praxisbeispiel: Einsparpotenziale durch intelligente Datenanalyse von Lieferanteninformationen realisieren .	140
2.1	Ausgangsproblem	140
2.2	Der Lösungsansatz der msg systems ag	141
2.2.1	Das Konzept	141
2.2.2	Elemente und Vorteile des Systems im Detail	142
3	Wirtschaftlichkeitsbeurteilung	143
3.1	Generelle Ausgangssituation	143
3.2	Lösungsansatz	144
3.3	Wirtschaftlichkeitsbeurteilung	145
3.3.1	Der Wert von Informationen zum Zweck schnellerer Problemlösungen	146

3.3.2	Der Wert von Informationen zum Zweck einer besseren Lieferantenwahl	148
3.3.3	Zusammenführung der Vorteile beider Zwecke	149
4	Fazit	150
5	Literaturhinweise	151

■ **Die Autoren**

Dr. Markus Grottke, Habilitand und wissenschaftlicher Mitarbeiter am Lehrstuhl für Accounting & Controlling, Prof. Dr. Robert Obermaier, Universität Passau und ab Oktober 2016 Professor für Controlling an der SRH Calw. Schwerpunkt u.a.: Wirtschaftlichkeitsbeurteilung von IoT und Industrie 4.0-Investitionen.

Prof. Dr. Robert Obermaier, Inhaber des Lehrstuhls für Accounting & Controlling an der Universität Passau. Schwerpunkt u.a.: Industrie 4.0.

Stefan Walter, stellvertretender Geschäftsbereichsleiter Custom Development bei der msg systems ag, Passau. Schwerpunkte: Industrie 4.0 und IoT-Lösungen.

1 Vorteile von Internet of Things-Technologie im Einkaufscontrolling

Internet of Things (im Folgenden: IoT) bezeichnet die Vernetzung von menschlichen und maschinellen Akteuren in der Wertschöpfungskette sowie die Digitalisierung und Echtzeitauswertung der hierfür relevanten Informationen mit dem Ziel „die Prozesse der Wertschöpfung transparenter und effizienter zu gestalten".[1] Dadurch sind insbesondere schnellere Reaktionen auf Veränderungen im Umfeld möglich (Änderung der Liefermengen, Ausfälle bei Zulieferern etc.).[2] Das hierbei entstehende Einsparpotenzial ist signifikant, da z.B. durch Echtzeitinformationen Sicherheitsbestände auf Lager (oder die entstehenden Kosten für Ausfallzeiten) über Lieferketten hinweg kontinuierlich gesenkt werden können (abgeschätztes Einsparpotenzial: 30 % bis 40 %).[3]

Menschen und Maschinen vernetzen

Durch die Nutzung der neuen Möglichkeiten dürfte sich die Zusammenarbeit zwischen Kunden und Lieferanten in Zukunft wegen der notwendigen Netzwerke deutlich intensivieren.[4] Hierbei ist insbesondere das Einkaufscontrolling gefragt. Dieses ist darauf angewiesen, sich die neuen technologischen Möglichkeiten zunutze zu machen, um Transparenz über vorliegende Warenqualität bei Wareneingang durch direkte Information am Ort des Lieferübergangs zu erhalten.[5] Derartige Transparenz kann dann helfen, andere Akteure zu mobilisieren[6] und dadurch Einsparpotenzial zu realisieren, sei es, weil Lieferanten, sei es, weil Akteure der eigenen Fertigung dazu angehalten werden, erkannte Ineffizienzen zu beseitigen.

Transparenz ermöglicht schnelle Reaktion

In diesem Beitrag geht es darum, das sich andeutende Einsparpotenzial einmal ganz konkret anhand eines Praxisbeispiels zu illustrieren, aus diesem dann in einem zweiten Schritt die generalisierbaren und darum in einer Vielzahl von Anwendungsfällen vorliegenden Strukturen zu destillieren und zu erläutern, wie sich für letztere eine Wirtschaftlichkeitsanalyse anlegen lässt.

---

[1] Roth, 2016, S. 6.
[2] Vgl. Roth, 2016, S. 7; vgl. Hórvath, 2016, S. 439.
[3] Vgl. Bauernhansl/Emmrich/Döbele/Paulus-Rohmer/Schatz/Weskamp, 2015, S. 8.
[4] Vgl. Obermaier, 2016a, S. 27–29.
[5] Vgl. Porter/Heppelmann, 2014, S. 72.
[6] Vgl. Mouritsen/Hansen/Hansen, 2009, S. 738.

2 Praxisbeispiel: Einsparpotenziale durch intelligente Datenanalyse von Lieferanteninformationen realisieren

2.1 Ausgangsproblem

Getrieben durch die hohen Anforderungen aus der Automobilfertigung haben sich bereits seit mehreren Jahren neue Produktionsmethoden wie z.B. Lean Management in Kombination mit hochintegrierten Logistikketten etabliert. Dies hat zu Just in Sequence (JIS) und Just in Time (JIT)-Lieferungen – also dem rechtzeitigen Anliefern von Teilen in der richtigen Reihenfolge – geführt. Ferner ergeben sich jedoch vermehrt unterschiedlichste Produktvarianten bis hin zur Losgröße 1.[7] In Summe resultieren somit tiefere – weil spezialisiertere – Zulieferstufen in Kombination mit globalen Fertigungsstandorten. Ergänzend kommt hinzu, dass sich im Rahmen der Digitalisierung verstärkt End-2-End-Prozesse etablieren werden. Im Rahmen dieser wird direkt an Kundenbedürfnissen angesetzt (End), welche durch einen gemeinsamen Produktprototyp über die Produktionsplanung und -fertigung bis zum Service hinziehen und damit wieder bei der passgenauen Bedürfnisbefriedigung des Kunden enden (End).

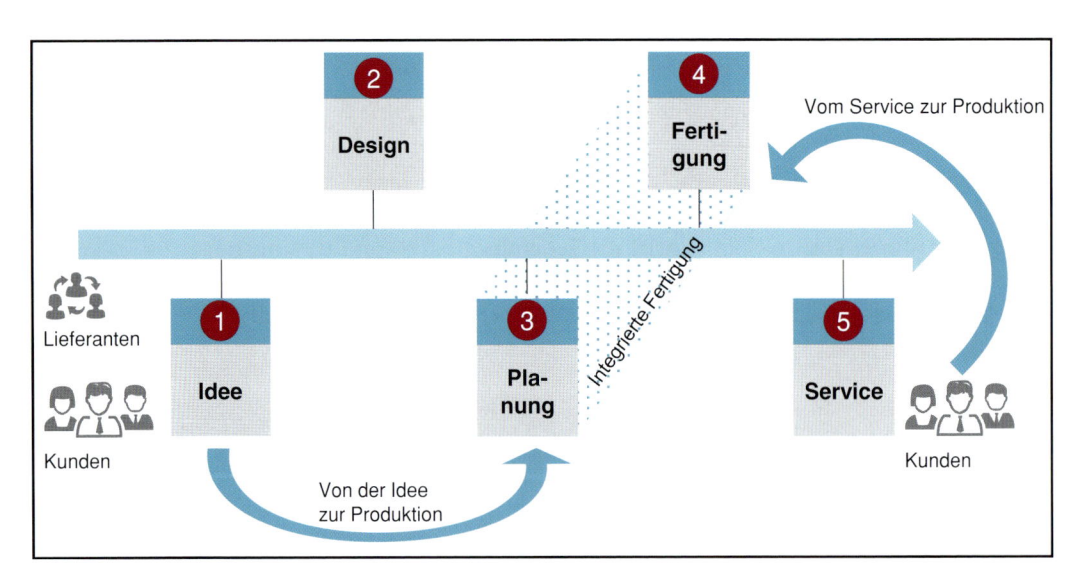

Abb. 1: End-2-End-Prozess[8]

---

[7] Vgl. generell zu dieser Entwicklung Scheer, 2016, S. 444–445.
[8] Quelle: SAP.

Qualitätscontrolling mit Internet of Things-Technologie

Jede dieser drei Entwicklungen (JIS und JIT, Losgröße 1 und End-2-End) hat zur Folge, dass die An- und Auslieferungen der Teile vom Lieferanten zu den Herstellern des Originalerzeugnisses (OEMs) wesentlich kleinteiliger und damit insgesamt komplexer werden. Dies hat wesentlichen Einfluss auf das Lieferantenmanagement. Die Vielzahl der abgerufenen und zu liefernden Materialien erhöht sich und damit auch der Aufwand im Einkauf und im Einkaufscontrolling.

2.2 Der Lösungsansatz der msg systems ag
2.2.1 Das Konzept

Aktuell wird beim Wareneingang (OEM) und Warenausgang (Lieferant) die korrekte Liefernummer über die üblichen Begleitscheine an der Lieferung sichergestellt. Allerdings ergeben sich in der Praxis regelmäßig Abweichungen zwischen der Wareneingangsposition auf den Begleitscheinen, auf welchen die für die Festlegung der richtigen Reihenfolge im Rahmen der Just-in-Sequenz notwendigen Liefernummern und Sequenznummern enthalten sind, und der tatsächlichen Anordnung der Teile in den Behältern. Durch die eingangs beschriebenen drei Herausforderungen erhöht sich durch diese Abweichungen die Anzahl der Problemfälle wesentlich. *(Abweichungen von der richtigen Reihenfolge erkennen)*

Die Konsequenzen solcher Problemfälle sind nicht unerheblich. Treten diese auf, müssen die gelieferten Teile mühsam umsequenziert und halbfertige Produkte ggf. auch noch an den Montagelinien umgebaut werden.

Dieser Herausforderung wurde seitens der msg systems ag durch die Lösung Smart Logistics Management begegnet. Sie vereinfacht die komplexe Teilebedarfs- und -kapazitätsplanung und kombiniert dies mit einer „lernenden" Fehlerprüfung beim Wareneingang. Auf diese Weise kann ein Frühwarnsystem etabliert werden, welches folgende Punkte adressiert: *(Lernendes Frühwarnsystem)*

- Früherkennung von Materialengpässen zwischen den Lieferanten und dem Hersteller (Wochen statt Tage vorher). Damit werden die Logistikkosten nachhaltig reduziert, falls kurzfristig Teile nachgeliefert werden müssen.
- Früherkennung von Falschlieferungen und –sequenzierung beim Wareneingang (OEM) bzw. sogar bereits beim Warenausgang (Lieferant).
- Identifikation von bislang unerkannten Zusammenhängen im Bestell- und Lieferprozess, d.h. zwischen Materialien und Lieferanten durch vordefinierte Datenanalysen und –berichte, um so zuvor unbekannte Fehlerquellen zu bestimmen und zu adressieren.
- Verbesserung der Lieferantenbewertung durch Einbindung von Lieferanteninformationen aus der Lieferkette, um gezielt Fehler sogar bereits dann zu erkennen und zu beheben, bevor die Waren angeliefert wurden.

Umsetzung & Praxis

Dahinter verbirgt sich eine Kombination aus künstlicher Intelligenz und modernen Sensoren, welche die Lieferdaten aufnimmt und mit den Bedarfen abgleicht.

- Erleichterung und Beschleunigung von manuellen Arbeitsschritten am Band, bei der Qualitätssicherung und im Lieferantenmanagement. Dies erfolgt durch entsprechende Schnittstellen in die hierfür vorgesehen IT-Systeme. Auf diese Weise können die entsprechenden Aktionen direkt im Rahmen der hierfür vorgesehenen Verfahren umgesetzt werden.

Cloud-Lösung bietet firmenübergreifende Plattform

Das System läuft in der Cloud und bietet damit die Möglichkeit eine zentrale Plattform über Lieferantenstufen hinweg zu etablieren. Die Plattform nutzt moderne Geräte, wie z. B. Tablets für digitale Bilderkennung und kombiniert dies mit offenen Schnittstellen zu den Produktionsplanungs- und Kapazitätsmanagementsystemen. In Abb. 2 sind die wesentlichen Funktionsblöcke und ihre Ansiedelung bei den verschiedenen involvierten Parteien zusammengefasst.

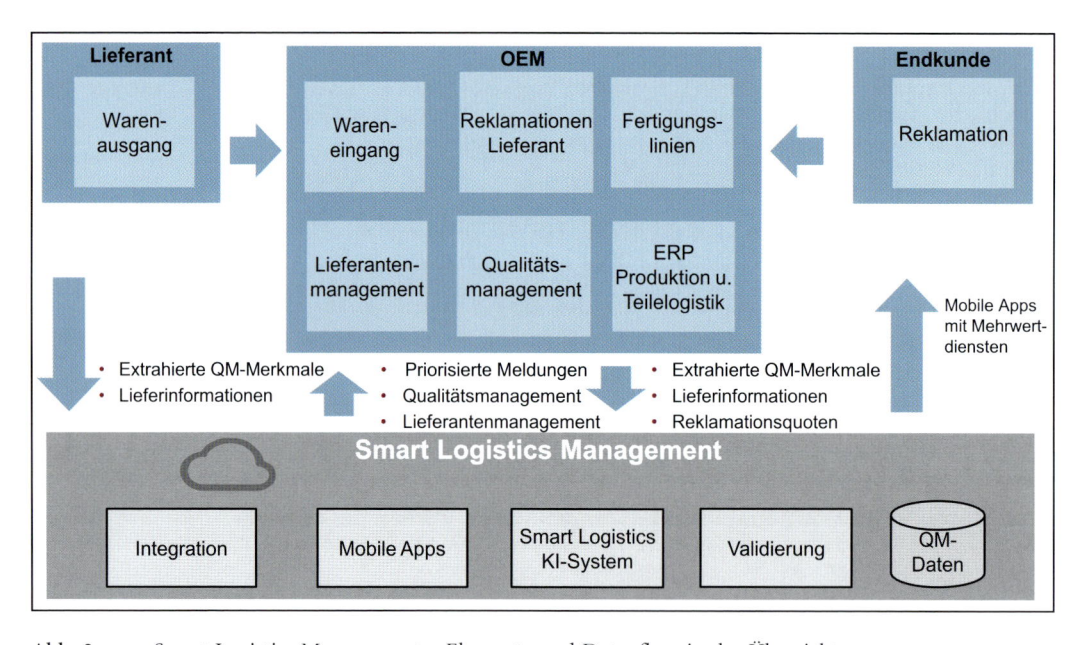

Abb. 2: msg Smart Logistics Management – Elemente und Datenfluss in der Übersicht

2.2.2 Elemente und Vorteile des Systems im Detail

Materialien und Begleitschein abgleichen

Beim Wareneingang erfassen Sensoren die einzelnen Materialien in ihren Behältern und erkennen die konkrete Materialnummer. Im Anschluss wird der Begleitschein gescannt und das Ergebnis mit dem Produktionsplanungssystem abgeglichen. Abweichungen in der Liefernummer und der -sequenz werden unmittelbar auf einem Monitor angezeigt. Dies bietet den Werkern die Möglichkeit frühzeitig Resequenzierungen durchzuführen.

Als wesentliches Element der IoT-Technologie informieren Sensoren ein zentrales Künstliches Intelligenz-System über Fehler. Dieses informiert dabei auf Basis einer anhand vergangener Abweichungen trainierten künstlichen Intelligenz (KI) in allen Fällen, in denen nicht bereits automatisiert eine Lösung herbeigeführt werden kann, das Lieferantenmanagement im Einkauf. Die Gewichtung und die Klassifizierung der Information entscheidet die KI eigenständig. Trainiert wird die KI mit Reklamationsquoten und auch den aktuellen Bedarfen bzw. Kapazitäten der Lieferanten über ihre produzierten Materialien. Diese Informationen werden zudem mit Zusatzinformationen über den jeweiligen Lieferanten angereichert. Im Ergebnis erhält der Einkauf damit einen umfassenden direkten Überblick über die Lieferantenqualität im Einkauf:

Entscheidung mit Künstlicher Intelligenz

1. Aktuelle Lieferfähigkeit des Lieferanten,
2. Reklamationsquoten, die mit dem jeweiligen Lieferanten zusammenhängen,
3. Zusammenhänge zwischen der Lieferfähigkeit und der Materiallogistik,
4. Aktuelle Bedarfe des OEM und die möglichen Kapazitäten des Lieferanten (aus der Cloud-Datenbank).

3 Wirtschaftlichkeitsbeurteilung

3.1 Generelle Ausgangssituation

Im Folgenden werden, um eine Anwendung über den konkreten Fall hinaus zu ermöglichen, die generellen Strukturen des Praxisbeispiels extrahiert. Vereinfacht man die im Praxisbeispiel anzutreffenden Strukturen auf solche, wie sie in nahezu jedem Betrieb anzutreffen sind, so kann man die durch neue IoT-Technologie der Sensorik im Zusammenspiel mit der künstlichen Intelligenz geschaffenen Möglichkeiten graphisch auch anhand der folgenden Gegenüberstellung nachvollziehen (vgl. Abb. 3 und 4):

Trennung von realen Vorgängen und Dokumentation

In der traditionellen rechnungswesenbasierten Sichtweise wurden reale Vorgänge anhand ihrer Eigenschaft erfasst, Änderungen bei der Verbuchung zu markieren. Bspw. wurde ein Wareneingang durch Menschen bei Liefereingang per Lieferschein erfasst und als Anschaffungskosten verbucht. Die Weiterverarbeitung der Ware wurde dann sukzessive für die Umbuchung in Herstellungskosten dokumentiert, bis das fertige Produkt verkauft wurde und dann als Umsatz zu verbuchen war. Stellten sich darum im Verlauf der Verarbeitung Fehler heraus oder kam es zu Reklamationen eines Kunden, war die Ursachenforschung auf die Dokumentation und den jeweils zuletzt vorliegenden Buchungsstand bzw. das Ergebnis der Inventur beschränkt. Die Ware selbst wurde hingegen nicht maschinell auf Qualität überprüft, z.B. indem während des gesamten Ablaufs beständig direkt in Bezug auf die Ware Informationen durch Kameras oder Sensoren erhoben wurden. Vielmehr waren die realen Vorgänge und die Dokumentation bis auf gelegentlichen Kontakt (i.d.R. über Menschen) getrennt.

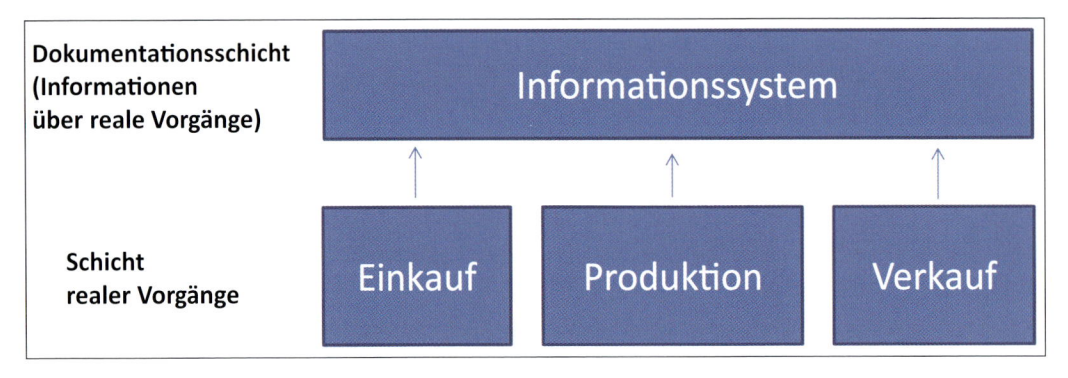

Abb. 3: Traditionelle rechnungswesenbasierte Sichtweise

3.2 Lösungsansatz

Entscheidungen weitgehend automatisieren

In der neuen digitalisierten Produktionswelt unter Einsatz von Internet of Things-Technologie (IoT) ändert sich dies (s. Abb. 4). Hier treten neben die transaktionsbezogenen Informationen zusätzlich Informationen, welche durch den Einsatz bspw. von Kameras direkt in Echtzeit auf der Ebene der betrieblichen Vorgänge erhoben werden. Da diese Informationen jedoch in sehr hoher Auflösung und in Echtzeit anfallen, bedarf es zusätzlicher Selektionsmechanismen, um die auf der Dokumentationsschicht agierenden Menschen nicht mit allen Informationen zu überfordern, sondern nur mit den entscheidungsrelevanten Informationen zu versorgen. Zugleich gilt, dass menschliche Kapazität entlastet wird, sofern sich Entscheidungen automatisieren lassen, indem Regeln hinterlegt werden oder auf Basis von mittels künstlicher Intelligenz formalisierbaren Zusammenhängen entschieden werden kann.

Qualitätscontrolling mit Internet of Things-Technologie

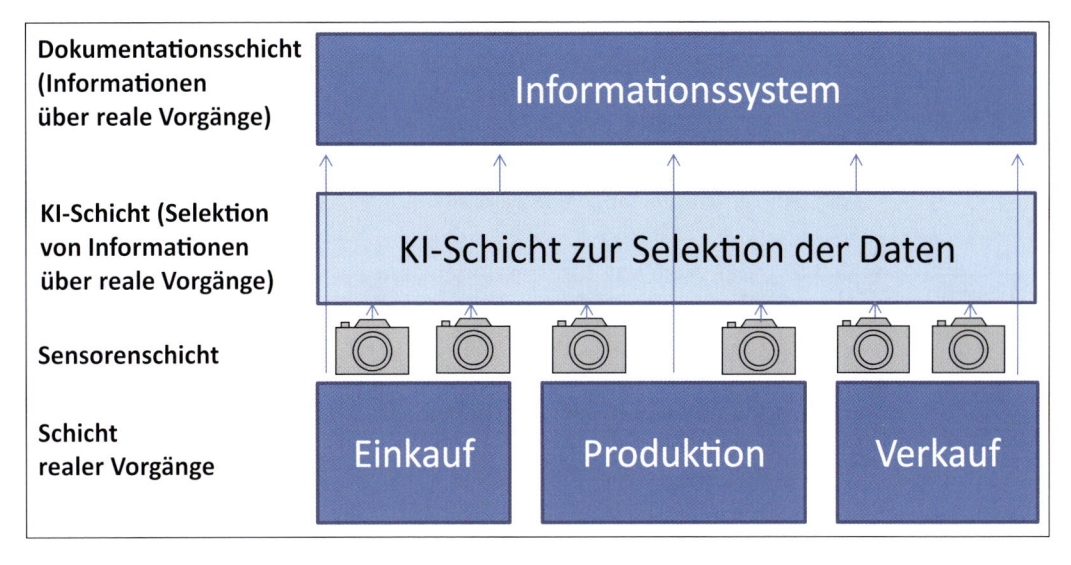

Abb. 4: Informationssystem unter Einsatz von Sensorik und künstlicher Intelligenz

Beispiel: Entscheidung durch KI oder Disponent?
Bestehen Globalprobleme, werden Entscheidungen weiterhin an den Menschen weitergeleitet. Wenn bspw. die gesamte Lieferung in einer Just in Sequenz-Produktion falsch ist, gibt es kein einfaches Regelwerk. Daher würde dies an den Werker/Disponenten weitergeleitet werden. Wenn hingegen eine einzelne Liefernummer mit dem Behälter, in welchem diese faktisch angeliefert wird nicht übereinstimmt, kann bereits automatisiert eine Sequenzumordnung stattfinden. Gleichermaßen kann z.B. bei einer Teillieferung, welche verspätet eintritt, automatisiert veranlasst werden, dass auf diese gewartet wird.

3.3 Wirtschaftlichkeitsbeurteilung

Die neuen Technologien stellen zusätzliche Informationen bereit, welche verbesserte Entscheidungen induzieren.[9] Eine konkrete Bewertung der Vorteilhaftigkeit einer solchen Investition muss darum an einer Quantifizierung des Werts von Informationen aufgrund ihrer Wirkungen auf Entscheidungen ansetzen. In der Tat lassen sich zahlreiche und auch zahlreiche unternehmensspezifische potenziell verbesserte Entscheidungen auf Basis der IoT-Technologie identifizieren, deren abzuschätzende quantitativen Effekte alle gleichermaßen Gegenstand von Wirtschaftlichkeitsanalysen werden können. Hiervon seien im Folgenden beispielhaft zwei besonders prominente

---
[9] Vgl. auch Sieben/Schildbach, 1994, S. 42.

bzw. weit verbreitete Fälle herausgegriffen: So kann der Wert der zusätzlich bereitgestellten Informationen zum einen daher rühren, dass Probleme schneller erkannt und darum kostengünstiger gelöst werden können. Zum anderen kann der Wert darauf zurückzuführen sein, dass die Lieferantenwahl anders durchgeführt wird, weil durch die Investition mehr Transparenz über die Lieferantenqualität erzielt werden kann.

3.3.1 Der Wert von Informationen zum Zweck schnellerer Problemlösungen

Häufig werden in einem Betrieb Probleme erst zu einem späten Zeitpunkt als solche identifiziert. Dies lässt sich an dem eingangs gewählten Beispiel eines Automobilzulieferers gut illustrieren:

> **Beispiel: Qualitätskontrolle bei Autoreifen**
> Ist bspw. ein Autoreifen von mangelhafter Qualität und wird dies erst erkannt, wenn das Auto bereits vollständig zusammengebaut oder gar bereits ausgeliefert ist, so können hohe Kosten für ein Reifenwechsel entstehen. Dies gilt nicht nur, weil ein neuer Reifen ggf. erst angeliefert werden muss, sondern auch, weil zunächst vielleicht gar nicht klar ist, dass der Reifen selbst und nicht etwa die Elektronik, welche z.B. den Reifendruck misst, das Problem verursacht. Gleichzeitig wäre es bislang zu kostenträchtig gewesen, bei Lieferung die Qualität jedes einzelnen Reifens im Detail zu überprüfen.

Nun wird man in jedem solchen Fall anhand von Erfahrungen der Vergangenheit zumindest im Ansatz schätzen können, in wie viel Prozent der Fälle ein solches Problem auftritt. Eine typische Kennzahl wäre hier der Anteil der Auslieferungen, in denen Reklamationen von Kundenseite auftreten. Wird nun entsprechende Sensorik eingesetzt um die Reifen der Reifenlieferanten bereits bei Anlieferung zu überprüfen, wird zumindest ein Teil dieser Reklamationen verhindert.

> **Beispiel: Kostenvergleich**
> Bspw. könnte es sich nach internen Schätzungen in ca. 0,1 % der Fälle um Reifenprobleme handeln. Wird das Problem gleich zu Beginn bereinigt, werden nur geringe Kosten entstehen, da die fehlerhaften Reifen mit der nächsten Lieferung ausgetauscht oder nachgeliefert werden können.
>
> Kosten und Ausgaben:
>
> - Pro Auswechslung eines fehlerhaften Reifens noch im Werk selbst entstehen von Kosten von 30 EUR.

- Ein Reifenwechsel bei Reklamation kostet zusammengenommen ca. 700 EUR.
- Die IoT-Technologie verursacht die einmalige Investition von 600.000 EUR.[10]
- Die jährlichen Betriebskosten, z.B. für die Hardware-Wartung, betragen 24.000 EUR.

Mengen:

- Pro Jahr werden ca. 1 Mio. Autos produziert.
- Bei einer Fehlerquote von 0,1 % ist mit 1.000 Reklamationen zu rechnen.

Kostenfaktor	Im Werk	Nach Reklamation	Differenz
Auswechslung eines fehlerhaften Reifens	30 EUR	700 EUR	
Anzahl Fälle	1.000	1.000	
Summe Kosten	30.000 EUR	700.000 EUR	670.000 EUR
IoT-Investition			600.000 EUR
IoT-Betriebskosten/Jahr			24.000 EUR
Einsparung bereits im ersten Jahr			46.000 EUR

Bei dieser Konstellation rechnet sich die Investition unmittelbar: Nunmehr fallen nicht mehr Kosten von jährlich 700.000 EUR, sondern nur noch von 54.000 EUR an.

Mit der Einsparung von 646.000 EUR im ersten Jahr sind sogar die einmaligen Ausgaben von 600.000 EUR wieder refinanziert.

Voraussetzung ist freilich, dass die Schätzungen korrekt waren. So gilt, dass man zumindest im Groben folgende Faktoren korrekt einschätzen muss:

- Wahrscheinlichkeit einer Mangelidentifikation dort, wo die Kamera eingesetzt wird.
- Konkrete Ausprägung der Kosten für den Mangel an dem Punkt, an dem bisher das durch Mängel ausgelöste Problem auftrat (z.B. Kosten von Reklamationen).
- Konkrete Ausprägung der Kosten an dem Punkt, an dem in Zukunft der Fehler identifiziert werden kann (Kosten der Beseitigung z.B. bei Wareneingang).
- Einmaliger Investitionsbetrag und laufende Betriebskosten.

---

[10] Anzumerken ist, dass diese Zahlen zwar realistisch sein dürften, aber dennoch fiktiv gewählt, da die Kosten für den Einbau von IoT-Technologie auch maßgeblich von der vorhandenen IT-Infrastruktur beim jeweiligen Unternehmen abhängen.

Geprüft werden sollte auch, ob nicht nur ein Material (hier: Reifen), sondern auch andere (z. B. Getriebe, Sitzbezüge) bei Liefereingang überprüft werden können. So können nicht nur durch Reifen verursachte Probleme, sondern alle durch wesentliche Fehler verursachten Probleme bei Reklamationen bewertet werden. Auch können zu späten, kostenträchtigen Zeitpunkten auftretende Korrekturen und nicht nur Reklamationen in die Bewertung einbezogen werden.

3.3.2 Der Wert von Informationen zum Zweck einer besseren Lieferantenwahl

Nachbesserung und Preislisten

Der Wert von Informationen kann auch darin liegen, dass andere Lieferanten ausgewählt werden. Häufig wurden Lieferanten bislang allein anhand des Preises ausgewählt, da sich anhand der vorliegenden Informationen nicht klar bestimmen ließ, inwiefern Probleme, die zu späteren Zeitpunkten in der Lieferkette auftraten, einzelnen Lieferanten zuzuordnen waren oder nicht,[11] Nun können weitere Parameter in die Entscheidung einbezogen werden.

So kann die KI feststellen, dass bei dem bisher herangezogenen Lieferant A im Vergleich zu Lieferant B vorher beim Wareneingang nicht beachtete Mängel später mit höherer Wahrscheinlichkeit zu Fehlern führten. Diese Information wird dann zu einer anderen Wahlentscheidung (bzw. zu einer Neuverteilung von Liefermengen im Fall eines dual sourcing) führen, wenn die Kosten für die später auftretenden Fehler den Preisvorteil des bisherig gewählten Lieferanten A übersteigen.

Steht allein die Entscheidung über die Allokation von Liefermengen auf Lieferanten zur Diskussion, ist in einem ersten Schritt abzuschätzen, ob der Prozentsatz an Fehlern bei Lieferungen des Lieferanten A dessen Preisvorteil gegenüber dem Lieferanten B mit einer geringeren Fehlerquote, aber höherem Preis eine Reallokation wirtschaftlich machen könnte.

> **Beispiel: Kostenvergleich von Lieferanten**
> Ein Reifen von Lieferant A kostet 50,00 EUR.
>
> Ein Reifen von Lieferant B kostet 50,10 EUR.
>
> Je geliefertem Reifen hat Lieferant A also einen Preisvorteil von 0,10 EUR.

---

[11] Es sei darauf hingewiesen, dass es natürlich auch bei einer transaktionskostenbasierten Herangehensweise bereits dem Lieferanten bei Lieferung zuordnungsfähige fehlerhafte Ware gab. Diese bereits durch menschliche Erfassung gelösten Probleme sind nicht Gegenstand der folgenden Ausführungen und bei einer Wirtschaftlichkeitsrechnung herauszurechnen – es sei denn, die menschliche Qualitätsüberprüfung wird nun von den Sensoren übernommen, so dass es zu Einsparpotenzial kommt.

Die Fehlerquote des Lieferanten A beträgt 1 %.

Die Fehlerquote des Lieferanten B beträgt 0,5 %.

Die Reklamationskosten betragen 700 EUR.

Stückkosten Lieferant A: 50 EUR + (1 % × 700 EUR) = 57 EUR.

Stückkosten Lieferant B: 50,10 EUR + (0,5 % × 700 EUR) = 53,60 EUR.

Damit hat Lieferant B einen Gesamtvorteil pro 3,40 EUR pro Reifen.

Um den Vergleich mit dem vorangegangenen Praxisbeispiel zu ermöglichen:

Die Investition wird sich bereits dann innerhalb eines Jahres lohnen, wenn mehr als 183.530 Reifen statt von Lieferant A nunmehr von Lieferant B bezogen werden.

Jahresgesamtausgaben	624.000 EUR
/ Kostenunterschied:	3,40 EUR/Stück
= Break-Even-Point:	183.530 Stück

Mit anderen Worten lohnt sich die Investition immer dann, wenn ein Lieferantenwechsel bzw. eine Reallokation von Lieferaufträgen stattfindet und der Kostenvorteil durch die höhere Qualität den Investitionsbetrag übersteigt.

Auch hier zeigt sich, worauf es ankommt, nämlich um das Wissen über

- die Preisunterschiede zwischen Lieferanten und
- die Unterschiede zwischen den Wahrscheinlichkeiten, dass die lieferantenspezifischen Probleme früher auftauchen.

Erneut sind insbesondere letztere sehr schwierig zu schätzen.

Auch hier lässt sich ein Soll-Ist-Vergleich durchführen, indem geschätzte Größen mit den später (nunmehr erhobenen) Größen verglichen werden.[12]

3.3.3 Zusammenführung der Vorteile beider Zwecke

Anzumerken bleibt, dass beide Teilvorteile, d.h. schnellere Reaktion und Lieferantenwahl bei den Berechnungen bislang separat behandelt wurden. Sollen sie beide hingegen bei derselben Wirtschaftlichkeitsrechnung eingehen werden, so wird es notwendig, Interdependenzen zu beachten. So gilt z.B. bei dem vorliegenden Beispiel, dass bei der Lieferantenwahl der entstehende Preisvorteil durch die schnellere Identifikation des Fehlers nicht noch einmal separat berücksichtigt werden darf. Anstelle von 700 EUR Kosten pro auftretendem Fehler ist darum mit 30 EUR zu rechnen, so dass sich der Vorteil durch Qualitätsverbesserung pro Reifen

---

[12] Vgl. zum Vorgehen bei Abweichungsanalysen etwa Kloock/Sieben/Schildbach/Homburg, 2005, S. 271–289.

auf 15 Cent und der Gesamtvorteil auf 5 Cent reduziert. Trotzdem würde sich die Investition weiter rechnen, da ja die Vorteile an anderer Stelle anfallen.

Diese Interaktion zeigt jedoch auf, dass in praktischen Anwendungsfällen Berechnungen ggf. wesentlich komplexer ausfallen, da selbst bei Vereinfachungen eine Vielzahl von Zurechnungen der eben dargestellten Art vorgenommen werden können und bei der Formulierung derartiger Zurechnungen Abhängigkeiten sorgfältig analysiert werden müssen, um Doppelzählungen von mit Informationen verbundenen Kosten und Erlösen zu vermeiden. Was hier zu beachten ist, lässt sich konkret jedoch nur im spezifischen Unternehmenskontext bestimmen.

Da allerdings auch eine Wirtschaftlichkeitsrechnung wirtschaftlich bleiben sollte, bietet es sich im Praxisfall an, die Wirtschaftlichkeitsrechnung an den sofort ins Auge stechenden, leicht zu argumentierenden und auch schnell quantifizierbaren Vorteilen der Lösung anzusetzen und zu prüfen, ob diese nicht bereits eine Investition rechtfertigen. Da sich für alle Zahlen des Beispiels nach Investition nicht nur abgeschätzte, sondern angefallene Werte ermitteln lassen, können die angenommenen Vorteile auch mit den tatsächlich realisierten Vorteilen verglichen und ggf. eingetretene Planungsfehler identifiziert, zugerechnet und bereinigt werden.

> **Hinweis: Berechnungsmodelle als Arbeitshilfe verfügbar**
> Die Berechnungsmodelle zu Kostenvergleich und zur Lieferantenauswahl sind als Excel-Tool „Internet of Things: Anwendungsbeispiele zur Optimierung" in den **Arbeitshilfen** zu finden.

4 Fazit

Durch den Einsatz von IoT-Technologie zur Erfassung von Informationen direkt auf der Ebene des Betriebsgeschehens lassen sich Vorgänge des Einkaufscontrollings verbessern. Grundsätzlich wurden die Vorteile für das Einkaufscontrolling dabei nur angerissen.

Weites Anwendungsspektrum Dies gilt nicht nur hinsichtlich der Wirtschaftlichkeitsbeurteilung. Hier ist es neben den jeweiligen betrieblichen Gegebenheiten vor allem auch von der unternehmerischen Findigkeit hinsichtlich der Identifikation der durch den Einsatz der IoT-Technologie lösbaren oder zumindest abmilderungsfähigen Problemen durch den Controller abhängig, ob ein Einsatz des Systems wirtschaftlich lohnt. Die Anwendungsgebiete können hier unglaublich vielfältig sein. Bspw. scheint der Einsatz eines solchen Systems auch im Großhandel mit verderblicher Ware vorteilhaft: So kann eine einzige nicht erkannte verdorbene Tomate dafür sorgen, dass eine ganze Kiste Tomaten hernach zu Ausschuss wird. Auch ermöglicht der mit dem System nunmehr stetig vollziehbare Soll-Ist-Vergleich in Echtzeit[13] eine ständige Adaption des neuen Informationssystems und damit eine Verfeinerung und Anpassung, welche dann sukzessive weiteres Einsparpotenzial zu identifizieren in der Lage ist.

Vorteilhaft ist ggf. auch eine Ausdehnung des Einsatzes des Systems über die Lieferkette: Selbstverständlich lässt sich die Ausweitung von Sensorik auch auf das Betriebsgeschehen von Lieferanten und deren Einkaufscontrolling denken. Das dürfte sukzessive auch dort zu Qualitätsverbesserungen und Einsparpotenzial führen. Ferner ist anzunehmen, dass die durch die direkte Analyse des Betriebsgeschehens erhobenen Informationen auch bei Verhandlungen im Einkauf von hohem Nutzen sein dürften. Free (2007) weist allerdings einschränkend darauf hin, dass Kalkulationen die Beziehungen zu Lieferanten und Käufern zwar verbessern können, dies allerdings nur sofern die erzeugte Transparenz zur besseren Verständigung und Einigung der Vertragspartner beiträgt und kostengünstigere Alternativen durch die Kalkulationen zum Vorschein kommen.[14]

Ausdehnung auf gesamte Lieferkette

Weil derartige nachgelagert entstehende Vorteile schwer verlässlich ex ante quantifiziert werden können, wurden sie hier vernachlässigt. Dem Vorteil des Einsatzes von Sensorik zur Erfassung des Betriebsgeschehens zum Zwecke der Optimierung des Einkaufscontrollings sollte dies jedoch kaum Abbruch tun, wenn man bedenkt, dass ein flächendeckender Einsatz von Kameras oder Sensoren gar nicht notwendig ist, um signifikante Kostensparpotenziale zu heben: So reichen bereits einige wenige an zentralen Stellen postierte Kameras oder Sensoren aus, um signifikante Einsparpotenziale realisieren zu können – die Frage ist also nicht, ob flächendeckend, sondern wie effektiv die neuen Ansätze zur Geltung gebracht werden.

5 Literaturhinweise

Bauernhansl/Emmrich/Döbele/Paulus-Rohmer/Schatz/Weskamp, Geschäftsmodellinnovation durch Industrie 4.0, Chancen und Risiken für den Anlagen- und Maschinenbau, hrsg. v. Dr. Wieselhuber & Partner GmbH & Fraunhofer Institut für Produktionstechnik und Automatisierung, 2015,

---

[13] Vgl. dazu auch Obermaier, 2016b, S. 305.
[14] Vgl. Free, 2007, S. 924–927.

http://www.wieselhuber.de/lib/public/modules/attachments/files/Geschaefts-modell_Industrie40-Studie_Wieselhuber.pdf, Abrufdatum 8.8.2016.

Free, Supply-Chain Accounting Practices in the UK Retail Sector: Enabling or Coercing Collaboration? Contemporary Accounting Research 2007, S. 897–933.

Horváth, Industrie 4.0 und der Controller, Controlling – Zeitschrift für erfolgsorientierte Unternehmenssteuerung 2016, S. 439.

Kloock/Sieben/Schildbach/Homburg, Kosten- und Leistungsrechnung, 9. Aufl. 2005.

Mouritsen/Hansen/Hansen, Short and long translations: Management accounting calculations and innovation management. Accounting, Organizations and Society 2009, S. 738–754.

Obermaier, Industrie 4.0 als unternehmerische Gestaltungsaufgabe: Strategische und operative Handlungsfelder für Industriebetriebe, in Obermaier (Hrsg.): Industrie 4.0 als unternehmerische Gestaltungsaufgabe, 2016a, S. 3–34.

Obermaier, „Controlling 4.0" – Zu den Möglichkeiten eines regelungsbasierten Controllings (nicht nur) von Supply Chains in einer „Industrie 4.0", Controlling – Zeitschrift für erfolgsorientierte Unternehmenssteuerung 2016b, S. 301–307.

Porter/Heppelmann, How smart, connected products are transforming competition, Harvard Business Review 2014, S. 65–88.

Roth, Einführung und Umsetzung von Industrie 4.0, 2016.

Scheer, Industrie 4.0: Von der Vision zur Implementierung. Controlling – Zeitschrift für erfolgsorientierte Unternehmenssteuerung 2016, S. 442–451.

Sieben/Schildbach, Betriebswirtschaftliche Entscheidungstheorie, 4. Aufl. 1994.

Kapitel 4: Organisation & IT

Einkaufscontrolling: Strukturen und Prozesse für realistische Ergebnisse von Planung und Forecasting im Einkauf gestalten

- Da der Wert des eingesetzten Materials maßgeblich das Betriebsergebnis und damit die GuV beeinflusst, ist eine realistische Planung des Materialeinsatzes von großer Bedeutung.
- Wie realistisch die Planung des eingesetzten Materials erfolgt, hängt wesentlich von der richtigen Ausgestaltung des Einkaufscontrollings als unabhängige Institution ab.
- Dieser Artikel gibt einen Überblick über die Möglichkeiten der Organisation des Einkaufscontrollings bis hin Darstellung eines optimalen Planungsprozesses. Dabei werden die Aufgaben des Einkaufscontrollings zu den Planungsschritten beschrieben.
- In die Darstellung sind dabei nicht die Erfahrungen eines speziellen Unternehmens eingeflossen, sondern die mehrerer mittelständischer Produktionsunternehmen.

Inhalt		Seite
1	Optimale Einbindung des Einkaufscontrollings in die Organisation	157
1.1	Aufgabe des Einkaufscontrollings	157
1.2	Organisation des Einkaufscontrollings	158
1.2.1	Einkaufscontrolling im Einkauf	158
1.2.2	Einkaufscontrolling im Controlling	159
1.2.3	Stabstelle Einkaufscontrolling	160
2	**Planung und Forecasting von Einkaufserfolgen**	161
2.1	Planungsprozess bis zum Einkauf	163
2.2	Planungsprozess im Einkauf	166
2.2.1	Planung der Material- und Einkaufspreise	166
2.2.2	Planung der Funktionsbereichskosten	168
2.3	Forecastprozess im Einkauf	168
3	Fazit	169
4	Literaturhinweise	169

- **Die Autorin**

Anja Schäfer, Bereichsleiterin Controlling International bei der Lidl Stiftung in Neckarsulm. Zuvor war sie 15 Jahre bei der Unternehmensgruppe fischer im Waldachtal tätig, wo sie zuletzt Leiterin des zentralen Controllings war.

1 Optimale Einbindung des Einkaufscontrollings in die Organisation

1.1 Aufgabe des Einkaufscontrollings

Die Kernaufgabe des Fachbereichs Einkauf besteht im Wesentlichen in der Beschaffung von Handelswaren, Rohstoffen, Halbfertigfabrikaten, Investitionsgütern und Dienstleistungen. Dies ist abhängig vom jeweiligen Geschäftsmodell des Unternehmens. Bezogen auf die Prozesse Fachbereich Einkauf ist das Einkaufscontrolling verantwortlich, den Prozesseigentümer bei der Wahrnehmung dieser Kernaufgaben zu unterstützen.

Die Aufgabe der Funktion Einkaufscontrolling besteht dabei im Wesentlichen in der Bereitstellung entscheidungsrelevanter Informationen. Das Einkaufscontrolling sollte darüber hinaus Businesspartner des Einkaufs sein für alle relevanten Controllingprozesse. Dadurch soll dem Entscheidungsträger die Möglichkeit gegeben werden, eine kurzfristige als auch langfristige Ergebnisoptimierung sicherzustellen.

Business Partner für bessere Entscheidungen

- Die kurzfristige Ergebnisorientierung bezieht sich dabei auf die Erhaltung bzw. Verbesserung der Gross Marge durch die Optimierung der Einkaufspreise des eingesetzten Materials.
- Die langfristige Ergebnisorientierung soll dabei auch die Wettbewerbsfähigkeit sichern und die Weiterentwicklung und Optimierung der eingesetzten Materialien sicherstellen.

Aus den Aufgaben des Einkaufscontrollings können folgende Controlling-Teilprozesse abgeleitet werden:

- Unterstützung bei der jährlichen Planung bezüglich einer anspruchsvollen Zielsetzung, detaillierten und realistischen Planung der einkaufsrelevanten Themen sowie der planerischen Abbildung von potenziellen Maßnahmen im Einkauf und deren Ergebnisauswirkung.
- Durchführung von Abweichungsanalysen im Rahmen der monatlichen Berichterstattung und Kommunikation der Auffälligkeiten und Planabweichungen an das Management.
- Ableitung von Handlungsempfehlungen und Nachhalten der Maßnahmen.
- Analyse der Prognosen bzgl. Plan-Ist Abweichungen und noch zu erzielender Werte bis zum Jahresende bezogen auf das aufgelaufene Ist.
- Unterstützung bei der Definition von Einsparpotenzialen und Nachhalten der Ergebnisauswirkung dieser Einsparpotenziale.
- Sicherstellung des Informationsflusses vom und in den Einkauf, Richtung zentralem Controlling und Landesgesellschaften im In- und Ausland.
- Controlling der vom Einkauf und seinen Aktivitäten generierten Kosten und der damit verbundenen Effizienz der getroffenen Maßnahmen.

Organisation & IT

Um diese Controlling Teilprozesse effizient und objektiv ausüben zu können, ist es ausschlaggebend, wo das Einkaufscontrolling organisatorisch angesiedelt ist.

1.2 Organisation des Einkaufscontrollings

Zuordnung zum Einkauf dominiert

Bei den meisten Unternehmen ist das Einkaufscontrolling entweder im Einkauf angesiedelt oder im Controlling. Eine Untersuchung über die Organisation des Einkaufscontrollings besagt, dass bei 75 % der befragten Unternehmen ein Einkaufscontrolling durchgeführt wird. Von diesen Unternehmen, die über ein Einkaufscontrolling verfügen, ist bei 61 % der Einkauf für das Einkaufscontrolling verantwortlich und bei 33 % das Controlling. In dem Fall, in dem das Einkaufscontrolling im Einkauf angesiedelt ist, wird die Funktion zu 42 % vom Einkaufsleiter wahrgenommen, und wird somit als Managementaufgabe verstanden, und nur zu 19 % vom Mitarbeiter im Einkauf. Bei Ansiedlung der Funktion im Controlling teilt sie sich fast gleichmäßig auf den Leiter Controlling und die Mitarbeiter im Controlling auf.[1]

Es gibt verschiedene Organisationsalternativen des Einkaufscontrollings, wobei die folgenden am häufigsten auftreten:

1.2.1 Einkaufscontrolling im Einkauf

Häufig wird die Funktion des Einkaufscontrollings vom Einkauf wahrgenommen, überwiegend vom Einkaufsleiter oder auch von einem Mitarbeiter, der i. d. R. Doppelfunktionen ausübt. Die Vorteile sind dabei, dass ein hohes Einkaufsfachwissen besteht und die Schnittstellen zum Einkauf beschränkt werden können. Die Nachteile liegen vor allem in der fehlenden Objektivität bei den Analysen, Planungen und Maßnahmenverfolgung, die sich in subjektiven Darstellungen der erzielten Erfolge des Einkaufs auswirken können.

---

[1] Horváth & Partners, Studie zum „Performance Management im Einkauf", 2011.

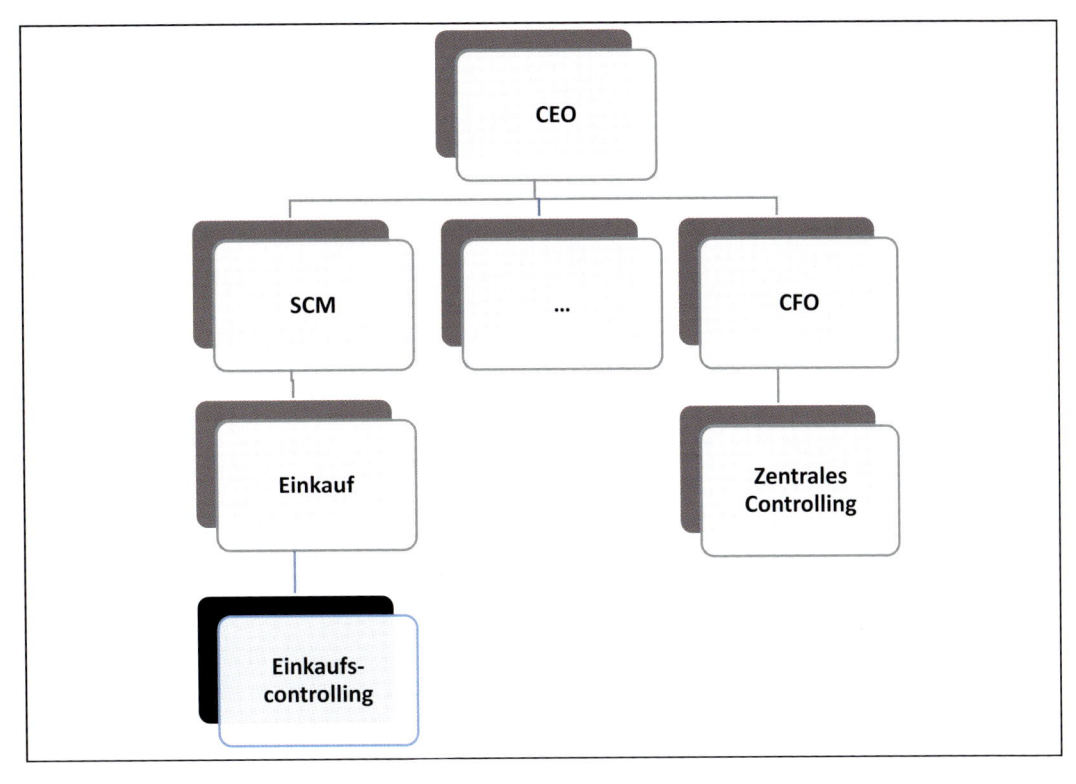

Abb. 1: Organisatorische Anbindung des Einkaufscontrollings in den Einkauf

1.2.2 Einkaufscontrolling im Controlling

Durch die Integration des Einkaufscontrollings in das zentrale Controlling ist es möglich, einen neutralen Business Partner aufzubauen. Dabei wird die Einkaufscontrollingfunktion von einem oder mehreren Mitarbeitern im zentralen Controlling wahrgenommen. Die Vorteile liegen hierbei vor allem in der neutralen Funktion des Business Partners Einkaufscontrolling, da dieser im zentralen Controlling angesiedelt ist. Dadurch ist er unabhängig vom Einkauf. Weiterhin besteht der Vorteil, dass Kenntnisse über die gängigen Controlling Tools und Methoden vorliegen. Die Nachteile liegen dabei eher in dem geringen Einkaufswissen, der Schaffung zusätzlicher Schnittstellen sowie der räumlichen Trennung. Ein Teil der beschriebenen Nachteile kann dadurch beseitigt werden, dass der Einkaufscontroller fachlich und disziplinarisch im Controlling angesiedelt ist, aber räumlich im Einkauf.

Unabhängigkeit versus inhaltliche Distanz

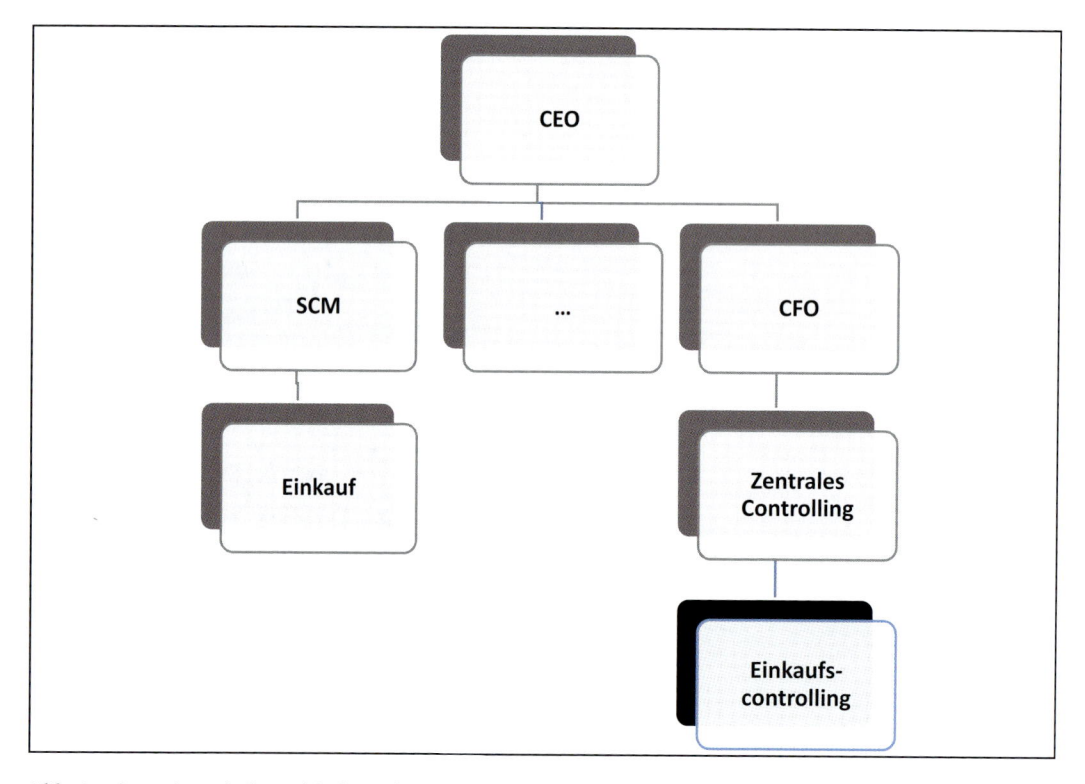

Abb. 2: Organisatorische Anbindung des Einkaufscontrollings in das Controlling

1.2.3 Stabstelle Einkaufscontrolling

Diese weitere Ausprägung für das Einkaufscontrolling ist natürlich auch abhängig von der Unternehmensgröße. Das Einkaufscontrolling als eigene Stabsstelle kann

1. fachlich und disziplinarisch dem Einkauf oder
2. fachlich dem Einkauf und disziplinarisch dem Controlling oder
3. fachlich und disziplinarisch dem Controlling

zugeordnet werden. Es kann von einer höheren Effizienz ausgegangen werden, wenn das Einkaufscontrolling als eigene Stelle institutionalisiert wird, jedoch ist der Ressourcenbedarf höher und es können Unklarheiten in der Entscheidungsfindung auftreten, wenn die Rollen und Verantwortlichkeiten nicht klar definiert sind.

Strukturen und Prozesse für Planung und Forecasting

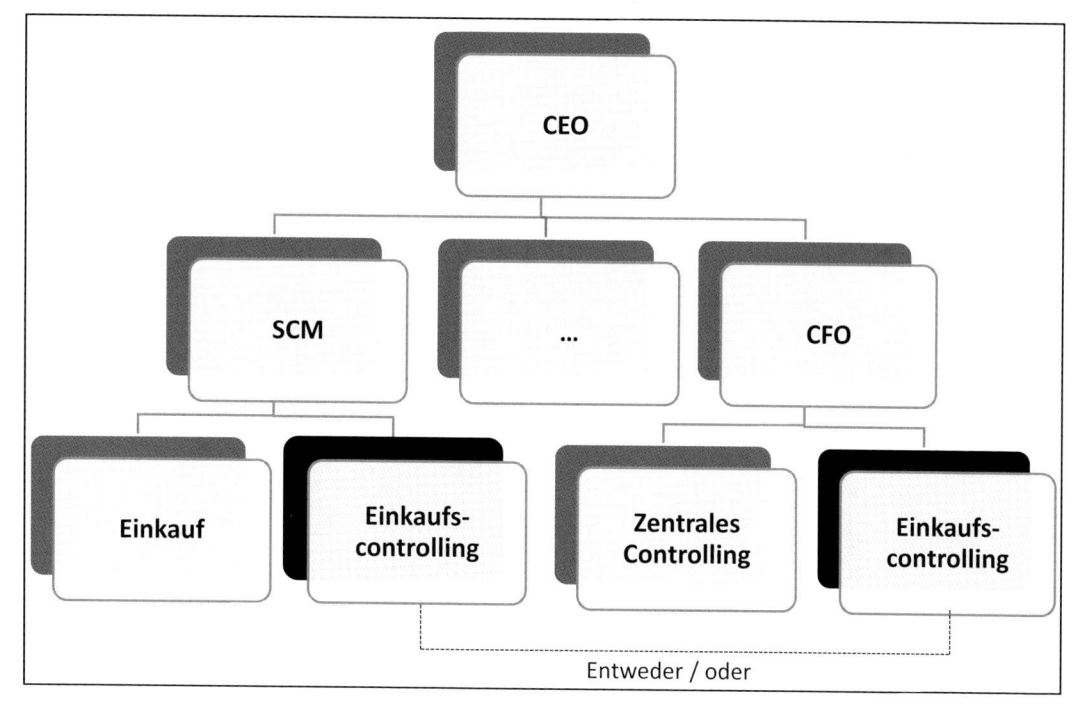

Abb. 3: Organisatorische Anbindung des Einkaufscontrollings als Stabstelle

Aus den oben dargelegten Vor- und Nachteilen empfiehlt sich die Ansiedlung des Einkaufscontrollings im zentralen Controlling entweder direkt als Funktion oder als eigene Stabstelle, vor allem um den Vorteil der neutralen Funktion des Businesspartners im Controlling zu nutzen. Wenn die Verantwortlichkeiten klar geregelt sind, wäre auch die Stabstelle mit fachlicher Anbindung an den Einkauf und disziplinarischer Zuordnung an das Controlling denkbar.

2 Planung und Forecasting von Einkaufserfolgen

Bei der Betrachtung des Einkaufsplanungsprozesses wird der Fokus auf die Planung der Einkaufsaktivitäten gelegt. Das bedeutet, dass auf andere Bereiche nur dann eingegangen wird, wenn sie einen direkten oder indirekten Einfluss auf die Planung der Einkaufsaktivitäten haben. Abb. 4 zeigt einen idealtypischen Planungsprozess.

Organisation & IT

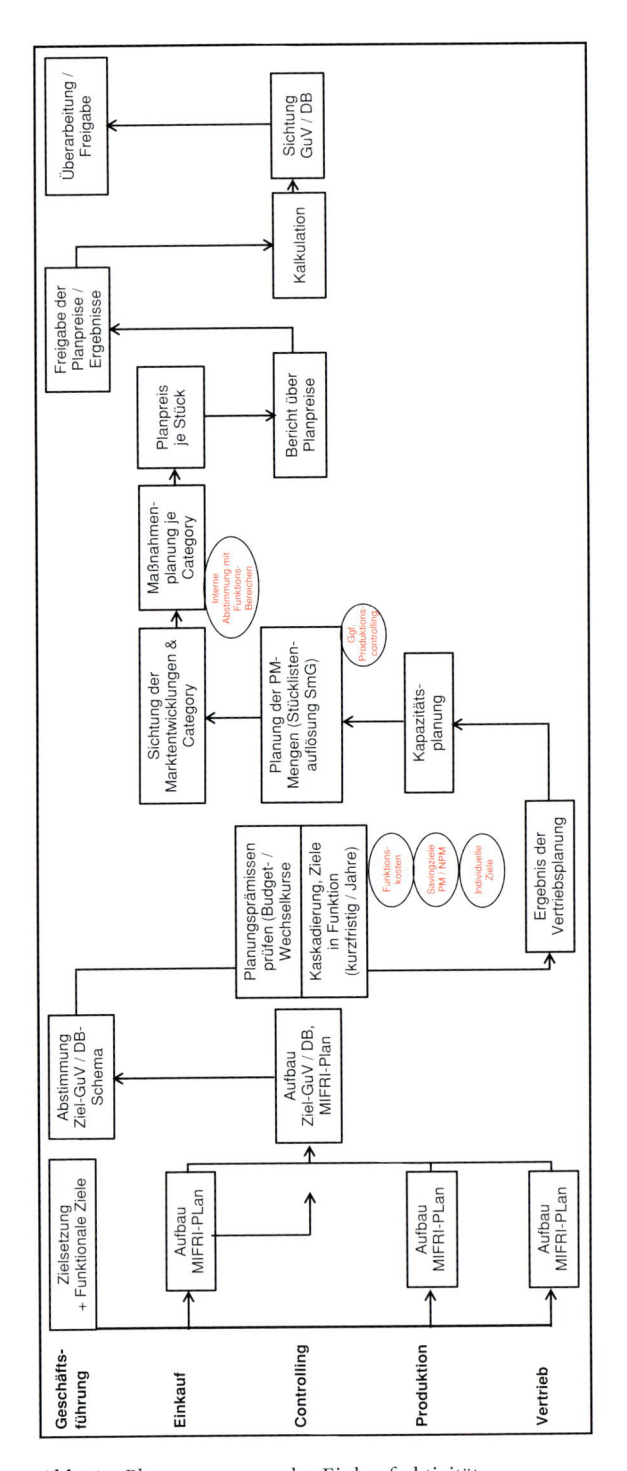

Abb. 4: Planungsprozess der Einkaufsaktivitäten

Strukturen und Prozesse für Planung und Forecasting

2.1 Planungsprozess bis zum Einkauf

Für einen optimalen Einkaufsplanungsprozess ist es wichtig, dass von der Geschäftsführung Ziele für die Einkaufsaktivitäten im Rahmen der operativen Planung gesetzt werden. Diese operativen Ziele müssen natürlich auch mit den strategischen Zielen des Unternehmens als auch mit den strategischen Zielen des Einkaufs in Einklang stehen. Diese strategischen Ziele wurden bereits bei der Mittelfristplanung des Einkaufs berücksichtigt. *Aus strategischen Zielen ableiten*

Die Ziele für den operativen Planungsprozess müssen messbar sein und in Abstimmung mit der Ziel-GuV erstellt werden. Vom Controlling werden der Terminplan sowie die finanziellen Rahmenbedingungen wie bspw. die Wechselkurse für das Planjahr festgelegt. Falls das Controlling diese nicht festlegt, prüft es die Planungsprämissen wie Budget- und Wechselkurse. Idealerweise werden für die Zielsetzung die gleichen Wechselkurse verwendet wie für die Planung selbst. *Mit Plan-GuV abstimmen*

Die Ziel-GuV für die operative Planung wird vom Controlling auf Basis der verursachungsgerechten Deckungsbeitragsstruktur entwickelt und dann mit der Mittelfristplanung abgestimmt. Die Erstellung der Ziel-GuV beginnt bei den Zielen für den Umsatz, die in einer Summe oder auf Basis von Vertriebswegen oder strategischen Geschäftseinheiten wie Artikelfamilien erfolgen kann.

Basierend auf der Zielsetzung für den Umsatz werden die Produktionsmengen festgelegt.

Auf dieser Basis kann die Zielsetzung für den Einkauf erfolgen, die sich aus Kostenzielen je Kalkulationsbestandteil ableitet, da für die Materialeinzelkosten der Einkauf verantwortlich ist. Im Zusammenspiel mit den Kosten der Produktion wird das Ziel für die Standardherstellkosten ermittelt.

Die Aufgabe des Controllings besteht darin, die Zielsetzung in Funktionen zu detaillieren. Als Ergebnis werden neben der Umsatz- und Herstellkostenzielsetzung noch folgende Ziele festgelegt:

- Ziele für die Funktionsbereichskosten der einzelnen Fachbereiche, unter anderem auch für den Einkauf bestehend aus Personal- und Gemeinkosten als auch Umlagen und Dienstleistungsverrechnungen.
- Einsparziele für produktionsfähiges Material und Handelswaren für den Einkauf.
- Individuelle Ziele je Bereich.

Die EBIT-Zielsetzung besteht aus den folgenden 4 inhaltlichen Bestandteilen

(A) Zielsetzung für den EBIT auf Ebene Unternehmensbereich

		Umsatz	Herstellkosten	SLA-Kosten	**EBIT**
Externe Effekte	Branchen-, Wirtschaftswachstum	X	-	-	-
A1 Umsatz- und Bezugsmengen	Absatzmengeneffekt	X	X	-	X
	Verkaufspreiseffekt	X	-	-	X
	Eigenfertigung	-	X	-	X
	HAWA	-	-	-	-
	Strategische Geschäftseinheiten	X	-	-	-
A2 Personalkosten	FTE Entwicklung	-	X	X	X
A3 Projekte/ Investitionen	Projekte	-	X	X	X
	Investitionen	-	X	X	X
A4 Zielsetzung Herstellkosten	Materialkosten	-	X	-	X
	Produktivität	-	X	-	X
	Kostenzielvorgabe	-	X	-	X

Reihenfolge der Zielsetzung ↓

Abb. 5: Der Zielsetzungsprozess als Teil des Planungsprozesses

Wichtig für die Zielsetzung der Materialpreise ist, dass diese realistisch erfolgt und dass etwaige Marktpreisentwicklungen schon in der Zielsetzung berücksichtigt werden. Ansonsten würde dies im Folgejahr zu positiven oder negativen Planabweichungen bei der Materialpreisentwicklung führen, die der Einkauf nicht zu verantworten hat.

Wichtig: Einkaufscontrolling bei Materialpreisplanung einbeziehen

Die Zielsetzung muss in Zusammenarbeit mit dem Einkaufscontrolling erfolgen, da hier die Informationen über Vergangenheitsentwicklungen, zukünftige Marktpreisentwicklungen, neue Materialien, Maßnahmen usw. zusammenfließen. Um sicherzustellen, dass die Zielsetzung nicht zu optimistisch festgelegt wird, sollte das Einkaufscontrolling an einer unabhängigen Stelle angesiedelt sein.

Strukturen und Prozesse für Planung und Forecasting

Eine zu „bequeme" Zielsetzung kann folgende Auswirkungen haben:

- Durch zu wenig anspruchsvolle Zielsetzung besteht die Gefahr, dass der Einkauf im Folgejahr die Preise der Lieferanten nicht hart genug verhandelt und dadurch Potenziale zur Einkaufspreisreduzierung verloren gehen.
- Durch zu wenig anspruchsvolle Ziele für den Materialaufwand sinkt der Ziel-Deckungsbeitrag. Dadurch wird das verfügbare Budget für (einmalige) strategische Projekte reduziert.

Nach der Verabschiedung der Zielsetzung kann der Planungsprozess beginnen. Dieser beginnt idealerweise mit der Vertriebsplanung. Die Vertriebsplanung sollte auf Artikelebene erfolgen, wobei eine vereinfachte Vorgehensweise gewählt werden kann.

- Entsprechend der Werttreiberorientierung wird nur der Umsatz der Artikel oder Artikelgruppen, die im besonderen Maße zum Umsatzwachstum beitragen, im Detail geplant.
- Der Umsatz für die sonstigen Artikelgruppen oder die Gesellschaft insgesamt kann dagegen pauschal, d.h. mit einem Durchschnittsfaktor für das Umsatzwachstum, geplant werden.

Als Ergebnis würde eine Umsatzplanung der verkaufsfähigen Artikel vorliegen. Auf dieser Basis erfolgen die Planung der Produktionsmengen (durch Auflösung der Stücklisten) und die Kapazitätsplanung der Produktion. Aus der Stücklistenauflösung leiten sich die zu beziehenden Einkaufsartikel mit den jeweiligen Mengen für die Produktion ab. Abb. 6 zeigt den Zusammenhang zwischen der Umsatzzielsetzung und der dazugehörigen Umsatzplanung, auf deren Basis dann die Produktionsmengenplanung und die Bezugsmengenplanung erfolgen. Die Zuständigkeit des Einkaufs bezieht sich auf die Planung der Handelsware auf Basis der Umsatzplanung und auf die Planung der Roh-Hilfs- und Betriebsstoffe auf Basis der Produktionsmengenplanung.

Produktionsmengen aus Stücklisten ableiten

Organisation & IT

	Umsatz-Zielsetzung (top-down)	Umsatz-planung (bottom-up)	Bezugs-mengen-planung	Produktions-mengen-planung
Verantwortlich / Durchführung	Geschäftsführung, Vertrieb	LG-Geschäftsführung	Produktionsverbund	Produktion
Beteiligte Stellen	Controlling	Controlling	Controlling	---
Ebene	Kunden, Artikelgruppen	Artikel	Artikel	Artikel
Inhalt	Nettoumsatz	Nettoumsatz, Absatzmenge	Bezugsmengen pro Werk	Produktionsmengen pro Maschine
Einflussfaktoren	Absatzmengeneffekt Verkaufspreiseffekt	Absatzmengeneffekt Verkaufspreiseffekt	---	---
Input	Ist-, Forecast und Planwerte	Ist-, Forecast und Planwerte, Umsatz-Zielsetzung	Absatzplanung	Bezugsmengen-planung pro Werk
Output	Umsatz-Zielsetzung	Umsatzplanung Absatzplanung	Bezugsmengen-planung pro Werk	Produktionsmengen-planung pro Maschine

Die Umsatz-Zielsetzung und -planung stellt die Basis für die Bezugs- und Produktionsmengenplanung dar

Abb. 6: Zusammenhang zwischen Umsatzplanung und Produktionsmengenplanung

2.2 Planungsprozess im Einkauf

2.2.1 Planung der Material- und Einkaufspreise

Marktentwicklung und Maßnahmen festlegen

Basierend auf der Mengenplanung prüft der Einkauf die aktuellen Marktentwicklungen pro Artikel- oder Artikelgruppe, und gibt eine Rückmeldung, ob die Ziele der Einkaufspreise eingehalten werden können. Neben der Zielerreichung sind ebenfalls die Maßnahmen zu hinterlegen, um die Ziele zu erreichen. Dabei ist wichtig, dass auch hier die Härtegrad-Logik angewandt wird, um zu überprüfen, wie sich die Maßnahmen bis zu einem gewissen Härtegrad auch in den Zielen der Einkaufspreise niederschlagen und ob diese realistisch sind.

Zielerreichung bei Planpreisen erwartet

Als Ergebnis liefert der Einkauf einen Bericht mit den Planpreisen pro Stück. Der Einkauf sollte die gesetzten Ziele für die Planpreise einhalten, wenn nicht gravierende Marktentwicklungen, die zum Zeitpunkt der Zielsetzung noch nicht bekannt waren, dem entgegen sprechen. Falls der Einkauf die gesetzten Ziele für die Planpreise des Einkaufs nicht einhalten kann, sind die Abweichungen im Detail in dem Planbericht des Einkaufs zu erklären. In dem Einkaufsbericht werden ebenfalls die Einkaufspreise mit den Planmengen ausmultipliziert, um einen Überblick über die gesamte Ergebniswirkung für das Unternehmen zu bekommen.

Auf der Basis des Einkaufberichts wird eine Freigabe der Planpreise durch die Geschäftsführung eingeholt. Die Entscheidungsgrundlage hierzu sollte auf Basis der Zielsetzung, der Planpreise je Stück, der aktuellen Marktentwicklung und den zugrunde gelegten Maßnahmen vorbereitet werden. Dieser Prozess ist dabei durch einen unabhängigen Einkaufscontroller durchzuführen oder eng durch ihn zu begleiten, der optimaler Weise nicht disziplinarisch dem Einkauf unterstellt ist. Von ihm sind nicht nur die vorgeschlagenen Planpreise, sondern auch die zugrundeliegenden Maßnahmen kritisch zu überprüfen. *Freigabe der Preise einholen*

Es gibt auch die Möglichkeit, dass die Geschäftsführung die Einkaufspreise nicht genehmigt. Dies kann hauptsächlich an folgenden Gründen liegen:

- Die Zielsetzung ist nicht erreicht.
- Die Einkaufspreise spiegeln nicht die aktuellen Marktentwicklungen nicht wider.
- Die Maßnahmen, um diese Einkaufspeise zu erreichen, sind nicht adäquat definiert.

Im Falle einer Nichtgenehmigung sind die Einkaufspreise und/oder die dazugehörigen Maßnahmen vom Einkaufscontrolling zusammen mit dem Einkauf zu überarbeiten.

> **Achtung: Überarbeitungsschleife vermeiden**
> In einem effizienten Einkaufsplanungsprozess sind solche Überarbeitungsschleifen nicht vorgesehen. Diese führen zu Prozessverlängerung und Verschwendung. Deshalb ist es zu empfehlen, dass das Einkaufscontrolling den Prozess der Einkaufspreisplanung eng begleitet und sofort mit der Geschäftsführung einen Abstimmtermin vereinbart, sobald die Gefahr zu erkennen ist, dass die Ziele der Einkaufspreise nicht erreicht werden oder sonst etwaige Gründe vorliegen, die zu Schleifen im Einkaufsplanungsprozess führen können.

Sind die Planpreise des Einkaufs von der Geschäftsführung genehmigt, werden die geplanten Materialkosten für die Kalkulation der Standardherstellkosten bzw. im Falle der Handelsware direkt zur Ermittlung der Gross Marge verwendet.

2.2.2 Planung der Funktionsbereichskosten

Diverse Detaillierungsgrade möglich

Parallel zum Planungsprozess der Einkaufspreise erfolgt die Planung der Funktionsbereichskosten des Einkaufs. Diese erfolgt ebenfalls optimaler Weise auf Basis einer Zielsetzung. Dabei können entweder die Funktionsbereichskosten in einer Summe geplant und als Ziel vorgegeben werden oder detailliert nach den Bestandteilen Personalkosten, Gemeinkosten, Umlagen und Dienstleistungsverrechnungen. Eine weitere Detaillierung könnte auch auf Kostenartenebene erfolgen. Idealerweise sollte auf dem definierten Detaillierungsgrad auch die Zielsetzung erfolgen. Danach erfolgt ein Abgleich mit der Zielsetzung und dem Vorjahr sowie im Anschluss der Freigabeprozess.

Ein weiter Bestandteil der vom Einkauf zu verantworteten Planung kann in der Planung eines eventuellen Skontoertrags liegen, entweder in Summe oder separiert nach Artikel oder Artikelgruppen falls möglich, oder in der Planung der vom Einkauf zu verantworteten Bestände. In jedem Fall sollte ein Abgleich mit der Zielsetzung und dem Vorjahr erfolgen und ab einer gewissen Wertgrenze Maßnahmen hinterlegt werden.

Nach Fertigstellung der gesamten Planung erfolgen eine Analyse der planerisch ermittelten Gewinn- und Verlustrechnung des Unternehmens und ein Abgleich zum Vorjahr und zur Zielsetzung. Auf der Basis der wichtigsten Kennzahlen für den Einkauf wie Entwicklung der Einkaufspreise, der Funktionsbereichskosten, des Skontoertrags sowie der Bestände wird die Freigabe durch die Geschäftsführung eingeholt – oder es wird ggf. eine Überarbeitung der gesamten Planung erforderlich.

2.3 Forecastprozess im Einkauf

Ebenso wichtig wie der Planungsprozess ist die Prognose der Einkaufsaktivitäten, im Rahmen dessen eine Prognose der wichtigsten Kennzahlen durchgeführt wird. Vom unabhängigen Einkaufscontroller wird dabei eine Abschätzung vorgenommen, ob die Prognose realistisch ist. Der Einkaufscontroller sollte aber eng mit dem Einkauf zusammenarbeiten, da diesem die wichtigsten Details vorliegen. Die Abschätzung über die Realisierbarkeit der Prognose erfolgt auf Basis der Istwerte und zugrundeliegenden Maßnahmen. Es wird dabei immer ein Vergleich zum Plan hinzugezogen.

Tipp: Aufwand durch ABC-Analyse reduzieren.
Die Entwicklung der Einkaufspreise kann auf die wichtigsten Artikel oder Artikelgruppen beschränkt werden, die den Hauptteil des Umsatzes (ca. 80 %) verursachen. Dabei sind ebenfalls die Maßnahmen entsprechend der Härtegrad-Logik zu aktualisieren. Desweiteren sollte die Entwicklung der Funktionsbereichskosten, des Skontoertrags sowie die Entwicklung der vom Einkauf zu verantwortenden Bestände aktualisiert werden.

3 Fazit

Ein effizientes Einkaufscontrolling kann einen wesentlichen Beitrag zur Steigerung der Effektivität und Effizienz der Einkaufsleistung und des Einkaufsergebnisses leisten und hat damit einen wesentlichen Einfluss auf die Ergebnisentwicklung des Unternehmens. Die Planung der Einkaufspreise und der Funktionsbereichskosten sollte realistisch erfolgen und mit Maßnahmen hinterlegt werden.

Wie die Organisation des Einkaufscontrollings gestaltet wird und in welchem Detailierungsgrad der Planungsprozess erfolgt, sollte jedoch unternehmensspezifisch entscheiden werden. Um eine realistische Planung zu gewährleisten, ist eine unabhängige Position des Einkaufscontrollings von großer Bedeutung. Das wird am besten durch die fachliche und disziplinarische Anbindung an das zentrale Controlling gewährleistet. Aber natürlich sind auch andere Organisationsalternativen denkbar.

4 Literaturhinweise

Horváth & Partners, Studie zum „Performance Management im Einkauf", 2011.

Wirtschaftlichkeitsberechnung von IT-Projekten im Einkauf

- Die Lücke zwischen der Verfügbarkeit von IT-Systemen und deren tatsächlichem Einsatz klafft im Einkauf besonders stark auseinander.
- IT-Projekte im Einkauf stellen eine besondere Herausforderung an das Controlling dar, ist doch ihr Nutzen häufig nur schwer bewertbar.
- Um die mögliche Vorteilhaftigkeit von IT-Projekten umfassend beurteilen zu können, sollten unterschiedliche Erfolgsgrößen (ROI, Amortisationsdauer und qualitative Faktoren) auf Basis einer Prozessanalyse berücksichtigt werden.
- Im vorliegenden Beitrag wird eine Methodik zur Beurteilung von IT-Projekten am Beispiel von eSourcing- und eProcurement-Lösungen vorgestellt. Das umfasst einerseits eine empfohlene Vorgehensweise, andererseits ein Kalkulationsmodell zur Berechnung der Kosten- und Nutzeneffekte. Mit Methodik und Modell ist es möglich, eine fundierte Entscheidung für oder gegen ein IT-Investitionsvorhaben vorzubereiten.

Inhalt		Seite
1	Wie kann der Nutzen von IT-Projekten im Einkauf bewertet werden?	173
2	Wirtschaftlichkeitsanalyse für IT-Investitionen	175
2.1	Konzept und Verfahren der Wirtschaftlichkeitsanalyse	175
2.2	Prozessanalysen machen Einsparpotenzial deutlich	178
2.3	Realistische Betrachtung der Chancen erforderlich	180
3	Vorgehen zur Wirtschaftlichkeitsanalyse von IT-Investitionen im Einkauf	181
3.1	Schritt 1: Zieldefinition unter Einbindung der betroffenen Mitarbeiter	181
3.2	Schritt 2: Kosten- und Erlös-/Nutzenermittlung	182
3.3	Schritt 3: Ermittlung der Kenngrößen	183
3.4	Schritt 4: Entscheidungsaufbereitung und Entscheidung	184
3.5	Schritt 5: Investitionsnachkalkulation	184
4	Kalkulationsmodell zur Beurteilung von IT-Investitionen	184
4.1	Basisdaten	185
4.2	Investition und laufende Kosten	185
4.3	Einsparungen und sonstiger Nutzen	186

4.4	Ergebnisse	188
4.4.1	Amortisationszeit (Break Even): Nach wie vielen Monaten/Jahren rechnet sich die Investition?	188
4.4.2	Return on Investment (ROI): Wie viel erhalte ich im Betrachtungszeitraum für meine Aufwendungen zurück?	190
4.4.3	Interner Zinsfuß: Welche Verzinsung erwirtschaftet meine Investition?	190
4.5	Executive Summary	191
5	Fazit	191
6	Literaturhinweise	191

■ Die Autoren

Dr. Jörg Schweiger, Managing Director Operations LOGICDATA, Hochschuldozent für Einkauf und Lieferantenmanagement.

Dr. Peter Schentler, Principal im Competence Center Controlling & Finanzen bei Horváth & Partners Management Consultants in Wien.

1 Wie kann der Nutzen von IT-Projekten im Einkauf bewertet werden?

Neben den Kosten der eingekauften Materialien und Dienstleistungen (Einstandspreis, Transportkosten, Bestandskosten etc.) sind auch die Beschaffungsprozesse selbst immer wieder auf den Prüfstand zu stellen.[1] Dabei bieten insbesondere Informations- und Kommunikationstechnologien Chancen für Kosteneinsparungen und Leistungsverbesserungen.

Preise und Prozesse beachten

- Bspw. gaben fast die Hälfte einer im Zuge einer SRM[2]-Marktstudie aus dem Jahr 2006 befragten Unternehmen an, durch die Anwendung von IT im Einkauf Prozesskosteneinsparungen in der Höhe von 10 bis 25 % und Einstandspreissenkungen von 5 bis 10 % zu erwarten.[3]
- Die Ausgabe 2009 des jährlich erhobenen Stimmungsbarometers „Elektronische Beschaffung" liefert hier neben den erwarteten auch realisierte Einsparungen: Die 188 befragten Unternehmen bestätigten, dass die tatsächlichen Einsparungen bei den Prozesskosten unter Anwendung von eAuktionen bei rund 12 % und beim Einstandspreis bei rund 17,5 % lagen. Die Anwendung von eCatalog-Lösungen kann laut den befragten Unternehmen sogar bis zu 40 % der Prozesskosten einsparen.
- Ähnliche Ergebnisse liefert auch der eSolutions Report des BME aus dem Jahr 2013, wonach Unternehmen bis zu 30 % der Prozesskosten bei Katalogsystemen und zwischen 10 % und 20 % bei Ausschreibungslösungen und Auktionslösungen einsparen konnten – bei gleichzeitiger Reduktion der Einstandskosten.[4]

Abb. 1 gibt einen Überblick über Möglichkeiten der IT-Unterstützung für strategische und operative Einkaufsaufgaben.

Erfolge bei Prozesskosten

Bei einer Betrachtung von Abb. 1 wird ersichtlich, dass es wohl nicht an den fehlenden technischen Möglichkeiten liegt, weshalb sich Unternehmen nur zaghaft an Investitionen in IT-gestützte Beschaffungslösungen heranwagen. Vielmehr scheinen sie skeptisch zu sein, ob die von Anbietern versprochenen und in den oben zitierten Studien proklamierten Kosteneinsparungen und Effizienzsteigerungen auch tatsächlich in ihrem Unternehmen eintreten.[5] Erfahrungen der Vergangenheit zeigen,

Erreichung der Ziele wird angezweifelt

---

[1] Ausführlich zu den unterschiedlichen Beschaffungskosten und deren Einfluss auf den Erfolg eines Unternehmens: Schentler, 2008, S. 17-21.
[2] SRM (Supplier Relationship Management) steht im engeren Sinn für eine umfassende durch Informations- und Kommunikationssysteme gestützte Beschaffungslösung (S. Schweiger/Ortner/Tschandl/Busse, 2009, S. 5).
[3] S. BME 2006, S. 11.
[4] S. BME 2009, S. 12, BME 2013.
[5] CIO, 2003.

Organisation & IT

dass versprochene und erhoffte Produktivitäts- und Rentabilitätssteigerung durch Investitionen in neue IT-Systeme und Technologie häufig nicht eingetreten sind und teilweise sogar negative Wirkungsbeziehungen zu erkennen waren.[6]

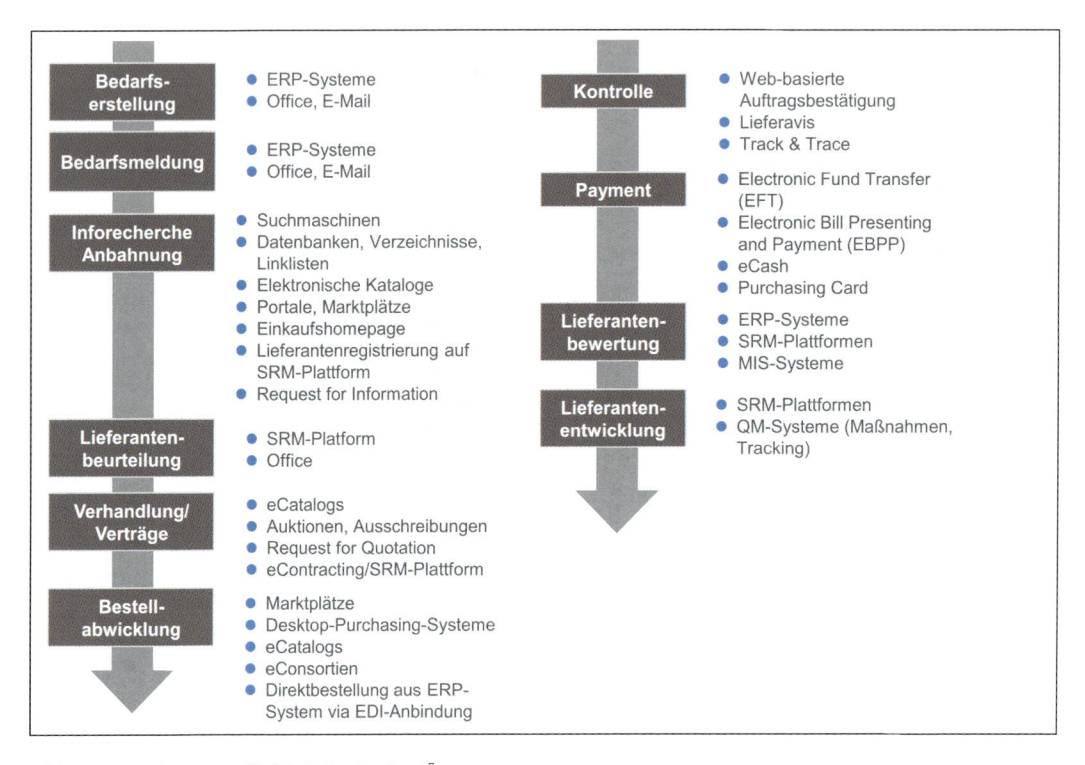

Bedarfs-erstellung	• ERP-Systeme • Office, E-Mail	**Kontrolle**	• Web-basierte Auftragsbestätigung • Lieferavis • Track & Trace
Bedarfsmeldung	• ERP-Systeme • Office, E-Mail	**Payment**	• Electronic Fund Transfer (EFT) • Electronic Bill Presenting and Payment (EBPP) • eCash • Purchasing Card
Inforecherche Anbahnung	• Suchmaschinen • Datenbanken, Verzeichnisse, Linklisten • Elektronische Kataloge • Portale, Marktplätze • Einkaufshomepage • Lieferantenregistrierung auf SRM-Plattform • Request for Information	**Lieferanten-bewertung**	• ERP-Systeme • SRM-Plattformen • MIS-Systeme
Lieferanten-beurteilung	• SRM-Platform • Office	**Lieferanten-entwicklung**	• SRM-Plattformen • QM-Systeme (Maßnahmen, Tracking)
Verhandlung/ Verträge	• eCatalogs • Auktionen, Ausschreibungen • Request for Quotation • eContracting/SRM-Plattform		
Bestell-abwicklung	• Marktplätze • Desktop-Purchasing-Systeme • eCatalogs • eConsortien • Direktbestellung aus ERP-System via EDI-Anbindung		

Abb. 1: IT-Einsatzmöglichkeit im Einkauf[7]

Wirtschaftlichkeit muss nachgewiesen werden

Das Fazit: Auch wenn es ein **grundsätzliches** Potenzial durch den Einsatz von Informations- und Kommunikationstechnologien gibt, so ist es für den Einzelfall stets entscheidend, das **spezifische** Potenzial durch die IT-Nutzung für das Unternehmen zu errechnen, um eine ausreichende und fundierte Entscheidungsgrundlage für etwaige Investitionen zu schaffen. Entscheider erwarten mehr denn je einen klaren monetären Ausweis der Wirtschaftlichkeit der (häufig von Seiten der Fachbereiche geforderten) IT-gestützten Lösungen. Und das am besten dargestellt in einer oder wenigen Kennzahlen.

---

[6] Piller, 1998, S. 257 – 262.
[7] S. Schweiger/Ortner, 2008, S. 7.

Um entsprechende Abschätzungen des erwarteten Nutzens vornehmen und diese den Kosten gegenüberstellen zu können, resultiert Handlungsbedarf für die Unternehmen in den frühen Phasen des Projektmanagements, also der Projektbeurteilung und -auswahl. Während die inhaltliche Projektbeurteilung von der Fachabteilung vorgenommen werden muss, kommt dem Controlling eine wesentliche Unterstützungsaufgabe zu. Es muss an die spezifische Entscheidungssituation angepasste Werkzeuge und Methoden bereitstellen. Während der Projektlaufzeit ist dann – entsprechend dem Regelkreisgedanken des Controllings – durch eine laufende Abweichungsanalyse zu überprüfen, inwieweit geplante Maßnahmen erfolgreich umgesetzt werden konnten und die erwarteten Auswirkungen eingetreten sind. Bei maßgeblichen Abweichungen sind Steuerungsmaßnahmen einzuleiten. *Handlungsbedarf für das Controlling*

Am Beispiel von eProcurement- und eSourcing-Lösungen wird in vorliegendem Beitrag ein Kalkulationsmodell und die dazugehörige Methodik aufgezeigt, um eine Bewertung des Nutzens und der Kosten von IT-Investitionen möglich zu machen (Kapitel 4). Der empfohlene Prozessablauf wird in Kapitel 3, die dazu erforderlichen Grundlagen der Investitionsbeurteilung in Kapitel 2 vorgestellt.

2 Wirtschaftlichkeitsanalyse für IT-Investitionen

2.1 Konzept und Verfahren der Wirtschaftlichkeitsanalyse

Jede Wirtschaftlichkeitsbetrachtung stellt die Kosten einer geplanten Investition und deren Nutzen (Erlöse/Kosteneinsparungen) in Zusammenhang. Investitionsrechnungen – zu einer Übersicht über die gebräuchlichsten Verfahren s. Abb. 2 – sind Methoden, mit deren Hilfe die Wirtschaftlichkeit und somit die Vorteilhaftigkeit von Investitionsmaßnahmen dahingehend geprüft werden kann, inwieweit sie im Hinblick auf die Zielsetzungen eines Unternehmens zweckmäßig erscheinen bzw. welche Maßnahme empfehlenswerter als die anderen ist. *Anwendung von Investitionsrechnungen sinnvoll*

Investitionsverfahren	Fokus
Statische Verfahren	
Kostenvergleich	Welche Investition kostet mich am wenigsten?
Gewinnvergleich	Welche Investition erwirtschaftet den höchsten Gewinn?
Rentabilitätsvergleich	Welche Investition bringt die höchste Verzinsung?
Amortisationsdauer	Welche Investition ist am schnellsten wieder erwirtschaftet?

Investitionsverfahren	Fokus
Dynamische Verfahren	
Kapitalwertmethode	Was erwirtschaftet meine Investition im Vergleich zu einer alternativen Anlage?
Annuitätenmethode	Was erwirtschaftet meine Investition pro Periode im Vergleich zu einer alternativen Anlage?
Interner Zinsfuß	Welche Verzinsung erwirtschaftet meine Investition?
Dynamische Amortisationsrechnung	Welche Investition ist am schnellsten wieder erwirtschaftet?

Abb. 2: Investitionsverfahren im Überblick

Dynamische Verfahren mit Szenarien

Für komplexe umfassende Investitionsprojekte, wie sie IT-Investitionen i. d. R. darstellen, sind dynamische Investitionsrechenmethoden zu bevorzugen, da sie eine höhere Genauigkeit durch die Berücksichtigung des Zeitbezuges und die Anwendung einer Zinseszinsrechnung versprechen.[8] Problematisch ist die Ungewissheit, ob die zukünftigen Werte wie geplant eintreten werden. Deshalb macht es Sinn die Starrheit der Annahmen durch Szenarien zu flexibilisieren und diese in den Berechnungen zu berücksichtigen.

Total Costs of Ownership müssen berücksichtigt werden

Es ist auch wichtig zu berücksichtigen, dass die Anschaffungskosten bzw. -auszahlungen einer neuen Informationstechnologie nur einen kleinen Teil der gesamten Kosten ausmachen. Aus diesem Grund wurde das Total Cost of Ownership-Konzept (TCO) zur Erfassung aller einmaligen und wiederkehrenden (direkten und indirekten) Kosten einer IT-Investition entwickelt: Hardware, Software, Lizenzen, Schulung, Implementierung, Service, Upgrades, Datenverwaltung, Ausfallzeit usw.[9] Die entsprechenden Überlegungen fließen in das Kalkulationsmodell, mit dessen Hilfe die Vorteilhaftigkeit von IT-Investitionen im Einkauf berechnet werden soll, in Kapitel 4 ein.

Nichtsdestotrotz decken finanzielle Abschätzungen immer nur einen Teil einer umfassenden Betrachtung ab, wenngleich diesen, wie in Abb. 3 dargestellt, in der Praxis die höchste Bedeutung beigemessen wird.

---

[8] S. ausführlich zur Investitionsrechnung Däumler/Grabe, 2014.
[9] Gammel, 2002, S. 48 f, Pobbig, 2005, S. 2.

Wirtschaftlichkeit von IT-Projekten

```
Glaubwürdigkeit
der Investition

  ↑
  │ sichere und      wahrschein-      wahrschein-      vermutete
  │ quantifizier-    liche und        liche und        und kaum
  │   bare          quantifizier-     kaum             quantifizier-
  │   Wirkung       bare Wirkung      quantifizier-    bare Wirkung
  │                                   bare Wirkung
  │╲
  │ ╲
  │  ╲___
  │      ╲_____
  │            ╲_____
  │                              ╲_____
  │   Direkte        Semi-direkte     Indirekte        Sehr indirekte
  │   Einsparung     Einsparung       Einsparung       Einsparung
  └──┴─────────────┴────────────────┴───────────────┴───────────────→
     Investition    Investition      Investition      Investition
     1. Ordnung     2. Ordnung       3. Ordnung       4. Ordnung
                                                      Quantifzierbarkeit
                                                      der Investition
```

Abb. 3: Zusammenhang Glaubwürdigkeit und Quantifizierbarkeit von IT-Investitionen

Darüber hinaus ist eine intensive Berücksichtigung von nicht direkt monetär bewertbaren Faktoren (z.B. erhöhte Mitarbeiterzufriedenheit und/oder Stabilität durch neue Technologie) notwendig. Dies ist durch die Nutzwertanalyse und Scoring-Modelle möglich.[10]

Scoring-Modelle für nicht-monetäre Größen

Die Wirtschaftlichkeitsanalyse ist in einem Unternehmen in einem gesamtheitlichen Investitionsplanungs- und -steuerungsprozess einzubetten. Folgende Ansatzpunkte sind bei der Gestaltung zu berücksichtigen:

- Definieren Sie einen schlanken Investitionsprozess mit Schritten und Verantwortlichkeiten und klaren Kriterien für die Genehmigung und beschreiben Sie ihn in Form einer Prozessdarstellung.

---

[10] CIO, 2003.

Organisation & IT

- Der Investitionsprozess sollte investitionsgrößenabhängig gestaltet sein, d.h. kleine Investitionen sollen rasch beurteilt und nur bei größeren Investitionen zahlreiche Personen einbezogen werden. Ein IT-unterstützter Workflow dient dazu, dass entsprechend Investitionsgröße und -thema die notwendigen Entscheidungsträger die Informationen erhalten und eine Freigabe durchführen können.
- Drehen Sie die Herangehensweise auch manchmal um. Ein Target-Costing-orientierter Ansatz („Die Investition darf maximal X Euro kosten, wie erreichen wir diesen Wert?") führt häufig zu neuen Ideen.
- Definieren Sie unterschiedliche Renditeerwartungen (kalkulatorische Zinsfüße) für verschiedene Investitionsklassen. Je risikoreicher, desto höher der Zinsfuß.
- Führen Sie das Sammeln von Investitionsalternativen und deren Beurteilung in interdisziplinären Teams bestehend aus dem Fachbereich, dem Einkauf, dem Controlling sowie ggf. weiteren Personen/Abteilungen durch.
- Führen Sie eine systematische Investitionskontrolle durch und erfassen Sie systematisch Planungsfehler und Lerneffekte für zukünftige Investitionen.
- Bewerten Sie die Investitionsvorhaben und -alternativen mit dynamischen Investitionsrechnungen, insbesondere der Kapitalwertmethode und dem internen Zinsfuß.
- Schränken Sie die Alternativensuche nicht zu rasch ein. Denken Sie dabei auch an Make-or-Buy oder Substitute.
- Definieren Sie nicht-monetäre Kriterien, die die Investition erfüllen muss und unterteilten Sie sie in Kann- und Muss-Kriterien.
- Verwenden Sie mindestens 90 % für die Datengenerierung, -planung und -diskussion und nur maximal 10 % der Zeit für die Berechnung.

2.2 Prozessanalysen machen Einsparpotenzial deutlich

Einsparpotenzial bei Transaktionskosten

Bei Rationalisierungsinvestitionen – und diese Annahme wird IT-Investitionen häufig unterstellt – liegt das größte Kosteneinsparungspotenzial vor allem bei den Transaktionskosten. Fragen wie

- „Um wie viel ist der neue Prozess nun effizienter, schneller und somit kostengünstiger?" oder
- „Wann rechnet sich die Investition?"

stehen ganz oben auf der Agenda von IT-Projekten im Einkauf. Um hier eine nachvollziehbare und klare Antwort zu geben, liefert die

Prozess analyse – die auch die Grundlage der Prozesszeitenerhebung des in Kapitel 4 dargestellten Kalkulationsmodells darstellt – eine geeignete Methodik.[11]

Bei der Prozessanalyse wird untersucht, wie die Prozesse vor der Investition – im vorliegenden Fall vor Einführung von eSourcing- und eProcurement-Lösungen – abgelaufen sind, und welche positiven und negativen Auswirkungen aus den mit der Investition möglichen und notwendigen Veränderungen resultieren. Unter Verwendung von Prozessmodellierungstools ist es möglich, einzelne Prozessszenarien in Bezug auf Zeit und Kosten zu simulieren und somit Aussagen über das Verbesserungspotenzial zu treffen.

Prozesse modellieren und simulieren

Die einzelnen Prozessschritte werden mit „Preisen", also (Prozess-)Kosten versehen und über klassische „Menge * Preis"-Zusammenhänge monetär bewertet. Wie in der klassischen Kostenrechnung hängt auch in der Prozesskostenrechnung die Genauigkeit von der Exaktheit der Datenerfassung und der Behandlung nicht (den Prozessen) verursachungsgerecht zuordenbarer Kostenbestandteile (z.B. Einkaufsleiterkosten) ab. Das Vorgehen bei der Informationsgenerierung der Zeit- und Kostenelemente der einzelnen Aktivitäten, Tätigkeiten und Arbeitsschritte des betrieblichen Einkaufs setzt sich im Wesentlichen aus

Bewertung der einzelnen Prozessschritte sinnvoll

- Befragung,
- Beobachtung und/oder
- Selbstaufschreibung

der am untersuchten Prozessablauf beteiligten Mitarbeiter zusammen. Mithilfe von deskriptiven Prozessdiagrammen kann das Ergebnis schließlich dargestellt und als Diskussionsgrundlage genutzt werden (s. Abb. 4).

Jeder einzelnen Einkaufsfunktion kann ein Zeit- und Kostenelement hinterlegt werden, was schließlich – auf Basis statistischer Auswertungen des Controllings oder projektbezogener Kostenermittlung – eine einfache Ermittlung der Durchlaufzeit, der Prozesskosten oder weiterer gewünschter Prozesskennzahlen zulässt. Neben einer Eruierung gegenwärtiger Schwachstellen kann mit dieser Information überprüft werden, in welchem Ausmaß die betrachteten eSourcing- bzw. eProcurement-Lösungen die Beschaffungsprozesse beeinflussen, und ob die dafür notwendige Investition – unter Verwendung der dynamischen Investitionsrechnung – wirtschaftlich sinnvoll ist.

Ermittlung von Prozesskosten und -kennzahlen

---

[11] S. Koop/Jäckle/Heinold, 2000, S. 14.

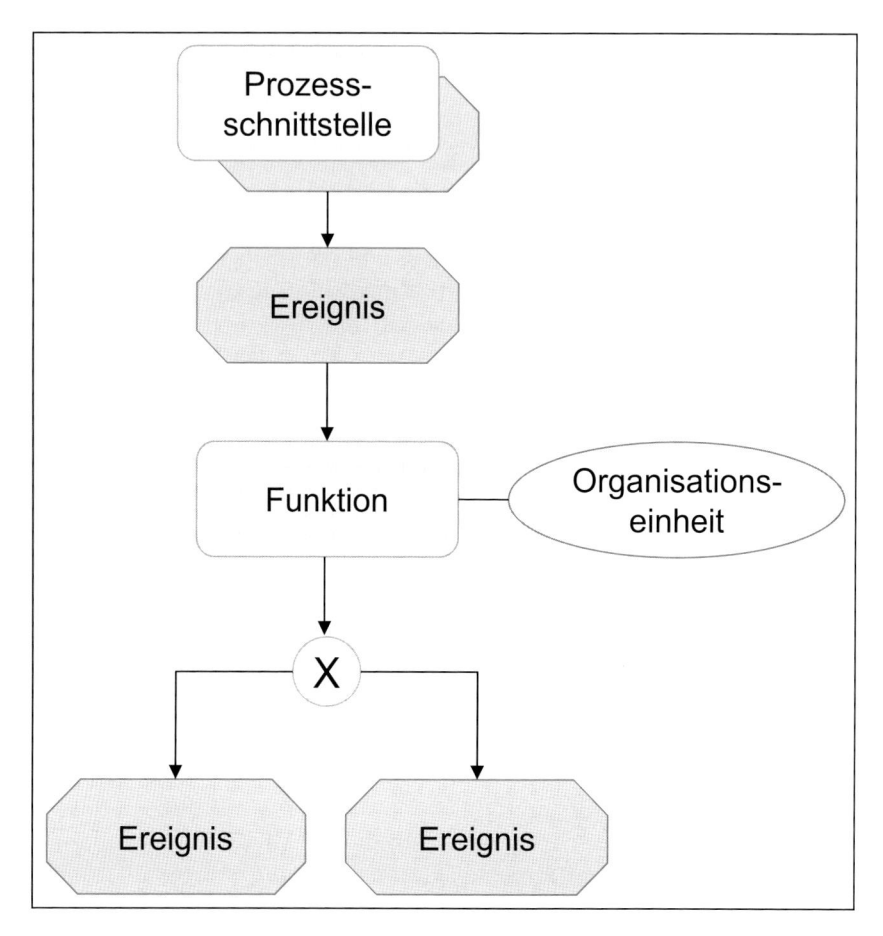

Abb. 4: Ereignisgesteuerte Prozesskette (EPK) als Beispiel für eine Prozessdarstellung

2.3 Realistische Betrachtung der Chancen erforderlich

Der zu erreichende Soll-Stand sowie dessen Umsetzung müssen realistisch bewertet werden. Insbesondere bei Prozessänderungen und neuen Softwaresystemen kommt es aber häufig zu einem Verharren in alten Denk- und Verhaltensmustern, was zu Verzögerungen bei der Umsetzung der Soll-Konzepte und der Generierung der Nutzeneffekte führt. Dies muss in der Berechnung berücksichtigt und bereits vorab Maßnahmen überlegt werden, um diese „Umgewöhnungsphase" möglichst gering zu halten.

Auch muss die eigene Planung realistisch sein. So zeigt bspw. eine von Linder durchgeführte Metaanalyse, dass – unabhängig von IT-Investitionen – zwei Phänomene bei Investitionsrechnungen häufig zu finden sind:[12]

Realistisch und ehrlich planen

- Es wird immer zu optimistisch geplant, und
- die Prognosegüte ist tendenziell schlecht.

Aus diesem Grund ist es wichtig, „ehrlich" zu planen und unterschiedliche Personen (sog. interdisziplinäre oder cross-funktionale Teams) mit der Planung zu betrauen.

Cross-funktionale Teams einsetzen

Abschließend soll noch erwähnt werden, dass neben dem Endprodukt einer Projektbewertung ein wesentlicher Nutzen auch in der institutionalisierten und umfassenden gedanklichen Auseinandersetzung mit Kosten- und Nutzenfaktoren des IT-Projektes liegt. So können Fehler „am grünen Tisch" begangen und Wahrscheinlichkeitsüberlegungen angestellt werden, die dann im Realprojekt berücksichtigt werden.

3 Vorgehen zur Wirtschaftlichkeitsanalyse von IT-Investitionen im Einkauf

Die Anwendung der beschriebenen Prozessanalyse und der darauf aufbauenden Investitionsrechnung stellt sich folgendermaßen dar.

3.1 Schritt 1: Zieldefinition unter Einbindung der betroffenen Mitarbeiter

Im ersten Schritt wird die Zielsetzung der neuen Lösung definiert (z.B. Kostensenkung, Prozessvereinfachung, Fehlervermeidung). Dabei muss vor allem darauf geachtet werden, dass jedes Ziel in Bezug auf Inhalt, Ausmaß und Zeitbezug operationalisiert wird, damit der Erreichungsgrad gemessen werden kann.

Welche Ziele werden verfolgt?

Weiter kann das Unternehmen in dieser Phase die gewünschten Verfahren zur Berechnung und den gewünschten Detaillierungsgrad der Investitionsrechnung bestimmen. Erfahrungsgemäß werden in der Praxis zumeist die Kenngrößen der **Amortisation und der Rentabilität** nachgefragt.

---

[12] Vgl. Linder, 2004.

3.2 Schritt 2: Kosten- und Erlös-/Nutzenermittlung

Welche Kosten und Erlöse fallen an?

Dieser Schritt ist entscheidend für die Aussagekraft einer Investitionsbeurteilung, da hier wesentliche Annahmen zu treffen sind.

- „Wie viel Prozent werden wir uns durch die neue eLösung tatsächlich einsparen?", oder
- „Haben wir für die Schulung unserer Mitarbeiter die Kosten in ausreichender Höhe angesetzt?"

sind nur einige der Fragen, die hier immer wieder aufkommen. Von großer Bedeutung für die finale Wirtschaftlichkeitsbetrachtung ist die Unterteilung der Kosten in laufend und einmalig.

Erfahrungskurve berücksichtigen

Im Bereich der Nutzenermittlung muss stets zwischen direkt messbarem monetären Nutzen und (nur) indirekt messbarem nicht monetären Nutzen unterschieden werden. Würde die Investition in eine eCatalog-Lösung bspw. 15 % der Prozesskosten für Bestellungen verringern, so würde es sich dabei um eine direkt messbare Prozesskosteneinsparung handeln. Auch ist bei der Nutzenermittlung der Erfahrungskurveneffekt zu berücksichtigen, da die möglichen Potenziale durch die implementierte IT oft erst zeitverzögert wirksam werden und für einen realistischen Wirtschaftlichkeitsausweis zu Beginn eher geringere Einsparungswerte anzusetzen sind.[13]

Eine höhere Ausfallsicherheit oder qualitativ bessere Prozesse (weniger Medienbrüche) sind direkt nicht zu messen und nur indirekt über einen Pauschalsatz oder auf Basis von Erfahrungswerten einzubringen. Einzige Ausnahme: Die bisherigen Probleme sind zeitlich eindeutig bezifferbar und durch die neue Lösung zu vermeiden oder zu verringern. Sofern Kenngrößen wie Mitarbeiter- oder Lieferantenzufriedenheit der eLösung bzw. die Wirkung auf angrenzende Unternehmensbereiche miteinbezogen werden sollen, kann auf Scoringmodelle zurückgegriffen werden.

Wirkungsketten erlauben die Darstellung indirekter Einflüsse

Sofern von Entscheiderseite eine weitere Detaillierung des Einflusses von nicht direkt messbaren Aspekten gewünscht ist, kann die Wirtschaftlichkeits- und Nutzenanalyse um das Instrument der Wirkungskette erweitert werden (s. Abb. 5). Damit ist es möglich auch nicht direkte und somit nicht kurzfristig wirksam werdende Nutzenaspekte einer Investition in eSourcing-Lösungen aufzuzeigen. Im dargestellten Beispiel führt eine einheitliche Prozessbeschreibung in erster Linie zur Klarheit und einem zweifelsfreien Verständnis über die Beschaffungsabläufe, und erst indirekt über schnellere und fehlerfreie Prozesse zu Kosten- und Zeiteinsparungen.

---

[13] S. Schweiger/Ortner/Tschandl, 2007, S. 73.

Wirtschaftlichkeit von IT-Projekten

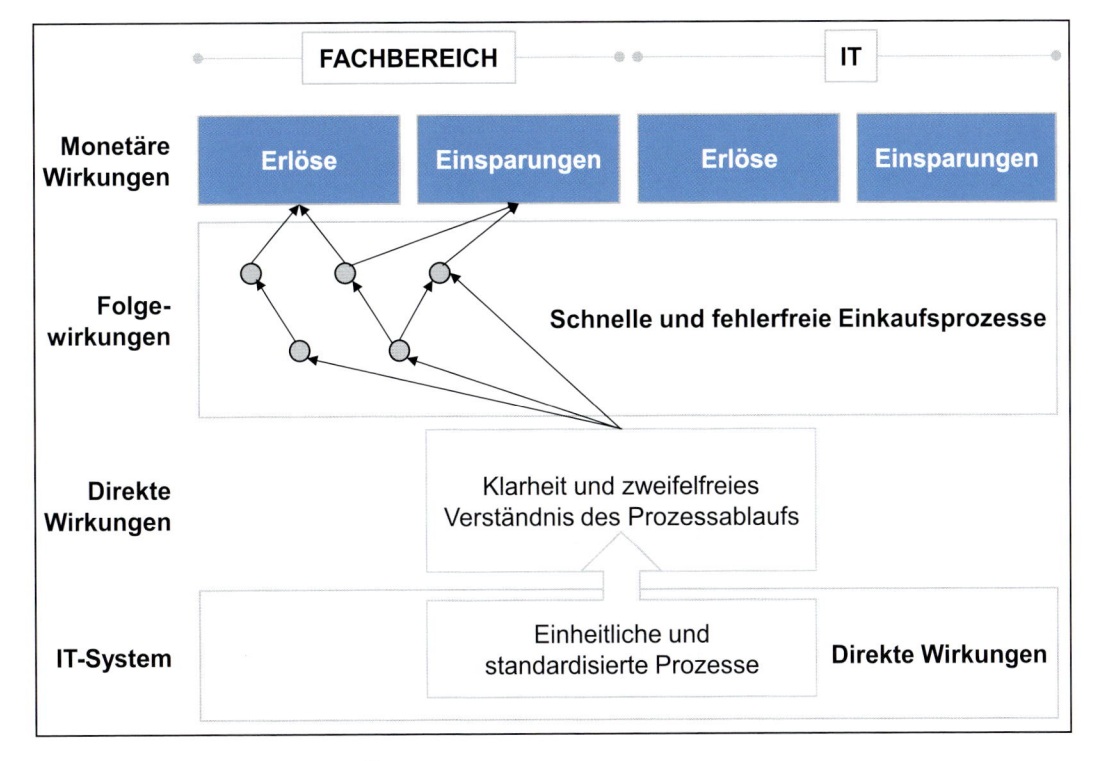

Abb. 5: Wirkungskettendiagramm[14]

Da zu viele Wirkungsketten unübersichtlich und nicht nachvollziehbar werden, muss man sich bei der Wahl der qualitativen Faktoren, welche mit einer derartigen Darstellung argumentiert werden, auf die wesentlichen beschränken.

3.3 Schritt 3: Ermittlung der Kenngrößen

In Schritt 3 werden die zu Beginn definierten Zielgrößen berechnet und einander gegenübergestellt. Jene Entscheidungsfaktoren, die nicht quantifiziert werden können (z. B. einfache Bedienung, Design, subjektive Präferenzen), sind in der qualitativen Analyse (z. B. Scoringmodell, Nutzwertanalyse) zu berücksichtigen.

---

[14] S. Kesten/Schröder, 2007, S. 14.

3.4 Schritt 4: Entscheidungsaufbereitung und Entscheidung

In Schritt 4 sind die Ergebnisse der Wirtschaftlichkeitsanalyse als Entscheidungsgrundlage aufzubereiten. Darüber hinaus sind für eine fundierte Entscheidung auch mögliche mit der Investition einhergehende Risiken (z.B. fehlende Mitarbeiterakzeptanz) herauszuarbeiten und Ideen zur Minimierung dieser vorzulegen.

3.5 Schritt 5: Investitionsnachkalkulation

Wichtig: die Nachkalkulation

Nachdem eine Entscheidung gefallen und die Umsetzung erfolgt ist, ist es notwendig systematisch nachzuprüfen, ob die Annahmen im Bereich Prozesszeiten, Anzahl abgewickelter Transaktionen und ähnliches auch tatsächlich eingetreten sind. Eine solche Nachkalkulation sollte von unabhängiger Stelle durchgeführt werden. An dieser Stelle kann es auch sinnvoll sein, neben der monetären Prüfung auch nachzufragen, ob sich in weiteren relevanten Bereichen wie etwa der Mitarbeiterzufriedenheit etwas positiv verändert hat.

4 Kalkulationsmodell zur Beurteilung von IT-Investitionen

Das nachfolgend exemplarisch vorgestellte Kalkulationsmodell[15] soll Unternehmen eine Methodik in die Hand geben, welche es einfach möglich macht klare Kenngrößen zu ermitteln, unter Verwendung dieser sich Unternehmen selbst von der tatsächlichen Sinnhaftigkeit der Investition überzeugen können. Da bei der Wirtschaftlichkeitsanalyse von komplexen eLösungen eine einzelne Kennzahl zur Bewertung selten ausreicht, werden mehrere Ergebnisse – ROI, Amortisationsdauer und Interner Zinsfuß – berechnet, ergänzt um nicht monetäre Faktoren.

Das sich aus dem in Kapitel 3 dargestellten Prozess ergebende Kalkulationsmodell besteht aus fünf Kernmodulen (s. Abb. 6).

---

[15] Eine ausführliche Darstellung findet sich in Schweiger/Ortner/Tschandl, 2007.

Wirtschaftlichkeit von IT-Projekten

1 Basisdaten	2 Investition und laufende Kosten	3 Einsparungen/ Nutzen	4 Ergebnisse	5 Executive Summary
- Stundensätze - Kalkulationszinssatz - Preisliste Anbieter - Projektvolumen	- Technische Infrastruktur - Implementierungsprojekt - Laufender Betrieb	- Prozesskosten - Beschaffung traditionell - Procurement Excellence	- Amortisationszeit (BE) - ROI - Interner Zinsfuß	- Monetäre Bewertung - Qualitativer Zusatznutzen

Abb. 6: Kernmodule der Kalkulation

Durch Erhebung der Basisdaten (Modul 1) ist es möglich, die einmaligen und laufenden Kosten zu ermitteln (Modul 2), welche schließlich den möglichen Prozesskosteneinsparungen und weiteren Nutzenelementen (Modul 3) gegenübergestellt werden. Als Resultat lassen sich somit die **dynamische Amortisationsdauer, der Return on Investment sowie der interne Zinsfuß** ermitteln (Modul 4) und im Executive Summary zusammengefasst darstellen (Modul 5).

4.1 Basisdaten

Jede Investitionsberechnung ist so repräsentativ wie die ihr zugrunde liegenden Basisdaten. In diesem Modul sind demnach jene Daten zu erheben bzw. einmalig festzulegen, die die Grundlage für die daran anschließenden Berechnungen darstellen. Dabei handelt es sich um

Basisdaten müssen abgeschätzt werden

- den durchschnittlichen Stundensatz der Einkaufsmitarbeiter,
- den Kalkulationszinssatz,
- die Inflationsrate für den Betrachtungszeitraum,
- die Lizenzkosten sowie
- die Tagessätze für externe Berater.

Dazu muss – i.d.R. gemeinsam mit dem Anbieter – das Projektvolumen in Tagen je Projektphase (von Ist-Erhebung bis Go-Live) festgesetzt werden.

4.2 Investition und laufende Kosten

In diesem Modul werden gemäß dem TCO-Ansatz sowohl die direkten als auch die indirekten Kosten der IT-Lösung erfasst. Im Detail handelt es sich dabei um folgende Kostenelemente, die schließlich die Gesamtkosten des Investitionsvorhabens ergeben:

Organisation & IT

- **Technische Infrastruktur:** Dieser Block umfasst notwendige Hardware, spezifische Software in Form von Lizenzen sowie Schnittstellen. Zur Berechnung der Lizenzkosten wird hier auf die im Modul „Basisdaten" hinterlegten Informationen direkt zugegriffen.
- **Einmalige Implementierungskosten:** Dieser Bereich bezieht sich vor allem auf die internen und Beratungskosten für Ist-Erhebung, Soll-Konzeption, Customizing, Testen, Training der Key-User sowie Betreuung beim Go-Live. Neben dem externen Anteil an Beratungskosten werden überdies die internen Projektkosten für Analysegespräche, Testphase und Ähnliches angesetzt. Auch hier ergeben sich die Kostenelemente auf Basis der eingepflegten Grundwerte. So ermitteln sich die Projektkosten aus einer Multiplikation des Tagessatzes der Berater mit dem veranschlagten Zeitbedarf für die einzelnen Projektphasen. Auch für den Zeitaufwand interner Mitarbeiter (insbesondere wenn sie für das Projekt zusätzlich angestellt werden) sind Annahmen zu treffen.
- **Kosten des laufenden Betriebs:** Da ein neues System i.d.R. immer Fragen und/oder Probleme beim Anwender aufwirft, sind auch die Support-Kosten für den laufenden Betrieb nicht unberücksichtigt zu lassen. Diese setzen sich neben dem technischen Service (Helpdesk) vor allem für die Projektunterstützung nach dem Go-Live zusammen.

4.3 Einsparungen und sonstiger Nutzen

Kostenbetrachtung und Nutzwertanalyse kombinieren

Das dritte Modul „Einsparungen und sonstiger Nutzen" adressiert die Nutzenaspekte. Es basiert auf der in Kapitel 2.2 dargestellten Prozesskostenbetrachtung und einer optionalen Nutzwertanalyse. Bei der Prozesskostenanalyse werden die Einsparungen entlang des betrachteten Beschaffungsprozesses betrachtet, während über die Nutzwertanalyse die Vorteile in die Betrachtung einfließen, die monetär nicht oder nur indirekt – unter Zuhilfenahme der in Kapitel 3 vorgestellten Wirkungskettenbetrachtung – bewertet werden können (z.B. erhöhte Flexibilität, Image, Datenqualität). Bei der Prozesskostenbetrachtung wird der traditionelle Ablauf des betrachteten Einkaufsprozesses (z.B. Anfrage, Angebot, Bestellung-Auftragsbestätigung, Auktion, Katalogbestellung) mit dem durch Verfahren des eProcurements und/oder eSourcings gestützten Ablaufs verglichen (z.B. Request for Information RFI, Request for Quotation RFQ, Purchase-Order-Management, eCatalog, eAuktion).

Ansatz von Erfahrungswerten

Dabei gilt es die Prozesskosten für einen traditionellen Beschaffungsvorgang im eigenen Unternehmen abzuschätzen oder anhand von Branchen- oder Verbandseinschätzungen (z.B. seitens des BME) festzulegen. Da die einzelnen eLösungen aber immer einen ganz spezifischen Teil des

Gesamtprozesses abdecken, wurden für die Betrachtung folgende typische Standardszenarien der Beschaffung näher betrachtet:

- Anfrage
- Bestellanbahnung/Ausschreibung
- Auktion
- Bestellung/Auftragsbestätigung
- Katalogbestellung
- Fehlerabwicklung (Reklamation)

Im Detail wurden die einzelnen Zeitelemente der jeweiligen Prozessphase der betrachteten Szenarien mit dem durchschnittlichen Stundensatz eines repräsentativen Mitarbeiters im Einkauf (Modul „Basisdaten") multipliziert, um die Prozesskosten pro Prozessinstanz zu erhalten. Diese werden mit Soll-Prozesszeiten verglichen, die durch Verwendung der IT-Lösungen realisiert werden können (s. Beispielszenario in Abb. 7).

5. Einsparungen

5.1 Prozesskostenbetrachtung

	Beschaffung traditionell	Procurement Excellence		
Prozessschritte	Zeitaufwand netto (h)	min	Ø Zeitaufwand netto	max
Bestellung/Auftragsbestätigung				
Bestellung auslösen	0,10		0,10	
Bestellung versenden	0,20		0,10	
Auftragsbestätigung (AB) durch Lieferanten	0,10		0,10	
Prüfen der Vollständigkeiten der AB's	0,30		0,10	
ggf. Urgenz ausständiger AB's	0,20		0,10	
Archivierung der AB's	0,20		0,10	
Summe Netto-Zeit pro Prozessinstanz	1,10		0,60	
Summe EUR pro Prozessinstanz	**44,00**		**24,00**	0,00
Einsparung in EUR			20,00	
Einsparungspotenzial (%)			45	

Abb. 7: Prozesskostenbetrachtung Bestellung/Auftragsbestätigung

Auf dieser Ebene werden jeweils nur der elementare Prozess und die sich dabei ergebenden Prozesskosteneinsparungen in EUR sowie Prozent betrachtet. Diese fließen schließlich – erweitert um das Mengengerüst (z. B. Anzahl der über Auktionen abgewickelten Beschaffungen, Anzahl der Katalogbestellungen) – in die Kenngrößenermittlung als Nutzenelement ein.

Überdies befindet sich in diesem Modul auch noch ein Bereich, in dem qualitative Nutzenelemente der betrachteten IT-Lösung mit einem Gewichtungsfaktor bewertet werden können und schließlich über eine Nutzwertanalyse direkt in das Executive Summary einfließen.

4.4 Ergebnisse

Der Bereich „Ergebnisse" sollte die Zusammenfassung aller zentralen Kosten-, Einsparungs- und Nutzenelemente sowie die Berechnung der Kennzahlen Return on Investment, dynamische Amortisationszeit und interner Zinsfuß enthalten. Damit ist es möglich, folgende drei Fragen zu beantworten:

4.4.1 Amortisationszeit (Break Even): Nach wie vielen Monaten/Jahren rechnet sich die Investition?

Dabei werden die ermittelten Prozesskosteneinsparungen je Szenario mit den Prozesshäufigkeiten multipliziert, und schließlich zur – mit dem Kalkulationszinssatz (Modul „Basiswerte") – abgezinsten Gesamteinsparungssumme über den Betrachtungszeitraum kumuliert.

Wirtschaftlichkeit von IT-Projekten

Wirtschaftlichkeitskennzahlen

1. Amortisationszeit/Break Even: Nach wie vielen Monaten rechnet sich die Investition?

	Jahr	0	1	2	3	4
	Prozesshäufigkeit (Mengengerüst)					
Anfragen		12000	12000	12000	12000	12000
Bestellanbahnung/Ausschreibung		10000	10000	10000	10000	10000
Auktionen		0	10	15	15	15
Bestellung/Auftragsbestätigung		120000	120000	120000	120000	120000
Katalogbestellung		5000	5000	5000	5000	5000
Fehlerquote		0,03	0,03	0,03	0,03	0,03
Veringerung Fehlerquote		0,5	0,5	0,5	0,5	0,5
Menge (gesamt)		147000	120000	120000	120000	120000
Anteil der P4T-ünterstützen Prozesse (Erfahrungskurve)		0	0,05	0,1	0,2	0,2
	Einsparungen (Wertgerüst)					
Einsparungen Anfragen		0,00	46.512,00	93.024,00	186.048,00	186.048,00
Einsparungen Bestellanbahnung/Ausschreibung		0,00	33.200,00	66.400,00	132.800,00	132.800,00
Auktionen		0,00	960,00	1.440,00	1.440,00	1.440,00
Einsparungen Bestellung/AB		0,00	120.000,00	240.000,00	480.000,00	480.000,00
Einsparungen Katalog		0,00	6.000,00	12.000,00	24.000,00	24.000,00
Einsparungen durch Fehlervermeidung (Prozessqualität)		0,00	2.160,00	4.320,00	8.640,00	8.640,00
Summe Einsparung Prozesskosten (NPV)	1.818.304,71	0,00	208.832,00	417.184,00	832.928,00	832.928,00
	Kosten					
	NPV	0	1	2	3	4
Investitionskosten	141.509,43	150.000,00				
Implementierungsprojekt-Kosten	39.018,87	41.360,00				
laufende Kosten (NPV)	12.915,84	0,00	3.840,00	3.916,80	3.995,14	4.075,04
Kosten gesamt	193.444,14	191.360,00	3.840,00	3.916,80	3.995,14	4.075,04
Zahlungsstrom		-191.360,00	204.992,00	413.267,20	828.932,86	828.852,96
abgezinster Zahlungsstrom		-191.360,00	193.388,68	367.806,34	695.988,02	656.529,18
Zahlungsstrom kumuliert		-191.360,00	2.028,68	369.835,02	1.065.823,03	1.722.352,21
Amortisationszeit (Break-Even)			0,99 Jahre			

Abb. 8: Berechnung Amortisationsdauer

Dies geschieht ebenfalls mit den anfallenden Kosten, was schlussendlich den Zahlungsstrom über die Zeit und die Amortisationszeit (Break-Even) ergibt (s. Abb. 9).

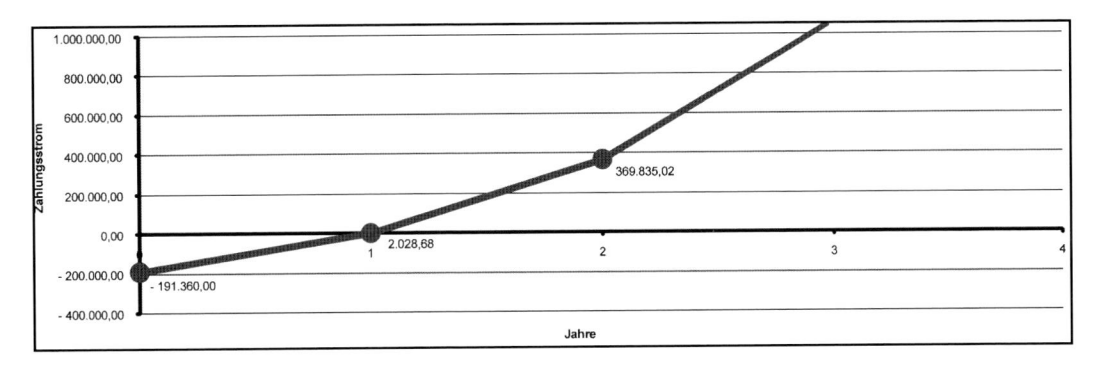

Abb. 9: Break-Even-Analyse

Organisation & IT

Achtung: Wirkungsverzögerungen beachten
I. d. R. treten Wirkungsverzögerungen bei IT-Anwendungen auf. Um dem Rechnung zu tragen, sollte im Kalkulationsmodell eine Steigerungsrate in der Nutzung zu hinterlegen sein (z. B. im ersten Jahr werden 5 %, im zweiten und dritten Jahr 10 % und im vierten Jahr 20 % der Gesamt-Bestellungen über eine eCatalog-Lösung abgewickelt).

4.4.2 Return on Investment (ROI): Wie viel erhalte ich im Betrachtungszeitraum für meine Aufwendungen zurück?

Auf Basis des in Abb. 8 dargestellten Rechenschemas kann der ROI ermittelt werden, indem die Einsparungen den Kosten des Investitionsvorhabens gegenübergestellt werden.

2. Return on Investment (ROI): Wie viel bekomme ich im Betrachtungszeitraum für meine Aufwendungen zurück?			
Nutzen: Einsparung durch Web-Unterstützung	1.818.304,71 €		
		ROI-Faktor (absolut)	9
Gesamtkosten: Implementierung + Investition	193.444,14 €		
		Jeder investierte Euro kommt in dem betrachteten Zeitraum 9 Mal zurück.	

Abb. 10: Berechnung des ROI

4.4.3 Interner Zinsfuß: Welche Verzinsung erwirtschaftet meine Investition?

Bei dieser Berechnung wird auf Basis der Initialkosten und der Nettoeinsparungen über den Betrachtungszeitraum die tatsächliche Rendite des in einem Investitionsprojekt durchschnittlich gebundenen Kapitals ermittelt. Ein Vergleich mit dem möglichen Zinssatz einer alternativen Kapitalanlage gibt schlussendlich Aufschluss über die wirtschaftliche Sinnhaftigkeit der Investition.

3. interner Zinsfuß: Welche Verzinsung erwirtschaftet meine Investition wirklich?			
Initialkosten			
		interner Zinsfuß	169%
Nettoeinsparung über den Betrachtungszeitraum			
		Kalkulationszinsfuß	6,0%
		Da der interne Zinsfuß größer als der angenommene Kalkulationszinsfuß ist, ist die Investition als rentabel zu bewerten.	

Abb. 11: Berechnung des internen Zinsfußes

4.5 Executive Summary

Das Executive Summary fasst die berechneten Kennzahlen zusammen und liefert optional auch noch eine Übersicht über qualitative und nicht bewertbare Nutzenaspekte der betrachteten Lösung aus der Nutzwertanalyse. Um darzustellen, welche konkrete Auswirkung die einzelnen Zahlen auf das Projekt haben, besteht hier auch die Möglichkeit, Kommentare anzufügen.

5 Fazit

Investitionsentscheidungen sind für Unternehmen von großer Bedeutung, da sie

- zu einem hohen Bedarf an finanziellen Mittel führen,
- eine mittel- bis langfristige Kapitalbindung mit sich bringen,
- schwer oder nur unter Verlusten revidierbar sind,
- nachhaltig die Profitabilität des Unternehmens beeinflussen und
- durch die Beeinflussung der Kosten- und Erlösstrukturen die Weichen für die zukünftige Positionierung des Unternehmens stellen.

Richtig oder falsch investieren beeinflusst damit maßgeblich den zukünftigen Erfolg oder Misserfolg der unternehmerischen Aktivitäten. Während sich bei Großunternehmen falsche oder gescheiterte Investitionen i.d.R. „nur" negativ auf den Gewinn auswirken, sind bei mittleren und insbesondere kleinen Unternehmen Fehlentscheidungen oft sogar existenzbedrohend. Die Entscheidung für eine Investition sollte deshalb entsprechend geplant und die Umsetzung zielorientiert gesteuert werden. Nicht Zufall, vage Hoffnungen oder das Bauchgefühl der Unternehmensführung dürfen die Grundlage für Investitionsentscheidungen sein, sondern sie müssen auf der Grundlage einer langfristigen Investitionsplanung mit den damit verbundenen Berechnungen getätigt werden.

Im vorliegenden Beitrag wurde eine Methodik zur Beurteilung von IT-Projekten am Beispiel von eSourcing- und eProcurement-Lösungen vorgestellt, die eine empfohlene Vorgehensweise sowie ein Kalkulationsmodell zur Berechnung der Kosten- und Nutzeneffekte umfasst. Mit Methodik und Modell ist es möglich, eine fundierte Entscheidung vorzubereiten und die für das Unternehmen beste Lösung auszuwählen und umzusetzen.

6 Literaturhinweise

Bundesverband Materialwirtschaft, Einkauf und Logistik (Hrsg.): Supplier Relationship Management: Marktstudie 2006, 2006.

Bundesverband Materialwirtschaft, Einkauf und Logistik/Universität Würzburg (Hrsg.): Stimmungsbarometer „Elektronische Beschaffung", 2009.

Bundesverband Materialwirtschaft, Einkauf und Logistik, eSolutions Report 2013, 2013.

CIO, The CIO Insight research study ROI, http://common.ziffdavis-internet.com/ download/0/1963/0124_research.pdf, 2003, Abrufdatum: 1.8.2009.

Däumler/Grabe, Grundlagen der Investitions- und Wirtschaftlichkeitsrechnung, 13. Aufl., 2014.

Gammel, ROI und TCO machen die IT-Kosten transparent, Computerwoche vom 22.02.2002, Heft 8 2002, S. 48 f.

Kesten/Schröder, Toolgestützte Wirtschaftlichkeitsanalyse von IT-Investitionen, Controller Magazin, Controller Magazin, 32. Jg., 2007, S. 13–22.

Koop/Jäckle/Heinold, Business E-volution – Das Handbuch. Organisation – Marketing – Finanzen – Projekt-Management, 2000.

Linder, Wie (un)zuverlässig sind Investitionsplanungen? Ein Überblick über den Stand der empirischen Forschung zur Verbreitung von Fehlern und Verzerrungen in Investitionsplanungen, Zeitschrift Controlling & Management, Sonderheft 1: Investitionscontrolling, 48. Jg. 2004, S. 47–57.

O'Connell, Driving greater ROI from Enterprise Applications, 2007.

Piller, Das Produktivitätsparadoxon der Informationstechnologie, WiSt, 27. Jg. 1998.

Pobbig, Von der Kosten- zur Wertorientierung: TCO versus ROI, 2005, S. 2.

Schentler, Beschaffungscontrolling in der kundenindividuellen Massenproduktion, 2008.

Schweiger/Ortner, Wie Sie den ROI von IT-gestützten Beschaffungsprozessen messen können, Vortrag im Zuge der Fachtagung Supply Management 2008, 25.4.2008.

Schweiger/Ortner/Tschandl, ROI-Analyse für webbasierte Einkaufsoptimierung – Wirtschaftlichkeitsbetrachtung von web-gestützten Einkaufs- und Beschaffungsszenarien, 2. Aufl., 2010.

Schweiger/Ortner/Tschandl/Busse, Supplier Relationship Management, Bewertung und Auswahl von SRM-Portallösungen, 2009.

Risikomanagement und Risikocontrolling: Grundlagen für den Beschaffungsbereich

- Mit der Abnahme der Fertigungstiefe steigt die Abhängigkeit von den Lieferanten. Deswegen wird der Aufbau eines Risikomanagements für den Beschaffungsbereich unverzichtbar.
- Der Aufbau eines Risikomanagements erfolgt üblicherweise in vier Schritten Risikoidentifikation, Risikobewertung, Risikosteuerung sowie Risikoüberwachung und -dokumentation.
- Der Beitrag beschreibt die veränderten Sourcing-Strategien der letzten Jahre und begründet die dadurch gestiegenen Risiken für den Einkauf. Zu den einzelnen Risiken werden Vermeidungs- bzw. Abwälzungsmöglichkeiten erläutert. Eine Übersicht über Frühwarnindikatoren erleichtert die Vorbeugung.

Inhalt		Seite
1	Risikofaktor Supply Management	195
2	Chancen und Risiken durch veränderte Sourcing-Strategien	196
2.1	Gesamtwirtschaftliche Risiken durch Global Sourcing	197
2.2	Typische einzelwirtschaftliche Risiken	198
3	Risikocontrolling durch Einsatz von Frühwarnindikatoren und Indizes	200
3.1	Korruptionsindex	200
3.2	Baltic Dry Index	201
3.3	Kupferindex	202
3.4	DERA- Rohstoff-Monitoring	203
3.5	Einkaufsmanagerindex	204
4	Risikoidentifikation und Risikoreduzierung in kleinen und mittleren Unternehmen	204
4.1	Vorgehen in vier Schritten	204
4.2	Typische operative Risiken im Einkaufsprozess	205
4.3	Reduzierung und Vermeidung von Risiken	208
4.4	Einsatz von Lieferantenportfolios, Benchmarking und der FMEA-Analyse	211
5	Schlussbetrachtung	213
6	Literaturhinweise	214

■ **Der Autor**

Prof. Dr. Helmut Wannenwetsch, Professor an der Dualen Hochschule Baden-Württemberg Mannheim für die Fachgebiete Einkauf, Logistik, Materialwirtschaft, Produktion und Supply-Chain-Management. Außerdem ist er Herausgeber und Autor zahlreicher Fachbücher und weiterer Publikationen zu den Themen Einkauf, Logistik, Materialwirtschaft, Verhandlungsführung und Supply-Chain-Management sowie als Berater und Referent aktiv.

1 Risikofaktor Supply Management

Nach einer Studie der Unternehmensberatung Pricewaterhouse Coopers (PwC) im Jahr 2014 leidet fast jedes zweite Unternehmen unter Störungen der Lieferkette. Von den 137 befragten Unternehmen rechnen 85 % mit einer wachsenden Abhängigkeit von Lieferanten und damit mit einem steigenden Risiko. Weiterhin sind 62 % der Meinung, dass sich die wachsende Zahl der Lieferanten nachteilig auf die Lieferzuverlässigkeit auswirkt. Die Lieferantenbeziehungen sind aufgrund der weltweiten Vernetzung und Abhängigkeit komplexer und damit risikoanfälliger geworden. Noch im Jahr 2003 sicherten sich lediglich 43 % der Lieferanten gegen Lieferantenrisiken durch Lieferantenaudits, Finanzdatenanalysen, Ausbau von Beschaffungsalternativen und Nutzung von Branchenindizes ab. Im Jahre 2012 wuchs die Zahl der Unternehmen auf 82 %. Gegen Preis-, Rohstoff- und Währungsrisiken sichern sich knapp 70 % ab.[1]

Studienergebnisse

Die Fertigungstiefe der Unternehmen reduzierte sich in den letzten Jahren auf 20–30 %. Je nach Branche werden somit 70–80 % des Produktwertes bei Lieferanten zugekauft. Die Fixkosten der Unternehmen wie Lagerkosten, Personalkosten, Miete und Maschinen sinken damit. Das Unternehmen hat aber ein Großteil seiner Wertschöpfung nicht mehr unter eigener Kontrolle, sondern ist auf die Zuverlässigkeit seiner Lieferanten bzw. Zulieferer angewiesen.

Risikofaktor Fertigungstiefe

> **Beispiel: Reduzierte Fertigungstiefe**
>
> - Das Glasschiebedach des VW Eos besteht aus ca. 450 Teilen und hat ca. 70 verschiedene Lieferanten aus unterschiedlichen Ländern.
> - Der Siemenskonzern hat über 300.000 Lieferanten.
> - Der größte Hersteller von Zahnrädern, ZF in Friedrichhafen, hat einen Lieferantenstamm von ca. 13.500 Lieferanten, davon sind 350 sog. strategische oder „A-Lieferanten".

„A-Lieferanten" liefern nicht nur Einzelteile, sondern Module oder komplette Systeme. Beim Fahrzeug können dies komplette Achssysteme, Motoren, Getriebe- oder ABS-Systeme, oder Fahrzeugcockpits sein. Die Entwicklung geht vom Einzelteillieferanten zum Lieferanten für komplette und komplexe Systeme.

Durch die große Anzahl der Lieferanten und die gleichzeitige wachsende Bedeutung der „A-Lieferanten" gehört das Lieferantenmanagement bzw.

---

[1] PricewaterhouseCoopers AG: Fast jedes zweite Unternehmen leidet unter Störungen der Lieferkette, Beitrag vom 6.11.2014, http://www.marketing-boerse.de/News/details/1445-Fast-jedes-zweite-Unternehmen-leidet-unter-Stoerungen-in-der-Lieferkette, Abrufdatum 5.9.2016.

Supplier Relationship Management zu einer strategischen Aufgabe des Einkaufs und des Risikomanagements. Je geringer die Fertigungstiefe, desto größer die Abhängigkeit von den Lieferanten durch schlechte Qualität, verspätete Lieferung oder Insolvenz. Bekannte Fahrzeughersteller zahlen jährlich Millionen Euro an Lieferantenkrediten, um wichtige Lieferanten vor einer Insolvenz und sich selbst damit vor einem Lieferstopp zu bewahren.

Somit ist es nicht verwunderlich, dass für mehr als 80 % der Einkaufsleiter das Management der Versorgungs- und Qualitätsrisiken eine zentrale Rolle im Risikomanagement spielt. Allerdings schätzt jeder zweite der 52 befragen Einkaufsleiter verschiedenster Branchen aus Deutschland, Österreich und der Schweiz das eigene Risikomanagement als noch nicht ausreichend ein. Forschungsergebnisse in US-Unternehmen belegen außerdem, dass Supply Chain-Risiken einen negativen Einfluss auf den Unternehmenswert und damit auf die Wettbewerbsfähigkeit und den Gewinn haben. Somit erfüllt die Einführung eines funktionierenden Risikomanagementsystems gleich mehrere Funktionen:

- Das Unternehmen hat eine Strategie bei plötzlich auftretenden unerwarteten Ereignissen.
- Der Einkauf ist schneller handlungsfähig im strategischen wie auch im operativen Bereich.
- Der Einkauf hilft dem Unternehmen Verluste zu vermeiden und im optimalen Fall gegenüber den Konkurrenzunternehmen Wettbewerbs- und Kostenvorteile durch eine schnelle Reaktion zu erlangen.

> Beispiel: Risikostrategie
> Durch eine Naturkatastrophe fällt in Thailand ein Lieferant für wichtige elektronische Module aus. In der Risikostrategie wurden bei diesem Modul vorab schon mit drei Lieferanten in verschiedenen Ländern flexible Lieferverträge abgeschlossen. Die Lieferverträge beinhalten eine Erhöhung wie auch Reduzierung der Mengen um bis zu 30 %. Zudem wurde ein weiterer potenzieller Ersatzlieferant schon in der Vergangenheit zertifiziert und die die Lieferliste aufgenommen. Darüber hinaus wurden bei diesem Modul (A-Teil) die Sicherheitsbestände großzügiger bemessen. Der Ausfall des einen Lieferanten konnte also durch entsprechende Risikostrategien aufgefangen werden.

2 Chancen und Risiken durch veränderte Sourcing-Strategien

Die deutschen Unternehmen exportieren über 50 % der produzierten Güter ins Ausland. Gleichzeitig werden aufgrund niedriger Einkaufspreise viele Produkte und Materialien in Asien, Osteuropa oder Afrika eingekauft. Dies verändert die bisherige Beschaffungsorganisation und schafft neue Risikofelder.

2.1 Gesamtwirtschaftliche Risiken durch Global Sourcing

Das Schlagwort ist hier „Global Sourcing" also weltweiter Einkauf. Die Vorteile von Global Sourcing sind der Zugriff auf eine weltweite größere Anzahl von Lieferanten und damit einhergehend günstigere Einkaufspreise für Produkte und Dienstleistungen. Damit erhöht sich das Beschaffungsrisiko von lokaler oder regionaler Ebene auf das weltweite Auftreten von risikohaften Ereignissen, welche die Supply Chain beeinflussen.

> **Beispiel: Lieferausfälle und ihre Folgen**
> Folgende Ereignisse verursachten verspätete Lieferungen und Produktionsausfälle:
>
> **1997:** Toyota: Schließung von 18 Werken für zwei Wochen aufgrund eines Feuers beim Zulieferer für Bremsflüssigkeitsventile mit Umsatzeinbußen von ca. 325 Mio. USD.
>
> **1999:** Taiwan: Erdbeben erschüttert Halbleitermarkt. Chip-Industrie muss Fertigungsrückstände bis zu 5 Tage hinnehmen.
>
> **2001** Ericsson: Brand beim einzigen Lieferanten von RFID-Chips. Die Mobiltelefonproduktion war für mehr als 3 Wochen unterbrochen. Umsatzeinbußen von ca. 400 Mio. USD.
>
> **2010:** Aschewolke. Produktionsstörungen bei BMW, Opel, Daimler und Bosch.
>
> **2011:** Jahrhunderthochwasser in Thailand. Viele Festplattenhersteller haben Produktionsstandorte in der Region Bangkok und mussten ihre Werke schließen. Marktführer Western Digital fertigte 60 % seiner Laufwerke in der Krisenregion und musste die Fabriken schließen.
>
> **2011:** Reaktorunfall in Fukushima/Japan: Durch Lieferausfälle musste z.B. Opel zwei Werke in Deutschland vorübergehend schließen. Lieferschwierigkeiten in der Chip-Industrie.
>
> **2013:** Einsturz einer Textilfabrik in Bangladesch und einhergehende Streiks der Textilarbeiter. Lieferschwierigkeiten bei Bekleidungstextilien.
>
> Bereits im Jahre 2005 gab es 838 Ankündigungen von Supply-Chain Störungen im Wall-Street Journal und in den Dow Jones News.

2.2 Typische einzelwirtschaftliche Risiken

Aber auch jenseits solcher Katastrophen kann die Anwendung von Global Sourcing bei jedem einzelnen Land typische Risiken bergen, welche sich im Laufe der Jahre dann auch wieder verändern können. So wurden bspw. von deutschen Unternehmen in der Zusammenarbeit mit chinesischen Lieferanten Probleme in folgenden Bereichen festgestellt:

- Mängel bei Qualitätsmanagementsystemen, Einstellung zur Qualität und Prozessstabilität,
- Anstieg der Löhne innerhalb von 10 Jahren um über 300 %,
- Fluktuationsraten von bis zu 30 % pro Jahr (Deutschland ca. 5 %),
- Rechtssicherheit nicht mit der in Deutschland vergleichbar,
- zu wenig proaktive Kommunikation, Planungskompetenz und langfristige Orientierung sowie
- fehlendes Know-how und Engineering.

Politische Risiken

Eine weitere Entwicklung ist, dass ab bestimmten Einfuhrumsätzen das importierende Unternehmen dafür eine Gegenleistung in Form von Kompensationen zu erbringen hat, damit das Land eine ausgeglichene Außenhandelsbilanz aufweisen kann.

> Beispiel: Kompensationskäufe im Argentinien-Handel
>
> - Da der BMW-Konzern in Argentinien keine Produktionswerke besitzt, kaufte BMW in Argentinien Reis, Leder und Autoteile, um die Pkw-Verkäufe nach Argentinien zu kompensieren. Die argentinische Regierung hielt monatelang bestellte BMW-Fahrzeuge im Zoll fest. Der BMW-Absatz brach in dieser Zeit um 44 % ein.
> - Der Hyundai-Konzern kompensiert seine Importe durch den Export von Erdnüssen.
> - Porsche, welches ein eigenes Weingut in Argentinien besitzt, will für jeden nach Argentinien exportierten Porsche mehrere tausend Liter Wein aus Argentinien exportieren.
> - Konzerne wie VW, Daimler und Ford haben durch bereits bestehende Werke in Argentinien weniger Problem mit der „Außenhandelsbilanz".

Die Devise, wer „im Land verkaufen will muss auch im Land produzieren", gilt nicht nur für Argentinien. Auch China verlangt bspw. den Aufbau einer lokalen Produktion und die Beteiligung von chinesischen Unternehmen als Zulieferer, wenn die importierenden Unternehmen keine hohen Einfuhrzölle für ihre Waren zahlen wollen.

In Tab. 1 werden die Chancen und Risiken von wichtigen Sourcing-Strategien aufgeführt.

Sourcing-Strategie	Chance	Risiko
Global Sourcing	Ausnutzung von Konjunktur-, Wachstums- und Konjunkturschwankungen Weltweite kostengünstige Einkaufsmöglichkeiten, Risikoverteilung, Ausnutzung von Wechselkursschwankungen	Transportrisiko, längere Reaktionszeit, Know-how-Verlust, andere Rechtssysteme, Währungsrisiko, andere Mentalität und Sprache
Local Sourcing	<ul><li>Kurze Transport- und Kommunikationswege</li><li>Just-in-Time möglich</li><li>Ökologisch nachhaltig</li><li>Flexibilität bei Änderungen</li><li>gleiche Mentalität, Sprache, Währung</li></ul>	Abhängigkeit von lokalen Gegebenheiten, höheres Preisniveau, zu enges Vertrauensverhältnis
Dual Sourcing	Zwei Lieferanten im Wettbewerb, dadurch günstige Einkaufsbedingungen	Risiko durch Ausfall eines Lieferanten
Multiple Sourcing	Viele Lieferanten im Wettbewerb, dadurch günstige Einkaufsmöglichkeiten	Hohe Bestellkosten und geringe Mengen pro Lieferant
Modular Sourcing	<ul><li>Verkürzung der Entwicklungszeiten</li><li>Weniger Lieferanten</li><li>Förderung gleichbleibender Qualität</li><li>Reduzierung der Logistikkosten</li></ul>	<ul><li>Gegenseitige Abhängigkeit</li><li>Lieferantenwechsel schwierig</li><li>Abgabe von Firmen-Know-how</li></ul>
Single Sourcing	<ul><li>Verkürzung der Entwicklungszeiten</li><li>Enge Zusammenarbeit</li><li>Geringe Bestell- und Transaktionskosten</li><li>Weniger Lieferanten</li><li>Zusammenarbeit über den gesamten Entwicklungszyklus</li></ul>	<ul><li>Geringe Flexibilität</li><li>Kurzfristiger Wechsel schwierig</li><li>Abhängigkeit von einem Lieferanten</li><li>Engpässe bei Ausfall des Lieferanten</li><li>Preisgabe von Firmen-Know-how</li></ul>

Tab. 1: Sourcing-Strategien und ihre Chancen und Risiken

Organisation & IT

Kostenvorteile häufig nur ex ante gegeben

Studien der Beratungsgesellschaft PwC ergaben, dass Global-Sourcing-Strategien oftmals teurer wurden als vorher geplant. Dabei wurde festgestellt, dass jedes vierte Handels- und Konsumgüterunternehmen den Kostenvorteil durch eine globale Beschaffung nicht beziffern kann. Zusätzliche Faktoren wie Steuern, Lieferausfälle und Informationstechnologien können zusätzliche Risikofaktoren darstellen.

3 Risikocontrolling durch Einsatz von Frühwarnindikatoren und Indizes

Gerade im Hinblick auf das Erkennen und Vermeiden gesamtwirtschaftlicher und politischer Risiken schauen erfahrene Einkäufer immer mehr auf sog. Frühwarnindikatoren und relevante Indizes, um sich abzeichnende Risiken schon im Vorfeld besser beherrschen zu können. Tab. 2 zeigt einige Risikoindizes.

Risikoarten: Kriterien	Quellen
Politische und soziale Stabilität	FiW: Political Rights
Bürokratie	Growth Competitiveness Index GCI: Public Institution Index
Wechselkurs/Inflation	BTA: Currency & Price Stability
Korruption	Corruption Perception Index
Durchsetzbarkeit von Verträgen	BTA: International Cooperation
Enteignung	Index of Economic Freedom IEF: Property Rights

Tab. 2: Risikoindizes und ihre Quellen

3.1 Korruptionsindex

Ein wichtiger Index stellt der Korruptionsindex dar. 168 Länder (Stand 2015) werden hierbei nach Kriterien wie Bestechung und Korruption in einer jährlich aktualisierten Liste aufgeführt. Der Corruption Perceptions Index (CPI) von Transparency International listet Länder nach dem Grad auf, in dem dort Korruption bei Amtsträgern und Politikern wahrgenommen wird. Hierbei werden Geschäftsleute und Länderanalysten befragt, aber auch Staatsbürger aus dem In- und Ausland mit einbezogen. Je höher die „Rangzahl", desto größer ist die Gefahr von Bestechung und Korruption.

Auf den ersten Rängen stehen 2015 „korruptionslose" Länder wie Dänemark, Finnland, Schweden, Neuseeland, die Niederlande, Norwegen, die Schweiz und Singapur. Deutschland liegt hier vorne auf Platz 10. Estland, Frankreich und die Vereinigten Arabischen Emirate gemeinsam auf Platz 23. Weitere Beispiele: Griechenland (Rang 58), Italien (Rang 61), Türkei (Rang 66), China (Rang 83), Russland (Rang 119), Ukraine (Rang 142) und Nordkorea mit Somalia gemeinsam auf dem letzten Platz 167.[2]

3.2 Baltic Dry Index

Der „Baltic Dry Index" ist ein Index für Frachtraten im globalen Warenverkehr per Schiff. Er wird von der Baltic Exchange in London seit 1985 ermittelt und zeigt an, zu welchen Frachtpreisen die Reeder Trockenschüttgut (Dry) wie z.B. Eisenerz, Kohle, Zement, Getreide, Dünger und Kies auf den Standardrouten über die Weltmeere befördern. Der Index zeigt Angebot und Nachfrage für die Güter an. Allerdings wurden in den letzten Jahren sehr viele neue Schiffe gebaut, so dass aufgrund des höheren Angebotes an Frachtkapazität eine verlässliche Aussage bezüglich der Weltkonjunktur nicht mehr möglich ist. Abb. 1 zeigt die Entwicklung des Baltic- Dry- Index. Hier zeigt sich eine sprunghafte Preisentwicklung nach oben bis zum Jahre 2008. Aufgrund der geringen Nachfrage nach Schiffskapazitäten brachen die Preise für die Frachtraten zusammen. Im Zeitraum zwischen 2002 und 2008 wurden aber aufgrund der hohen Frachtpreise viele neue Frachtschiffe gebaut, welche nach 2008 für einen Angebotsüberhang und damit für niedrigere Frachtpreise sorgten. Dies ist mit ein Grund für die momentane Krise bei den Reedereien für Frachtschiffe.

---

[2] S. http://www.transparency.org/cpi2015#results-table, Abrufdatum 15.9.2016.

Organisation & IT

Abb. 1: Baltic Dry Index

3.3 Kupferindex

Kupfer ist nach Eisen und Aluminium einer der am häufigsten verwendeten Materialien. Kupfer wird vor allem in der Elektro- und Automobilindustrie sowie im Maschinenbau verwendet. Wenn die Konjunktur anzieht, so wird in den erwähnten Branchen mehr Kupfer für z.B. Fahrzeuge benötigt. Dies bedingt einen anziehenden Kupferpreis. Bei einer beginnenden Rezession wirkt der Frühwarnindikator in die entgegengesetzte Richtung. Aufgrund seiner Bedeutung als Frühwarnindikator wird Kupfer in den USA von den Experten auch als „Dr. Copper" bezeichnet. Abb. 2 zeigt die Entwicklung des Kupferpreises in Euro vom Jahr 2007 bis 2016. Man sieht den signifikanten Einbruch des Kupferpreises im Jahr 2008 mit der anschließenden Erholung bis zum Jahr 2011. Ab dem Jahr 2015 gab es einen erneuten Preisrückgang der im Einklang war mit dem Rückgang der Preise für viele andere strategische Rohstoffe.

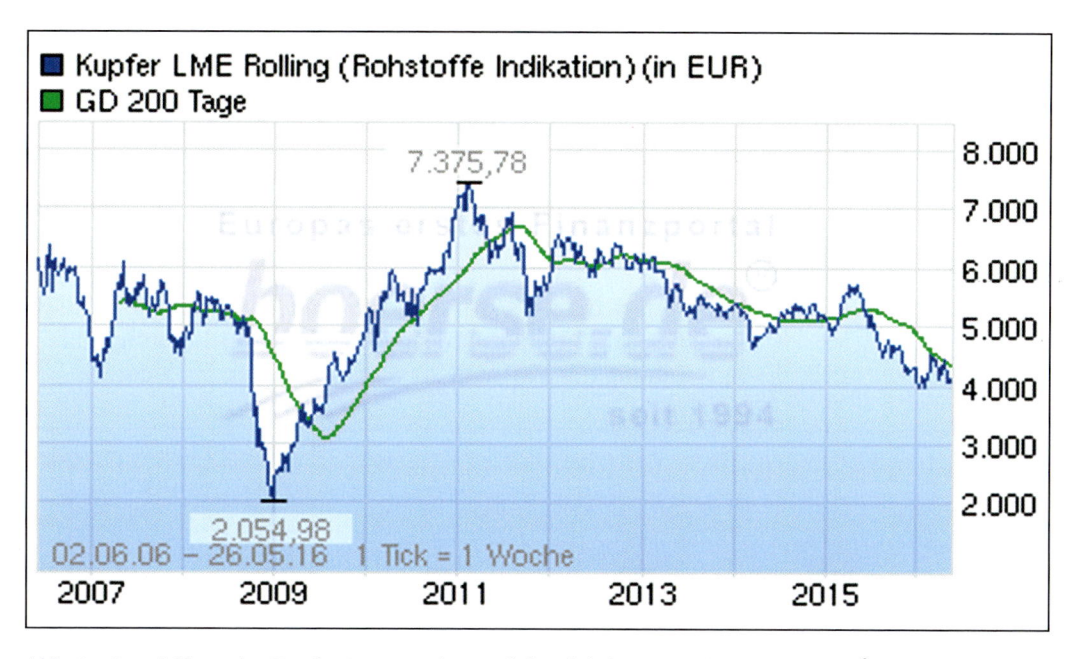

Abb. 2: Entwicklung des Kupfer-Börsenpreises und der globalen Wirtschaftsentwicklung[3]

3.4 DERA- Rohstoff-Monitoring

Das Rohstoff-Monitoring der Deutschen Rohstoffagentur (DERA) wird von den Einkaufsabteilungen der Unternehmen ebenfalls als Frühwarnindikator genutzt. Die DERA ist Teil der Bundesanstalt für Geowissenschaften und untersteht dem Bundeswirtschaftsministerium. Die DERA ermittelt Preis- und Lieferrisiken für potenziell kritische Rohstoffe und stellt dies Rohstoffinformationen und Marktanalysen allen interessierten Einkaufsabteilungen und Unternehmen zur Verfügung. Die DERA hatte z.B. zusammen mit dem Volkswagen-Konzern ein Frühwarnsystem entwickelt, um drohende Preis- und Lieferrisiken bei kritischen Rohstoffen zu erkennen.

---

[3] Quelle: www.boerse.de, Abrufdatum 26.5.2016.

3.5 Einkaufsmanagerindex

Ein anerkannter Frühwarnindikator ist der Einkaufsmanagerindex. Er wird nicht nur im Einkauf, sondern auch an der Börse und an der Wall-Street in New-York ständig beobachtet. Der Einkaufsmanagerindex (EMI) für Deutschland wird vom Finanzinformationsservice Markit und dem Bundesverband Materialwirtschaft Einkauf und Logistik (BME) erstellt. Er dient als Frühindikator für die Wirtschaftsentwicklung.

Der EMI setzt sich aus verschiedenen Marktindikatoren zusammen und beruht in Deutschland auf einer Befragung von 500 Einkaufsleitern/Geschäftsführern der verarbeitenden Industrie. Die Referenzlinie liegt bei 50 Punkten. Werte über 50 zeigen eine positive Geschäftsentwicklung der Industrie im Vergleich zum Vormonat an. Fällt der Index unter diese Marke (Jahr 2008: ca. 37 Punkte), so sind die Geschäft rückläufig. Abb. 3 stellt die Entwicklung der EMI von 2008 bis zum Jahre 2015 dar.

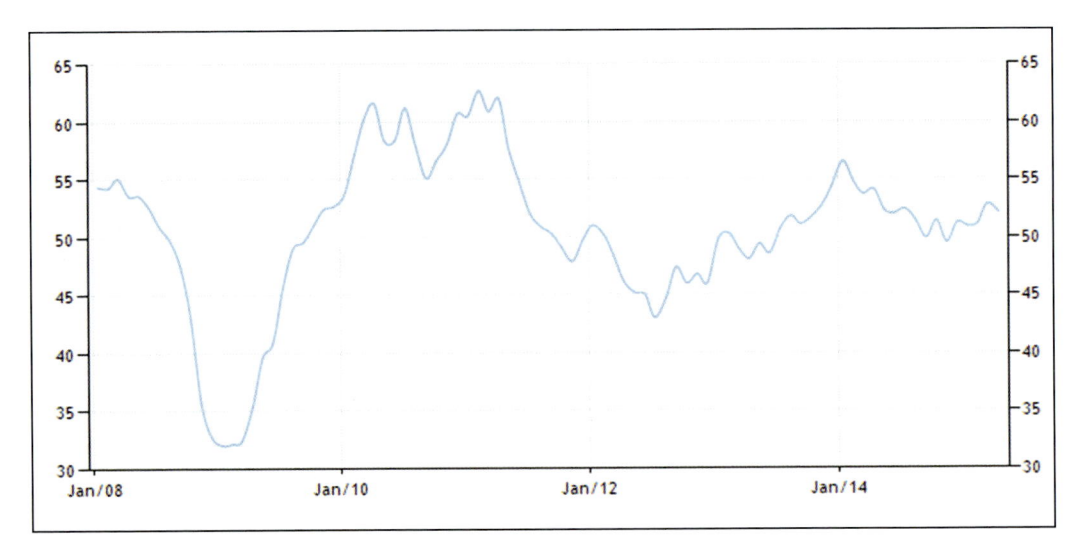

Abb. 3: EMI-Index[4]

4 Risikoidentifikation und Risikoreduzierung in kleinen und mittleren Unternehmen

4.1 Vorgehen in vier Schritten

Das Risikomanagement kann sich in kleinen und mittleren Unternehmen (KMU) in der täglichen Praxis von Großunternehmen unterscheiden. In

---

[4] Quelle: Tradingeconomics.com, Abrufdatum 5.5.2015.

Großunternehmen gibt es oftmals spezielle Mitarbeiter und Abteilungen, welche sich nur mit dem Thema Risikomanagement und Risikofaktoren beschäftigen. In KMU werden diese Aufgaben aus Zeitgründen oftmals von den Einkäufern neben ihren anderen Tätigkeiten wahrgenommen oder periodisch ja nach Bedarf durchgeführt. Teilweise wird aber auch erst dann reagiert, wenn ein Schaden schon eingetreten ist. Trotzdem ist es auch bei KMU hilfreich, sich beim Risikomanagement an den folgenden vier Schritten zu orientieren.

a) **Risikoidentifikation:** Bspw. die Lieferunzuverlässigkeit bei einem ausländischen A-Lieferanten.

b) **Risikobewertung:** Lieferunzuverlässigkeit stellt hohes Risiko dar, da der Lieferant wichtig für den Einkauf ist.

c) **Risikosteuerung:** Maßnahmen zur Handhabung von Risiken wie z.B. die Beendigung der Lieferantenbeziehungen aus wirtschaftlich oder politisch instabilen Regionen.

d) **Risikoüberwachung und – Dokumentation:** Erstellung einer Übersicht der identifizierten Risiken, sowie Auflistung über bereits getroffene Maßnahmen zur Bekämpfung des Risikos.

4.2 Typische operative Risiken im Einkaufsprozess

Bevor sich die Frage stellt, ob sich Risikomanagement lohnt, sollte untersucht werden, welchen Risikoarten das Beschaffungsmanagement ausgesetzt ist. Die als am wichtigsten eingestuften Risiken schwanken von Branche zu Branche und sind oft auch von aktuellen Geschehnissen beeinflusst. Eine Übersicht der häufig vorkommenden Risikoarten wird in Tab. 3 strukturiert dargestellt.

Lieferantenrisiken	Produktionsrisiken	Ökonomische Risiken	Rechtliche Risiken	Politische Risiken
Single Sourcing	Schlechte Qualität, Ausschuss	Wechselkurse und Währungen	Durchsetzbarkeit von Verträgen	Bürokratie
Angebots- und Nachfragemacht	Ausbildungsniveau der Mitarbeiter	Inflation	Produkthaftung	Politischer und sozialer Sprengstoff
Lieferausfälle	Fehlmengen	Konjunkturschwankungen	Patent- und Markenschutz	Hohe Arbeitslosenquote
Lange Lieferzeiten	Probleme bei Neuanlauf der Produktion	Infrastruktur	Arbeitsbedingungen	Korruption und Bestechung

Lieferanten-risiken	Produktions-risiken	Ökonomische Risiken	Rechtliche Risiken	Politische Risiken
Mentalität, Sprache	Sicherheitsbestände	Investitionsklima	Wirtschaftliche Beteiligungen	Enteignung
Lieferanteninsolvenz	Technologiestand	Steuerniveau	Compliance Regeln	
Preisrisiko		Umweltschutz	Markenpiraterie	
			Gewährleistung, Garantie und Vertragsstrafen	

Tab. 3: Übersicht über die wichtigsten Risiken

Währungsrisiken — Ein Bereich der oben dargestellten ökonomischen Risiken stellen die Währungsrisiken dar. Durch den Brexit im Jahr 2016 verlor das englische Pfund innerhalb weniger Tage mehr als 10 % an Wert. Die meisten Handelspartner Großbritanniens traf der Brexit völlig unerwartet, sie waren darauf nicht vorbereitet. Gleichzeitig stieg der Wert des Dollars gegenüber englischem Pfund und Euro.

In den letzten Jahren hat bspw. der Euro gegenüber wichtigen Währungen wie dem Dollar abgewertet. Dies verteuert die Einkäufe, welche in Dollar abgerechnet werden. Gleichzeitig erhöht es natürlich die Wettbewerbsfähigkeit für deutsche Produkte im Ausland, die dadurch billiger werden. Für die Beschaffung ergeben sich höhere Einkaufspreise von in Dollar abgerechneten Einkaufsprodukten. Beim Verkauf der Produkte ergeben sich unter Umständen Wettbewerbsvorteile des Unternehmens durch den günstigen Eurokurs im Vergleich zu anderen Währungen. Abb. 4 zeigt die Entwicklung des Dollarkurses von 2007 bis 2016. Während man im Jahr 2008 noch für einen Euro den Gegenwert von 1,60 Dollar bekam, schwankte der Euro im Jahr bei ca. 1,10 Dollar. Dies bedeutet einen Wertverlust des Euro gegenüber dem Dollar von ca. 30 %.

Compliance — Ein weiterer Risikofaktor stellen die vielfältigen rechtlichen Risiken dar. Die Medien bringen hier in regelmäßigen Abständen Berichte über Verstöße gegen die Compliance Regeln. Das Kartellamt verhängt regelmäßig Strafen in Millionenhöhe gegen Unternehmen welche der Korruption überführt werden oder sich an ungesetzlichen kartellrechtswidrigen Absprachen beteiligen.

Risikomanagement und -controlling im Einkauf

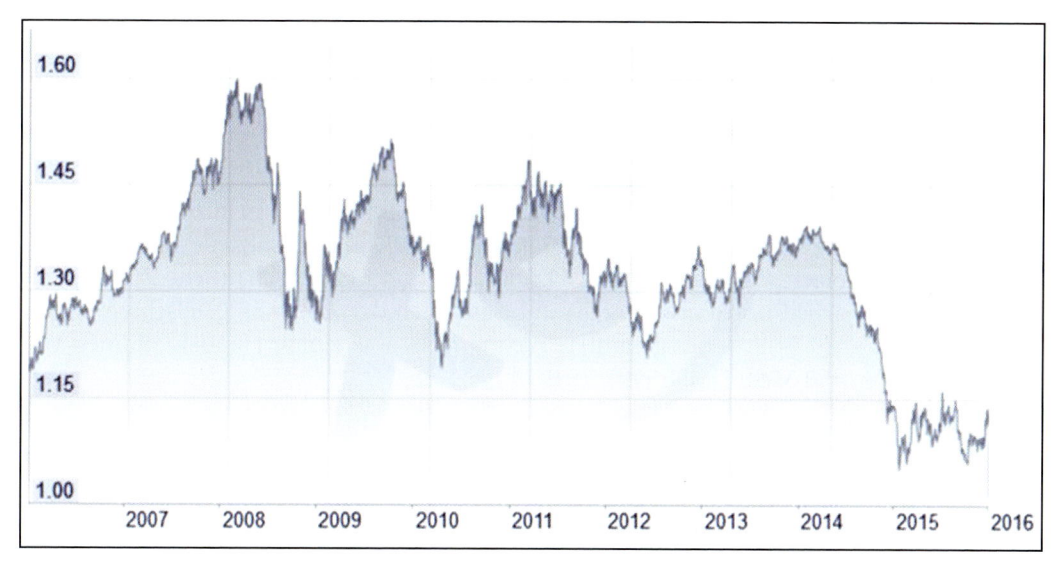

Abb. 4: Wechselkurs Euro/US-Dollar[5]

Beispiel: Kartellstrafen
So verhängte das Bundeskartellamt Bußgelder in Höhe von über 106 Mio. EUR gegen mehrere Brauereien, einer der Geschädigten war auch die Deutsche Bahn, welche die Getränke zu überhöhten Preisen eingekauft hatte. Vier Hersteller von Gipsplatten mussten nach einer Entscheidung der EU-Kommission ein Bußgeld in Höhe von 478 Mio. EUR zahlen. Weitere Bußgelder in Höhe von 150 Mio. EUR wurden gegen mehrere Supermarktketten verhängt, weil sie Preise für Süßwaren, Kaffee, Tiernahrung, Bier und Kosmetika abgesprochen hatten.

Der vom Bundesverband Materialwirtschaft, Einkauf und Logistik (BME) herausgegebene Code of Conduct umfasst fundamentale Regeln zu folgenden Bereichen:

Code of Conduct des BME

- Korruption
- Kartellrechtwidrige Absprachen
- Kinder- und Zwangsarbeit
- Einhaltung ethischer Grundsätze gegenüber Lieferanten (Compliance)
- Einhaltung von Menschenrechten
- Umwelt- und Gesundheitsschutz
- Faire Arbeitsbedingungen

---

[5] Quelle: XE.COM, Abrufdatum 31.5.2016.

Organisation & IT

Die BME-Verhaltensrichtlinie verweist auch auf den internationalen Referenzrahmen des „UN Global Compact" und damit auf weltweite unternehmensübergreifende Zusammenhänge. Die Einhaltung von Compliance-Regeln ist für das Unternehmen und die Einkaufsabteilung elementar und oft Bestandteil des Einkaufshandbuches.

Produktpiraterie — Ein weiterer Risikofaktor im rechtlichen Segment stellt für den Einkauf die Produktpiraterie dar. Ungefähr 10 % aller Ersatzteile sind gefälscht. Nach Angaben der OECD (Organisation für wirtschaftliche Zusammenarbeit und Entwicklung) in beläuft sich der Anteil an gefälschten Waren auf 5–9 % des gesamten Welthandels, was einem Handelsvolumen von 450 Mrd. Dollar entspricht.

> **Beispiel: Konkurs durch Kopien**
> Der Lederfabrikant MCM, Hersteller u.a. von Luxustaschen, hatte innerhalb von 6 Jahren einen Umsatzeinbruch von 85 % zu verzeichnen. Dies war der Hauptgrund für den Untergang des Unternehmens.

Datensicherheit und Industriespionage — Ein Risikobereich welchen den die meisten kleinen und mittleren Unternehmen unterschätzen sind die Hackerangriffe und die Industriespionage. Vor allem mittlere Unternehmen die zu den sog. „Hidden Champions" gehören, also Unternehmen die Weltmarktführer in einem Spezialgebiet sind, stehen im Mittelpunkt von Hackerangriffen und Industriespionage. Untersuchungen beweisen, dass die meisten EDV-Abteilungen dieser Unternehmen das Risiko durch Hackerangriffe unterschätzen und einen unzureichenden Schutzschild aufgebaut haben. Zudem werden die Passwörter in diesen Unternehmen zu wenig gewechselt.

4.3 Reduzierung und Vermeidung von Risiken

Häufig entstehen Risiken, wenn Lieferketten verändert werden, weil beispielsweise Kostenreduzierungen angestrebt werden. Auch die Umstellung von lokaler Beschaffung (local sourcing) hin zu weltweiter Beschaffung (global sourcing) muss abgesichert erfolgen, indem z.B. in der Übergangsphase zusätzlich auf einen lokalen Lieferanten zurückgegriffen wird, neben einem weltweiten Lieferanten.

Abwehr von Produktpiraterie — Gegen Produktpiraterie helfen neben Patent- und Markenschutz, Urheberrecht, Geschmacksmustergesetze aber auch das ganze Spektrum an neuen Technologien. Dies sind z.B. Hologramme, Sicherheitsdrucke, Tracking und Tracing-Systeme sowie versteckte Technologien. Darunter fallen Mikroaufdrucke, chemische, biologische und magnetische Marker, holografische Projektoren und mikroskopische Kunststoffpartikel.

Weiterhin sollten die Mitarbeiter, die risikoreiche Einkaufstätigkeiten ausüben, nicht die gleichen sein, welche die Risiken überwachen bzw. kontrollieren. Kritisch sind auch Lieferanten mit monopolähnlicher Stellung und großer Marktmacht. Hier stellt sich die Frage nach alternativen Lieferanten, Substitution des Produktes oder Neuentwicklungen, welche die alten Produkte überflüssig machen.

Finanzielle Risiken können durch den Einsatz von Termingeschäften, Swaps und Optionsgeschäften abgesichert werden. Zusätzlich können für einzelne Segmente, Länder und für A-Lieferanten Risikoprofile erstellt werden. Außerdem müssen die einzelnen Bereiche im Unternehmen besser zusammenarbeiten und ihre Informationen austauschen. Absicherung über Finanzinstrumente

Tab. 4 zeigt beispielhaft einzelne Risikoarten und Möglichkeiten um das Risiko herabzusetzen.

Risikoart	Risikovermeidung
Lieferantenrisiken	
Single Sourcing	Aufbau neuer Lieferanten, Rahmenverträge, Kauf des Unternehmens
Lieferausfälle	Sicherheitsbestände aufbauen, Konsignationslager einrichten, Dual Sourcing
Lange Lieferzeiten	Local Sourcing, Lieferantenlager bei Produktionswerk, Konsignationslager Produktion
Mentalität, Sprache	Training der Einkaufsmitarbeiter, Einstellung von Mitarbeitern aus dem Kulturkreis
Lieferanteninsolvenz	Dual Sourcing, Einholung von Informationen von Banken, Creditreform, Schufa, Lieferantenbeurteilung
Preisrisiko und Preisschwankungen	Rahmenverträge, Dual Sourcing, Preisgleitklauseln, Hedging, Preisabsicherungen
Ökonomische Risiken	
Schwankungen von Wechselkursen und Währungen	Absicherung von Wechselkursen, Einkauf im Euroraum
Konjunkturschwankungen	Einkauf in unterschiedlichen Regionen, Ausnutzung der Schwankungen durch entsprechende Einkaufsstrategien
Schlechte Infrastruktur	Längere Lieferzeiten einplanen, Einkauf in Regionen mit guter Verkehrsverbindung

Risikoart	Risikovermeidung
Umweltschutz	Forderung von Umweltschutzsystemen wie ISO 14001, Überprüfung der Einhaltung des Umweltschutzes vor Ort
Steuerniveau	Einschaltung und Zusammenarbeit mit Steuerberatern und Anwälten im Einkaufsland
Produktionsrisiken	
Schlechte Qualität, Ausschuss	Einführung von Qualitätsmanagementsystemen wie ISO9000ff. Überprüfung der Qualität beim Lieferanten, Schulung der Mitarbeiter, Zustand der Maschinen überprüfen, Prototypen und Muster vor Ersatzlieferungen anfordern
Fehlmengen	Sicherheitsbestände aufbauen, Just-in-Time, Dual Sourcing
Mangelhaftes Ausbildungsniveau der Mitarbeiter der Lieferanten	Gezielte Schulungen durchführen, verschärfte Qualitätskontrolle beim Lieferanten, Produktmuster und Prototypen anfordern, regelmäßige Lieferantenbeurteilung
mangelhafter Technologiestand der Lieferanten	Einfache Teile fertigen lassen, Muster und Prototypen anfordern, Dual Sourcing, DIN- und Normteile fertigen lassen
Rechtliche Risiken	
Durchsetzbarkeit von Verträgen	Informationen einholen bei AHK, Konsulate, Internat. Organisationen, im Zweifelsfalle keine Lieferbeziehungen aufbauen
Patent- und Markenschutz	Durchsetzbarkeit überprüfen, Folgewirkungen bei Verletzungen abschätze, Hologramme, Sicherheitsdrucke, RFID
Schlechte Arbeitsbedingungen	Compliance Richtlinien in Lieferverträgen festlegen, Arbeitsbedingungen vor Ort überprüfen, Abbruch der Zusammenarbeit bei Verstößen
Korruption, Bestechung	Anwendung der Compliance Regeln bzw. des Code of Conduct, Einkaufsmitarbeiter wechseln alle drei Jahre das Aufgabengebiet, Vier-Augen-Prinzip bei Unterschriften, Vermeidung von „Hoflieferanten"

Tab. 4: Risiken und Vermeidungsstrategien

Weitere Ansatzpunkte, mit denen Unternehmen Einkaufsrisiken vermeiden oder zumindest reduzieren können, sind

- eine fundierte Ausbildung der Mitarbeiter und eine Einkaufsstrategie, in welcher bereits ein ganzheitliches Risikomanagement verankert ist;
- ein Einkaufscontrolling, welches aufzeigt, inwieweit die strategischen Ziele erreicht wurden;
- eine umfassende Beschaffungsmarktforschung mit zusätzlicher Überprüfung von Beschaffungsalternativen sowie ein intensives Lieferantenmanagement sowie
- regelmäßige Lieferantenbeurteilungen und die Erstellung eines Lastenheftes.

4.4 Einsatz von Lieferantenportfolios, Benchmarking und der FMEA-Analyse

Als hilfreich hat sich auch die Erstellung eines Lieferanten-Portfolios erwiesen. Hier sollte als Grundlage zuerst eine ABC-Analyse der Lieferanten erarbeitet werden, um festzustellen, bei welchen Lieferanten die höchsten Einkaufsvolumina getätigt werden. Zur Erkennung der Verbrauchsschwankungen kann auch die XYZ-Analyse angewendet werden. Zusätzlich können Analysen bezüglich der einzelnen Lieferzeiten der Teile, der Lagerreichweiten und der Engpassteile erstellt werden. Wenn sich bspw. die Reichweiten der Teile im Lager verlängern, so kann dies eine bessere Versorgungssicherheit bedeuten aber auch eine höhere Kapitalbindung im Lager oder einen geringeren Absatz. Ein geringerer Absatz kann aber auch als Frühwarnindikator gelten für erhöhte Konkurrenz, schlechte Marktstellung oder Vertriebsprobleme. Ständige Engpassprobleme können durch besser Absatzprognosen, bessere Lieferfähigkeit oder höhere Sicherheitsbestände ausgeglichen werden.

> **Beispiel: Beschaffungsportfolio**
> Ein Beschaffungsportfolio zeigt die einzelnen Materialgruppen eines Unternehmens. Das Portfolio ist nach den Kriterien Wertigkeit der Familie bzw. Umsatz und nach dem Beschaffungsrisiko aufgeteilt. Die Zuordnung der Beschaffungsgruppe oben rechts im großen dunkelblauen Kreis „DK-Beschlag" bedeuten, dass diese Teilefamilie sowohl eine hohe Wertigkeit (hohes Einkaufsvolumen, A-Teile) also auch ein hohes Beschaffungsrisiko darstellt (Lieferant als Monopolist, politische Instabilität im Lieferland).

Organisation & IT

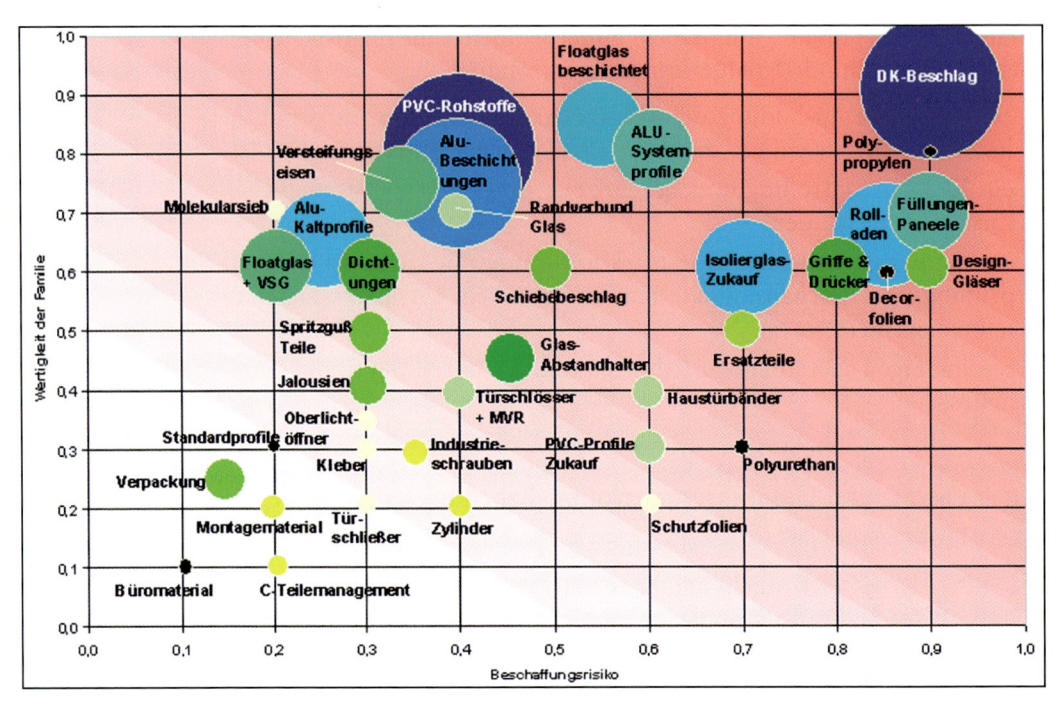

Abb. 5: Beispiel für ein Beschaffungsportfolio[6]

FMEA-Analyse	Weitere Möglichkeiten zur Risikoerkennung sind der Einsatz von Benchmarking oder die Anwendung der FMEA-Analyse (Failure Mode and Effect Analysis). Die FMEA-Analyse wird sehr oft auch zur Erkennung von Risiken im Qualitätsmanagement eingesetzt.

Die FMEA-Analyse wurde in den USA im Bereich der Raumfahrt entwickelt. Die FMEA dient der gezielten Aufdeckung und Beseitigung von Schwachstellen. Die FMEA-Analyse kann in den unterschiedlichsten Bereichen wie z.B. Entwicklung, Produktion oder Einkauf angewendet werden. Die FMEA analysiert die Fehler und ihre Folgen z.B. nach folgenden Kriterien:

- Bedeutung (Lieferausfall – Produktionsstopp, Umsatzverluste)
- Wahrscheinlichkeit des Auftretens und des Entdeckens (mittlere Wahrscheinlichkeit)
- Abhilfemaßnahmen (regelmäßige Kontrolle, Lieferantenbeurteilung)

Benchmarking	Benchmarking ist ein Instrument der Wettbewerbsanalyse. Damit wird ein Unternehmen oder ein Teilbereich des Unternehmens (Einkauf, Produktion, Entwicklung) mit anderen internen Unternehmensbereichen oder

---

[6] Quelle: Frauenberger/Horni/Zlabinger, Fallstudie im Rahmen des Fachseminars eSourcing Universität Linz, 18.3.2002.

externen Unternehmen in Konkurrenz gesetzt. Ziel ist dabei der kontinuierliche Vergleich mit möglichst den Klassenbesten bzw. Besten Unternehmen der Branche. Dabei sollen das eigene Unternehmen, Unternehmensprozesse oder Bereiche zu den Klassenbesten aufschließen bzw. besser werden als diese. Hierbei erfolgt zuerst eine Analyse der einzelnen Bereiche des eigenen Unternehmens. Daraufhin werden geeignete Benchmarking-Partner bzw. Unternehmen gesucht und mit diesen wird sich dann das eigene Unternehmen verglichen.

- Wie lange sind die Lieferzeiten für Serienmaterial?
- Wie lange sind die Lieferzeiten für Entwicklungsteile?
- Wie lange ist die durchschnittliche Bearbeitungszeit im Einkauf?
  - für Serienteile
  - für Entwicklungsteile
  - für Nicht-Produktionsmaterial
- In welchem Zeitabstand läuft in Ihrem Haus die Bedarfsrechnung?
- Wie hoch ist der Anteil der verbrauchsgesteuerten Bedarfsermittlung am Einkaufsvolumen?

5 Schlussbetrachtung

In den großen Unternehmen ist das Thema Risiko Management als wichtiger Bestandteil des Einkaufsmanagements erkannt worden. In kleinen und mittleren Unternehmen wird das Thema teilweise immer noch unterschätzt. Hier hat der Einkäufer aber oft mit einer geringeren Spezialisierung und einer hohen Arbeitsbelastung im operativen Bereich zu kämpfen. Der Einkaufsmitarbeiter ist hier oft Generalist. Durch die geringe Fertigungstiefe und die weltweiten Lieferketten hat das Einkaufsmanagement oft nicht mehr den Überblick über die gesamte Lieferkette bis zu den Unterlieferanten. Dies erhöht das Lieferrisiko innerhalb der Supply Chain. Durch die weltweiten Lieferantenbeziehungen vervielfachen sich die Risikofaktoren welche eine Störung der Lieferungen verursachen können. Diese Risikofaktoren gilt es jeweils zu erkennen und für das einzelne Unternehmen zu bewerten. Dies erfordert eine Vernetzung des Einkaufs. Hier sind die Zusammenarbeit und der Informationsaustausch des Beschaffungsmanagements innerhalb der Unternehmensbereiche als auch innerhalb des Lieferantennetzwerkes notwendig. Zum erfolgreichen Risikomanagement gehört auch ein entsprechendes Risikocontrolling dessen Möglichkeiten regelmäßig genutzt werden sollten.

6 Literaturhinweise

Arnolds, Materialwirtschaft und Einkauf, 2013.

Arnolds/Heege/Roh/Tussing, Materialwirtschaft und Einkauf. 12. Aufl. 2012.

Eichstädt/Helbig, Strategiekompetenz im Einkauf aufbauen, in Beschaffung aktuell 9/2014, S. 43 ff, http://www.kienbaum.de/Portaldata/1/Resources/downloads/servicespalte/Artikel_Strategiekompetenz_im_Einkauf.pdf, Abrufdatum 5.9.2016.

Eßig/Hofmann/Stölzle, Supply Chain Management, 2013.

Heß, Supply Chain Strategien in Einkauf und Logistik, 2. Aufl. 2010.

Large, Strategisches Beschaffungsmanagement, 5. Aufl. 2013.

Melzer-Ridinger, Materialwirtschaft und Einkauf, 2008.

PricewaterhouseCoopers AG: Fast jedes zweite Unternehmen leidet unter Störungen der Lieferkette, Beitrag vom 6.11.2014, http://www.marketing-boerse.de/News/details/1445-Fast-jedes-zweite-Unternehmen-leidet-unter-Stoerungen-in-der-Lieferkette, Abrufdatum 5.9.2016.

Rösch, Strategische Rohstoffsicherung ist ein Muss für Unternehmen, in: BiP, Best in Procurement, Ausgabe 3, Mai/Juni 2015, 6. Jg., S. 31–33. BME Frankfurt.

Schatz/Mandel/Hermann, Studie Risikomanagement in der Beschaffung, Fraunhofer-Institut für Produktionstechnik und Automatisierung IPA, 2010.

Schneck, Risikomanagement, 2010.

Schulte, Logistik, 6. Aufl. 2013.

Wannenwetsch (Hrsg.), Integrierte Materialwirtschaft, Logistik und Beschaffung, 5. Aufl. 2014.

Kapitel 5: Literaturanalyse

Literaturanalyse zum Thema Einkaufscontrolling

Titel: Beschaffungscontrolling
Autor: Jochem Piontek
Jahr: 4. Auflage, 2012
Verlag: Oldenbourg
Kosten: 39,95 EUR
Umfang: 214 Seiten
ISBN: 978-3-4867-0427-3

Inhalt

Pionteks Buch zum Beschaffungscontrolling liegt bereits in der vierten Auflage vor, die im Vergleich zu den Vorauflagen vollständig überarbeitet wurde.

In Kapitel 1 werden die Grundzüge des Controllings erläutert, in Kapitel 2 die Grundlagen zur Beschaffung. Kapitel 3 führt beide Themen zum Beschaffungscontrolling zusammen. In Kapitel 3.1 werden strategische und operative Funktionen des Beschaffungscontrollings beschrieben, in Kapitel 3.2 stehen die Aufgabenbereiche im Vordergrund. Kapitel 3.3 stellt rund 20 Beschaffungscontrollinginstrumente vor und macht mit einem Umfang von 150 Seiten den Hauptbestandteil des Buches aus. Beispiele sind die Beschaffungsmarktsegmentierung, Make-or-Buy-Rechnung, Wertanalyse, Total Cost of Ownership, Bestandscontrolling oder Kennzahlensysteme. Die kurze Beschreibung jedes Instruments, in der Regel ergänzt um Literaturhinweise, ermöglicht einen vertieften Einstieg in die einzelnen Instrumente.

Bewertung

Piontek erwähnt im Vorwort, dass in seinem Buch die „ganze Bandbreite und Komplexität des Beschaffungscontrolling[s] dargestellt", oft „Probleme aber nur andiskutiert" werden; teilweise aufgrund der umfangsmäßigen Begrenzung des Werkes, teilweise wegen fehlender Lösungsansätze in Theorie und Praxis. Damit beschreibt er sowohl die Vor- als auch die Nachteile des Buches sehr treffend: Das Buch stellt ein Standardwerk zum Beschaffungscontrolling dar. Studierende und Wissenschaftler, die sich einen Überblick über Beschaffungscontrolling verschaffen wollen, erhalten einen umfassenden Einblick. Praktiker finden eine Vielzahl von Instrumenten, die sie anwenden können. Beiden Gruppen wird durch die vielen Verweise und Quellen auch die Möglichkeit gegeben, sich noch weiter in die Thematik einarbeiten zu können.

Kritisch anzumerken ist, dass viele Themen nur angerissen werden und manche Themen vollständig fehlen. Die Funktionen des Beschaffungsbereiches sind nur kurz beschrieben, die Aufgabenbereiche fokussieren sehr (zu?) stark auf Kontrolle. Themen wie die Organisation des Beschaffungscontrollings, Herausforderungen in der praktischen Umsetzung oder IT-seitige Entwicklungen in den letzten Jahren fehlen. Hier muss der Leser weiterhin auf andere Quellen zurückgreifen. Für eine (hoffentlich) erscheinende 5. Auflage würde sich der Rezensent 20 bis 30 zusätzliche Seiten im Buch wünschen, um auch diese letzte Lücke zu schließen.

Fazit

Das Buch ist leicht lesbar und gut verständlich. Durch zahlreiche Aktualisierungen im Rahmen der 4. Auflage wurde die Qualität nochmals verbessert. Es handelt sich damit um ein Werk, an dem der beschaffungscontrollinginteressierte Leser nicht vorbeigehen kann und das einen sehr guten gesamthaften Einblick in das Thema ermöglicht. Zahlreiche Literaturverweise geben darüber hinaus die Chance, sich in einzelnen Bereichen weiter zu vertiefen.

Verfasser der Rezension

Dr. Peter Schentler, Principal im Competence Center Controlling & Finanzen bei Horváth & Partners Management Consultants in Wien.

Literaturanalyse

Titel: Praxishandbuch Strategischer Einkauf. Methoden, Verfahren, Arbeitsblätter für professionelles Beschaffungsmanagement
Autor: Mario Büsch
Jahr: 3. Auflage, 2013
Verlag: Springer Gabler
Kosten: 59,99 EUR
Umfang: XVII, 355 Seiten
ISBN: 978-3-8349-4566-2

Inhalt

Der Einkäufer der Zukunft ist ein interner Projekt- und Prozessmanager, der alle Wertschöpfungsstufen der Supply Chain optimiert. Er muss entsprechende Beschaffungsstrategien erarbeiten, diese im Unternehmen abstimmen und umsetzen. Mario Büsch vermittelt umfassendes Know-how dazu und beschreibt bewährte Vorgehens- und Verfahrensweisen für den strategischen Einkauf. So gelingt es Unternehmen, ihr Beschaffungsmanagement frühzeitig auf die Herausforderungen der Zukunft auszurichten.

Das Buch besteht unter anderem aus den folgenden Inhalten:

- Einkaufsprinzipien: Regeln und Vorschriften
- Umfeldanalyse: Industrie-, Lieferanten- und Wettbewerbsanalyse, Forecasting
- Beschaffungsstrategie entwickeln und darlegen
- Beschaffungswerkzeuge: Verhandlung, Vertrag, Lieferanten- und Projektmanagement
- Organisationskompetenzen und Kooperationsperspektiven

Titel: Materialwirtschaft und Einkauf. Grundlagen – Spezialthemen – Übungen
Autoren: Hans Arnolds, Frank Heege, Carsten Röh, Werner Tussing
Jahr: 13. Auflage, 2016
Verlag: Springer Gabler
Kosten: 39,99 EUR
Umfang: XIII, 461 Seiten
ISBN: 978-3-658-12627-8

Inhalt

Dieses fundierte Standardlehrbuch führt umfassend und praxisorientiert in den Aufgabenkatalog einer modernen Materialwirtschaft und des industriellen Einkaufs ein. Es behandelt sowohl Grundprobleme der Materialwirtschaft (Disposition, Beschaffungsmarktforschung, Wertanalyse, Angebotsvergleich, Verhandlungsführung, Logistik, Beschaffungspolitik, internationale Beschaffung, IT-Einsatz, Lieferantenmanagement, Organisation) als auch ausgesuchte Spezialprobleme (betriebliche Abfallwirtschaft, Stichprobenkontrolle, Preisstrukturanalyse, Controlling in der Materialwirtschaft). Alle Kapitel enthalten Übungsfragen und -aufgaben, die die Erarbeitung des Stoffes erleichtern und eine effektive Selbstkontrolle ermöglichen.

Die 13. Auflage wurde vollständig überarbeitet und den aktuellen Entwicklungen angepasst.

Literaturanalyse

Titel: Prozessmanagement in Einkauf und Logistik. Instrumente und Methoden für das Supply Chain Process Management
Autor: Thomas Liebetruth
Jahr: 2016
Verlag: Springer Gabler
Preis: 29,99 EUR
Umfang: XIII, 227 Seiten
ISBN: 978-3-658-09758-5

Inhalt

Dieses Buch beschreibt anwendungsorientiert die Grundlagen, Methoden und Instrumente des Prozessmanagements in Einkauf und Logistik. Außerdem stellt es mit Lean Management, Industrie 4.0 und Global Sourcing aktuelle Konzepte zur Optimierung von Prozessen vor. Zahlreiche Beispiele und Fallstudien ermöglichen einen anschaulichen Einblick in die praktische Umsetzung.

Das Buch besteht unter anderem aus den folgenden Inhalten:

- Supply Chain Process Management
- Prozessmodellierung
- Prozessanalyse
- Prozessdesign
- Prozessorganisation
- Servicequalität
- Supply Chain Controlling

Der Autor Prof. Dr. Thomas Liebetruth lehrt Internationale Betriebswirtschaft mit Schwerpunkt Logistik an der Ostbayerischen Technischen Hochschule Regensburg.

Stichwortverzeichnis

A

Ausfallrisiko
– Lieferkette 195

B

Berichtswesen
– Einkauf 93
Beschaffung
– Controlling von
  IT-Projekten 171
– Risikomanagement 193
Beschaffungscontrolling
– Aufgaben 34
– Instrumente 38
– Organisationsalternativen 41
– Überblick über die
  Instrumente 38
– Ziel 33
Beschaffungsleistung
– Bewertung 31
Beschaffungsportfolio
– Praxisbeispiel 211
Beschaffungssortiment
– Optimierung 36

C

Controllinginstrument 38
– Überblick für Beschaffung und
  Einkauf 38
Controllingkreislauf
– im Beschaffungsbereich 32
Controllingorganisation
– Einkaufscontrolling 158

D

Digitalisierung
– Datenquellen 88
– Definition 85
– Technologien 86

E

Early Warning Indicator
– Lieferantenbewertung 91
Einkauf
– Controlling von
  IT-Projekten 171
– Digitalisierungsstrategie 95
– Risikomanagement 193
Einkaufsbereich
– Zielfestlegung 163
Einkaufscontrolling
– Aufgaben 34
– Basisinstrument 66
– Grundlage 25
– Instrumente für den Mittel-
  stand 63
– Kennzahl 99
– operatives Instrument 69
– Organisationsoptionen 158
– strategisches Instrument 74
– Teilprozesse 157
– Überblick über die
  Instrumente 38
– Ziel 33
Einkaufserfolg
– Messverfahren 125
Einkaufserfolgsmessung
– Härtegradmodell 127
Einkaufsergebnis
– Kennzahl 107
Einkaufsinitiative
– Tracking 127

Einkaufsleistung
- Bewertung 113
Einkaufsmanagerindex
- Frühwarnindikator 204
Einkaufsreporting
- Kennzahlenset 93
Einkaufsrisiko
- Frühwarnindikatoren 200
Einkaufsstrategie
- Risikoübersicht 198
Einsparpotenzial
- Hebelmechanismen 135

F

FMEA-Analyse
- Schwachstellenanalyse 212
Frühwarnindikator
- Einkaufsrisiken 200
Funktionsbereichskosten
- Planungsprozess 168

G

Global Sourcing
- Lieferausfälle 197
Gross Marge
- Berechnung 101

H

Härtegrad
- Projektfortschritt 117
Härtegradmodell
- zur Einkaufserfolgsmessung 127

I

Internet-of-Things-Technologie
- Supply Chain Management 137
Investitionsrechnung
- Investitionsrechnung bei IT-Investitionen 175
- Investitionsrechnung bei IT-Projekten im Einkauf 171

K

Kennzahl
- Einkaufsleistung 113
- Härtegrad 117
- Lagerreichweite 115
- Skontoertrag 112
Kennzahlen
- Einkaufsbereich 99
KMU
- Instrumente zum Einkaufscontrolling 63
Kostenkontrolle
- Einkaufsorganisation 104
Kostensenkungsprojekt
- Einkaufsbereich 125

L

Lagerreichweite
- Leistungsmaßstab 115
Lieferantenanalyse
- automatisiert 90
Lieferantenbewertung
- Risikoanalyse 91
Lieferantenrisiko
- Formen 209
Lieferkette
- Ausfallrisiko 195
- Just in Sequence (JIS) 140
- Just in Time (JIT) 140

M

Materialkosten
- Einfluss auf Unternehmensergebnis 29
Meilenstein
- Einkaufsinitiative 127
Mengenhebel
- Einsparpotenzial 135
Mittelstand
- Instrumente zum Einkaufscontrolling 63

O

operatives Instrument
– operative Instrumente im Einkaufscontrolling 69
Organisationsanbindung
– Einkaufscontrolling 158

P

Planungsprozess
– Einkaufsaktivitäten 161
Preisentwicklung
– Bewertungsfaktor 111
Preisprognose
– Rohstoffe 92
Preisvergleich
– Vorjahr 109
Produktionsrisiko
– Formen 209
Projektplanung
– IT-Projekte im Einkauf 171
Prozessanalyse
– Ablauf 181
Prozesskostenhebel
– Einsparpotenzial 135

Q

Qualitätsmanagement
– mit IoT-Technologie 137

R

Reporting
– Einkauf 93
Risikoanalyse
– Lieferantenbewertung 91
Risikoidentifikation
– Vorgehen 204
Risikomanagement
– im Einkaufsbereich 193
Risikoübersicht
– Sourcing-Strategien 198

Risikovermeidung
– Benchmarking 212
– Maßnahmen 209
Rohstoffe
– Preisprognose 92
ROI
– Einkaufsrelevanz 28

S

Skontoertrag
– Wertbeitrag 112
Sourcing-Strategie
– Risikoübersicht 198
Standardmarge
– Berechnung 101
strategisches Instrument 74
– Einkaufscontrolling 74
Strategy Map
– Perspektiven 102
Supply Chain
– Ausfallrisiko 195
Supply Chain Management
– mit IoT-Technologie 137

U

Unternehmenserfolg
– Einkaufsrelevanz 28

W

Wertbeitrag
– Interpretation 103
– Messung 99
Wirtschaftlichkeitsanalyse
– Wirtschaftlichkeitsanalyse bei IT-Investitionen 175
Wirtschaftlichkeitsrechnung
– Wirtschaftlichkeitsrechnung bei IT-Projekten im Einkauf 171

Z

Zielfestlegung
– Einkaufsbereich 163

Stichwortverzeichnis